Diogenes Taschenbuch 20486

Das James Joyce Lesebuch

Erzählungen aus Dubliner *und* Erzählstücke
aus den Romanen
Übersetzt von Dieter E. Zimmer,
Klaus Reichert
und Hans Wollschläger

Mit Aufzeichnungen von Georges Borach
und einer Betrachtung
von Fritz Senn

Diogenes

Die erzählenden Texte dieses Bandes sind der Frankfurter Ausgabe
der Werke von James Joyce entnommen
Copyright © 1967, 1972 und 1975 by
Suhrkamp Verlag, Frankfurt
Eine weniger umfangreiche Auswahl von Erzählungen
in der Übertragung von Georg Goyert erschien 1966
bei Diogenes unter dem Titel »Die Toten«
Frontispiz von Paul Flora
aus den »Hungerburger Elegien«, Zürich 1975
Umschlagzeichnung von Tomi Ungerer

Lizenzausgabe mit freundlicher Genehmigung des
Suhrkamp Verlags, Frankfurt am Main
Alle Rechte an dieser Auswahl vorbehalten
Copyright © 1966, 1979 by
Diogenes Verlag AG Zürich
100/82/8/1
ISBN 3 257 20486 8

Inhalt

Eine kleine Wolke 7
A Little Cloud

Entsprechungen 28
Counterparts

Gnade 45
Grace

Die Toten 79
The Dead
   aus *Dubliners*
   Deutsch von Dieter E. Zimmer

Das Weihnachtsmahl 145

Gespräch mit Cranly 163
   aus *A Portrait of the Artist as a Young Man*
   Deutsch von Klaus Reichert

Hades 179
   aus *Ulysses*
   Deutsch von Hans Wollschläger

Gespräche mit James Joyce 232
von Georges Borach

Nachwort 238
von Fritz Senn

Nachträgliche Vorbemerkungen zum
   »Hades«-Kapitel 265

Eine kleine Wolke

ACHT JAHRE ZUVOR hatte er seinen Freund am North Wall verabschiedet und ihm glückliche Reise gewünscht. Gallaher war vorangekommen. Man merkte es sofort an seiner weltläufigen Miene, seinem gutgeschnittenen Tweedanzug und seiner unerschrockenen Aussprache. Wenige Burschen hatten Talente wie er, und noch wenigere wurden von einem solchen Erfolg nicht verdorben. Gallaher hatte das Herz am rechten Fleck, und er hatte seinen Triumph verdient. Es war schon etwas, einen solchen Freund zu haben.

Little Chandler hatte sich seit dem Mittagessen in Gedanken mit dem Wiedersehen mit Gallaher beschäftigt, mit Gallahers Einladung und mit der großen Stadt London, wo Gallaher lebte. Er wurde Little Chandler genannt, weil er klein wirkte, obwohl er nur wenig kleiner war als der Durchschnitt. Seine Hände waren weiß und klein, sein Leib zerbrechlich, seine Stimme ruhig und seine Manieren kultiviert. Sein helles seidiges Haar und seinen Schnurrbart pflegte er aufs sorgfältigste, und sein Taschentuch war dezent parfümiert. Die Halbmonde seiner Fingernägel waren makellos, und wenn er lächelte, erblickte man eine Reihe kindlich weißer Zähne.

Während er an seinem Pult in den King's Inns saß, dachte er an die Veränderungen, die diese acht Jahre mit sich gebracht hatten. Aus dem Freund, den er in einem schäbigen und ärmlichen Zustand gekannt hatte, war eine glänzende Figur der Londoner Presse geworden. Er sah oft von seiner ermüdenden Schreibarbeit auf, um aus dem Bürofenster zu blicken. Die Glut eines Spätherbstsonnenuntergangs bedeckte die Rasenflächen und Wege. Sie sprühte freundlichen Goldstaub auf die verschlampten Kindermädchen und hinfälligen Greise, die auf den Bänken dösten; sie flimmerte auf all den sich bewegenden Figuren – auf den Kindern, die kreischend die Kiespfade entlangrannten, und auf allen, die durch den Park gingen. Er beobachtete die Szene und dachte an das Leben; und er wurde (wie immer, wenn er an das Leben dachte) traurig. Eine sanfte Melancholie ergriff Besitz von ihm. Er spürte, wie zwecklos es war, gegen das Geschick anzukämpfen – darin bestand die Last der Weisheit, die die Jahrhunderte ihm vermacht hatten.

Ihm fielen die Gedichtbände auf seinen Bücherborden zu Hause ein. Er hatte sie in seinen Junggesellentagen gekauft, und manch einen Abend, wenn er in dem kleinen Zimmer neben dem Flur saß, war er versucht gewesen, einen vom Bord zu nehmen und seiner Frau etwas vorzulesen. Doch immer hatte ihn Schüchternheit abgehalten; und so waren die Bücher auf ihren Borden geblieben. Manchmal wiederholte er sich einzelne Verse, und das tröstete ihn.

Als seine Stunde geschlagen hatte, stand er auf und verabschiedete sich gewissenhaft von seinem Pult und den Kollegen. Er tauchte unter dem feudalen Bogen der King's Inns auf, eine ordentliche bescheidene Figur, und ging rasch die Henrietta Street hinunter. Der goldene Sonnenuntergang war im Schwinden, und die Luft war kühl geworden. Eine Horde schmieriger Kinder bevölkerte die Straße. Sie standen oder rannten auf dem Fahrdamm oder krochen die Stufen vor den gähnenden Haustüren hinauf oder hockten wie Mäuse auf den Schwellen. Little Chandler wendete keinen Gedanken an sie. Geschickt suchte er sich den Weg durch all dieses winzige ungezieferhafte Leben im Schatten der hagern geisterhaften Patrizierhäuser, in denen einst der alte Adel Dublins bramarbasiert hatte. Keine Erinnerung an die Vergangenheit berührte ihn, denn sein Sinn war voll einer gegenwärtigen Freude.

Er war noch nie bei Corless gewesen, aber er wußte, was der Name galt. Er wußte, daß die Leute dort nach dem Theater hingingen, um Austern zu essen und Likör zu trinken; und er hatte gehört, daß die Kellner dort Französisch und Deutsch sprachen. Wenn er abends schnell vorbeigegangen war, hatte er Droschken vor der Tür halten und reichgekleidete, von Kavalieren begleitete Damen aussteigen und rasch eintreten sehen. Sie trugen rauschende Kleider und viele Umhänge. Ihre Gesichter waren gepudert, und wie erschreckte Atalantas rafften sie ihre Kleider hoch, wenn diese den Boden berührten. Er war immer vorbeigegangen, ohne den Kopf zu wenden. Selbst bei Tag war er gewohnt, auf der Straße schnell zu gehen, und immer, wenn er sich spät abends in der Stadt befand, eilte er furchtsam und aufgeregt seines Wegs. Zuweilen jedoch forderte er die Ursachen seiner Angst heraus. Er suchte dann die dunkelsten und engsten Straßen auf, und während er tapfer weiterging, ängstigte ihn die Stille, die um seine Schritte gebreitet war, ängstigten ihn die schweifenden schweigenden Figuren; und zuweilen ließ ihn der Klang leisen flüchtigen Gelächters wie ein Blatt erzittern.

Er bog nach rechts, Richtung Capel Street. Ignatius Gallaher bei der Londoner Presse! Wer hätte das vor acht Jahren für möglich gehalten? Dennoch, als er jetzt auf die Vergangenheit zurückschaute, konnte Little Chandler sich an viele Anzeichen künftiger Größe bei seinem Freund erinnern. Die Leute sagten, Ignatius Gallaher wäre nicht zu bändigen. Natürlich hatte er damals einen ziemlich liederlichen Umgang gehabt, reichlich getrunken und von allen Seiten Geld gepumpt. Schließlich war er in irgendeine fragwürdige Affäre verwickelt gewesen, irgendeine Geldtransaktion: jedenfalls war das die eine Erklärung für seine Flucht. Doch Talent sprach ihm niemand ab. Immer gab es ein gewisses ... Etwas in Ignatius Gallaher, das einen wider Willen beeindruckte. Selbst wenn er völlig abgebrannt war und keine Ahnung mehr hatte, wo er Geld herbekommen sollte, trug er ein hochgemutes Gesicht zur Schau. Little Chandler erinnerte sich (und die Erinnerung ließ ein wenig stolzes Rot auf seine Wangen treten) an eine von Ignatius Gallahers Redensarten, wenn er in der Klemme war:

– Nun mal langsam, Jungs, sagte er dann heiter. Wo ist meine Denkkappe?

Das war der ganze Ignatius Gallaher; und zum Teufel, man konnte nicht umhin, ihn dafür zu bewundern.

Little Chandler beschleunigte seinen Schritt. Zum ersten Mal in seinem Leben fühlte er sich den Leuten, an denen er vorüberkam, überlegen. Zum ersten Mal rebellierte seine Seele gegen die öde Uneleganz der Capel Street. Es gab keinen Zweifel: wenn man Erfolg haben wollte, mußte man fortgehen. In Dublin konnte man nichts werden. Als er über die Grattan Bridge ging, blickte er flußabwärts zu den unteren Quays und bedauerte die armen verkümmerten Häuser. Sie kamen ihm vor wie eine Bande von Vagabunden, zusammengekauert am Flußufer entlang, die alten Mäntel mit Staub und Ruß bedeckt, betäubt von dem Panorama des Sonnenuntergangs und in Erwartung der ersten Nachtkühle, die sie aufstehen, sich schütteln und weiterziehen heißen würde. Er fragte sich, ob er ein Gedicht schreiben könnte, das diese Idee ausdrückte. Vielleicht wäre Gallaher in der Lage, es für ihn in einer Londoner Zeitung unterzubringen. Konnte er etwas Originelles schreiben? Er war nicht sicher, welche Idee er auszudrücken wünschte, doch der Gedanke, daß ein poetischer Augenblick ihn gestreift hatte, erwachte in ihm zum Leben wie eine aufkeimende Hoffnung. Tapfer schritt er voran.

Jeder Schritt brachte ihn London näher, weiter weg von seinem eigenen nüchternen unkünstlerischen Leben. Ein Licht begann am Horizont seines Geistes zu flackern. Er war gar nicht so alt – zweiunddreißig. Sein Charakter hatte sozusagen den Punkt der Reife gerade erreicht. Es gab so viele verschiedene Stimmungen und Eindrücke, die er in Versen auszudrücken wünschte. Er fühlte sie in seinem Innern. Er versuchte, seine Seele zu wägen, um zu sehen, ob sie eine Dichterseele war. Melancholie war der Grundton seines Charakters, dachte er, doch es war eine Melancholie, die durch wiederkehrende Phasen des Glaubens und der Resignation und einfacher Freude gemildert war. Wenn es ihm gelang, sie in einem Gedichtband zum Ausdruck zu bringen, würde die Menschheit vielleicht aufhorchen. Populär würde er nie sein: das war ihm klar. Die

Menge konnte er nicht entflammen, aber vielleicht fände er bei einem kleinen Kreis verwandter Geister Anklang. Die englischen Kritiker würden ihn aufgrund des melancholischen Tons seiner Gedichte vielleicht zu der keltischen Schule rechnen; außerdem würde er Anspielungen einfügen. Er begann, Sätze und Wendungen aus den Rezensionen seines Buches zu erfinden. *Chandlers Begabung für beschwingte und anmutige Verse ... Eine wehmütige Trauer durchzieht diese Gedichte ... Der keltische Ton.* Es war ein Jammer, daß sein Name nicht irischer wirkte. Vielleicht wäre es besser, vor dem Nachnamen den Namen seiner Mutter einzufügen: Thomas Malone Chandler, oder besser noch: T. Malone Chandler. Er würde mit Gallaher darüber reden.

So hingegeben fuhr er in seinen Träumen fort, daß er seine Straße verpaßte und zurückgehen mußte. In der Nähe von Corless überwältigte ihn seine frühere Erregung, und er blieb unentschlossen vor der Tür stehen. Schließlich öffnete er die Tür und trat ein.

Das Licht und der Lärm der Bar hielten ihn eine kurze Zeit am Eingang zurück. Er sah sich um, doch der Glanz vieler roter und grüner Weingläser verwirrte seinen Blick. Die Bar schien ihm voller Leute, und er hatte das Gefühl, daß die Leute ihn neugierig beobachteten. Schnell schaute er nach links und rechts (und runzelte dabei leicht die Stirn, um seinem Hiersein den Anschein der Ernsthaftigkeit zu geben), doch als sein Blick etwas klarer wurde, sah er, daß niemand sich nach ihm umgedreht hatte: und da war ja auch Ignatius Gallaher, mit dem Rücken an den Tresen gelehnt und sehr breitbeinig aufgepflanzt.

– He, Tommy, altes Haus, da bist du ja! Was soll's denn sein? Was nimmst du? Ich einen Whisky: besser hier als das Zeug, das wir da drüben am andern Ufer kriegen. Soda? Lithiumwasser? Kein Mineral? Für mich auch nicht. Verpatzt den Geschmack ... Hallo, *garçon*, bringen Sie uns zwei halbe Malzwhisky, seien Sie so gut ... Na, und wie ist es dir denn so ergangen, seit wir uns zum letzten Mal gesehen haben? Großer Gott, was werden wir alt! Sieht man mir an, daß ich älter werde – hm, wie? Ist ein bißchen grau und gelichtet oben, wie?

Ignatius Gallaher nahm den Hut ab und entblößte einen großen kurzgeschnittenen Schädel. Sein Gesicht war schwer, bleich und glattrasiert. Seine Augen, die von bläulichem Schiefergrau waren, belebten seine ungesunde Blässe und leuchteten auffällig über dem lebhaften Orange seiner Krawatte. Zwischen diesen rivalisierenden Zügen erschienen die Lippen sehr lang und form- und farblos. Er senkte den Kopf und befühlte mit zwei teilnahmsvollen Fingern das dünne Haar um seinen Scheitel. Little Chandler schüttelte verneinend den Kopf. Ignatius Gallaher setzte seinen Hut wieder auf.

– Das schafft einen, sagte er. Diese Presse. Immer auf Zack, immer auf Trab, immer auf der Suche nach Stoff, und manchmal findet sich keiner: und dann soll immer auch noch etwas Neues dabeisein. Korrekturen und Drucker können mir ein paar Tage gestohlen bleiben, hab ich mir gesagt. Ich bin verflixt froh, wieder mal in den heimatlichen Gefilden zu sein, das kann ich dir sagen. Tut einem gut, ein bißchen Urlaub. Ich fühl mich viel wohler, seit ich wieder im lieben schmuddeligen

Dublin an Land gegangen bin ... Hier das ist für dich, Tommy. Wasser? Sag halt.

Little Chandler ließ sich seinen Whisky sehr verdünnen.

– Du weißt ja nicht, was gut für dich ist, alter Knabe, sagte Ignatius Gallaher. Ich trinke meinen pur.

– Ich trinke in der Regel sehr wenig, sagte Little Chandler bescheiden. Gelegentlich mal einen Halben, wenn ich einen von dem alten Haufen wiedersehe; mehr nicht.

– Na dann, sagte Ignatius Gallaher fröhlich, auf uns und auf die alten Tage und die alte Bekanntschaft.

Sie stießen an und tranken.

– Ich hab heute ein paar aus der alten Runde getroffen, sagte Ignatius Gallaher. Mit O'Hara scheint es schlimm zu stehen. Was macht er?

– Nichts, sagte Little Chandler. Er ist auf den Hund gekommen.

– Aber Hogan hat eine gute Stellung, nicht?

– Ja; er ist in der Land Commission.

– Ich habe ihn einmal abends in London gesehen, und er schien gut bei Kasse ... Der arme O'Hara! Suff, vermute ich?

– Auch anderes, sagte Little Chandler knapp.

Ignatius Gallaher lachte.

– Tommy, sagte er, ich sehe, du hast dich kein bißchen geändert. Du bist immer noch derselbe ernsthafte Kerl, der mir sonntagmorgens Predigten gehalten hat, wenn ich einen dicken Kopf hatte und eine pelzige Zunge. Du solltest dich ein wenig in der Welt umtun. Bist du denn nie wo gewesen, wenigstens kurz mal?

– Ich bin auf der Insel Man gewesen, sagte Little Chandler.

Ignatius Gallaher lachte.

– Die Insel Man! sagte er. Fahr nach London oder Paris: Paris zum Beispiel. Das würde dir gut tun.

– Kennst du Paris?

– Das kann man wohl sagen! Ich habe mich da ein bißchen umgetan.

– Und ist es wirklich so schön, wie es heißt? fragte Little Chandler.

Er nippte ein wenig an seinem Whisky, während Ignatius Gallaher den seinen verwegen hinunterkippte.

– Schön? fragte Ignatius Gallaher und verweilte bei dem Wort und dem Geschmack seines Whiskys. So schön ist es eigentlich nicht. Natürlich ist es schön . . . Aber es ist das Pariser Leben; das ist die Chose. Ach, es gibt keine Stadt sonst, die wie Paris ist, so lebenslustig, so munter, so aufregend . . .

Little Chandler trank seinen Whisky aus und brachte es nach einiger Mühe zuwege, den Blick des Barmanns zu erhaschen. Er bestellte noch einmal das gleiche.

– Ich war im Moulin Rouge, fuhr Ignatius Gallaher fort, als der Barmann ihre Gläser weggenommen hatte, und all den Künstlercafés. Dolle Kiste! Nichts für eine brave Haut wie dich, Tommy.

Little Chandler sagte nichts, bis der Barmann mit den zwei Gläsern zurückkam: dann stieß er leicht mit seinem Freund an und erwiderte den Toast von vorhin. Er fing an, sich etwas desillusioniert zu fühlen. Gallahers Aussprache und Redeweise gefielen ihm nicht.

Sein Freund hatte etwas Ordinäres an sich, das ihm früher nicht aufgefallen war. Aber vielleicht kam das nur von dem Leben in London bei der Hetze und dem Konkurrenzkampf der Presse. Der alte persönliche Charme war unter seiner neuen großtuerischen Art immer noch da. Und schließlich hatte Gallaher gelebt, hatte die Welt gesehen. Little Chandler sah seinen Freund neidisch an.

– Alles in Paris ist lebenslustig, sagte Ignatius Gallaher. Sie finden, man soll das Leben genießen – und meinst du nicht, daß sie recht haben? Wenn du was vom Leben haben willst, mußt du nach Paris. Und weißt du, für Iren haben sie da viel übrig. Als sie gehört haben, daß ich aus Irland bin, haben sie mich geradezu verhätschelt, Mensch.

Little Chandler trank vier oder fünf Schluck aus seinem Glas.

– Sag mal, begann er, stimmt es, daß Paris so ... unmoralisch ist, wie man behauptet?

Ignatius Gallaher machte eine weltumfassende Geste mit dem rechten Arm.

– Alle Orte sind unmoralisch, sagte er. Natürlich ist in Paris manches schon ganz happig. Du brauchst bloß mal auf einen der Studentenbälle zu gehen. Da geht es hoch her, allerdings, wenn die Kokotten loslegen. Du weißt, was Kokotten sind, ja?

– Ich habe von ihnen gehört, sagte Little Chandler.

Ignatius Gallaher trank seinen Whisky und schüttelte den Kopf.

– Ach, sagte er, du kannst sagen, was du willst. Keine Frau ist wie die Parisienne – keine hat soviel Stil, soviel Schwung.

– Dann ist es also eine unmoralische Stadt, sagte Little Chandler mit schüchterner Hartnäckigkeit – ich meine im Vergleich zu London oder Dublin?

– London! sagte Ignatius Gallaher. Das gibt sich nichts. Frag mal Hogan, mein Lieber. Ich hab ihn ein bißchen in London herumgeführt, als er drüben war. Er würde dir die Augen öffnen ... Also Tommy, mach keinen Punsch aus deinem Whisky: gieß dir noch einen hinter die Binde.

– Nein, wirklich ...

– Ach was, los, einer mehr wird dir schon nicht schaden. Was soll's sein? Dasselbe nochmal, ja?

– Hm ... na gut.

– *François*, nochmal dasselbe ... Möchtest du was rauchen, Tommy?

Ignatius Gallaher zog sein Zigarrenetui hervor. Die beiden Freunde zündeten ihre Zigarre an und pafften schweigend, bis ihre Getränke kamen.

– Wenn ich dir meine Meinung sagen soll, sagte Ignatius Gallaher und kam hinter den Rauchschwaden zum Vorschein, in denen er eine Zeitlang Zuflucht gesucht hatte, es ist schon eine irre Welt. Was heißt hier Unmoral! Ich habe von Fällen gehört – was sage ich? – ich habe sie miterlebt: Fälle von ... Unmoral ...

Ignatius Gallaher paffte nachdenklich an seiner Zigarre und hob dann an, seinem Freund mit der Gelassenheit eines Historikers ein paar Bilder der Verderbnis, die im Ausland wucherte, zu umreißen. Er resümierte die Laster vieler Hauptstädte und schien geneigt, die Palme Berlin zuzugestehen. Für manches konnte er nicht bürgen (er hatte es von Freunden gehört), aber anderes hatte er selber erlebt. Er schonte weder Rang noch Stand. Er enthüllte viele der Geheimnisse von religiösen Häusern auf dem Kontinent und beschrieb einige der Praktiken, die in der guten Gesellschaft im Schwange waren, und erzählte zum Abschluß in allen Einzelheiten eine Geschichte über eine englische Herzogin – eine Geschichte, die wahr sei, wie er wisse. Little Chandler war erstaunt.

– Na ja, sagte Ignatius Gallaher, hier sind wir in dem alten Trott von Dublin, wo man von solchen Sachen keine Ahnung hat.

– Wie öde mußt du es finden, sagte Little Chandler, nach all den Orten, wo du gewesen bist!

– Na ja, sagte Ignatius Gallaher, es ist ganz erholsam, wieder mal rüberzukommen, weißt du. Und schließlich sind es die heimatlichen Gefilde, wie man sagt, nicht? Dafür hat man nun einmal eine gewisse Schwäche. Das liegt in der Natur des Menschen... Aber jetzt erzähl mir von dir. Hogan hat mir erzählt, daß du... von den Wonnen der ehelichen Freuden gekostet hast. Vor zwei Jahren, nicht?

Little Chandler wurde rot und lächelte.

– Ja, sagte er, ich habe im Mai vor einem Jahr geheiratet.

– Ich hoffe, es ist nicht zu spät am Tag, dir meine herzlichsten Wünsche auszusprechen, sagte Ignatius Gallaher. Ich habe deine Adresse nicht gehabt, sonst hätte ich's seinerzeit getan.

Er streckte seine Hand aus, die Little Chandler nahm.

– Also, Tommy, sagte er, da wünsche ich dir und der Deinigen alle Wonnen des Lebens, altes Haus, und

Berge von Geld, und daß du nicht stirbst, bis ich dich erschieße. Und das wünscht dir ein aufrichtiger Freund, ein alter Freund. Das weißt du doch?
– Das weiß ich, sagte Little Chandler.
– Wie steht's mit dem Nachwuchs? fragte Ignatius Gallaher.
Little Chandler wurde wieder rot.
– Wir haben ein Kind, sagte er.
– Sohn oder Tochter?
– Einen kleinen Jungen.
Ignatius Gallaher schlug seinem Freund dröhnend auf den Rücken.
– Bravo, sagte er, ich hatte auch nicht an dir gezweifelt, Tommy.
Little Chandler lächelte, blickte verwirrt auf sein Glas und biß sich mit drei kindlich weißen Vorderzähnen auf die Unterlippe.
– Ich hoffe, du kommst uns einen Abend besuchen, sagte er, ehe du zurückfährst. Meine Frau wird sich freuen, dich kennenzulernen. Wir können etwas Musik machen und –
– Tausend Dank, altes Haus, sagte Ignatius Gallaher, schade, daß wir uns nicht früher gesehen haben. Aber morgen abend muß ich wieder weg.
– Vielleicht heute abend?
– Tut mir schrecklich leid, alter Freund. Weißt du, ich bin mit jemand anders hier, ein gescheiter junger Kerl übrigens, und wir wollten ein bißchen Karten spielen gehen. Sonst gerne ...
– In diesem Fall natürlich ...
– Aber wer weiß? sagte Ignatius Gallaher rücksichtsvoll. Nächstes Jahr mache ich vielleicht mal wieder

eine Spritztour herüber, jetzt wo ich das Eis gebrochen habe. Aufgeschoben ist nicht aufgehoben.

– Also gut, sagte Little Chandler, wenn du das nächste Mal kommst, müssen wir einen Abend zusammen verbringen. Das steht fest, nicht?

– Ja, das steht fest, sagte Ignatius Gallaher. Nächstes Jahr, falls ich komme, *parole d'honneur*.

– Und um das zu besiegeln, sagte Little Chandler, trinken wir jetzt noch einen.

Ignatius Gallaher zog eine große goldene Uhr hervor und schaute darauf.

– Ist es dann auch der letzte? fragte er. Weil, wie gesagt, ich habe nämlich eine Verabredung.

– Ja, absolut, sagte Little Chandler.

– Also schön, sagte Ignatius Gallaher, trinken wir noch einen als *deoc an doruis* – das ist gute Landessprache für einen kleinen Whisky, glaube ich.

Little Chandler bestellte die Getränke. Die Röte, die ihm einige Augenblicke zuvor ins Gesicht gestiegen war, behauptete sich. Jede Winzigkeit ließ ihn jederzeit rot werden: und jetzt fühlte er sich warm und aufgeregt. Die drei kleinen Whiskys waren ihm zu Kopf gestiegen, und Gallahers starke Zigarre hatte seine Gedanken durcheinandergebracht, denn er war fragil und enthaltsam. Das Abenteuer, Gallaher nach acht Jahren wiederzusehen, mit Gallaher zusammen in dem Licht und Lärm von Corless zu sein, Gallahers Geschichten anzuhören und für eine kurze Weile Gallahers unstetes und triumphales Leben zu teilen, brachte sein sensibles Wesen aus dem Gleichgewicht. Scharf fühlte er den Kontrast zwischen seinem eigenen Leben und dem seines Freundes, und er schien ihm ungerecht. Gallaher war ihm nach Herkunft und Bildung unterlegen. Er war sicher, daß er etwas Besseres leisten könne, als sein Freund je geleistet hatte oder je leisten könne, etwas Höheres als bloßen billigen Journalismus, wenn er nur die Chance bekäme. Was war es, das ihm im Weg stand? Seine unglückselige Schüchternheit? Er wünschte sich irgendwie zu rechtfertigen, seine Männlichkeit unter Beweis zu stellen. Er durchschaute Gallahers Ablehnung seiner Einladung. Gallaher ließ sich durch seine Freundlichkeit nur gönnerhaft zu ihm herab, so wie er sich zu Irland durch seinen Besuch herabließ.

Der Barmann brachte ihre Whiskys. Little Chandler schob ein Glas seinem Freund hin und hob das andere verwegen.

– Wer weiß? sagte er, als sie ihre Gläser hoben. Wenn du das nächste Jahr kommst, habe ich vielleicht das Vergnügen, Herrn und Frau Ignatius Gallaher ein langes Leben und viel Glück zu wünschen.

Ignatius Gallaher kniff beim Trinken vielsagend ein Auge über dem Rand seines Glases zu. Als er ausgetrunken hatte, schmatzte er entschlossen mit den Lippen, setzte das Glas ab und sagte:

– Da brauchst du weiß Gott keine Angst zu haben, mein Lieber. Ich tobe mich erst aus und lerne das Leben und die Welt ein bißchen kennen, ehe ich den Kopf in den Sack stecke – wenn ich das je tue.

– Eines Tages tust du's bestimmt, sagte Little Chandler ruhig.

Ignatius Gallaher wandte seine orange Krawatte und seine schieferblauen Augen voll dem Freund zu.

– Meinst du? sagte er.

– Du steckst den Kopf in den Sack, wiederholte

Little Chandler wacker, wie alle anderen, wenn du nur die Richtige findest.

Er hatte seinem Ton etwas Nachdruck gegeben, und er merkte, daß er sich verraten hatte; aber obwohl die Farbe seiner Wangen intensiver geworden war, wich er dem Blick seines Freundes nicht aus. Ignatius Gallaher beobachtete ihn eine kurze Zeitlang und sagte dann:

– Wenn das je passiert, dann kannst du deinen letzten Dollar verwetten, daß keine Gefühlsduselei dabei ist. Ich habe vor, Geld zu heiraten. Sie hat entweder ein gutes dickes Bankkonto, oder sie ist nichts für mich.

Little Chandler schüttelte den Kopf.

– Also Menschenskind, sagte Ignatius Gallaher heftig, was denkst du eigentlich? Ich brauche nur ein Wort zu sagen, und morgen kann ich die Frau und die Kohlen haben. Du glaubst das nicht? Ich weiß es aber. Es gibt Hunderte – was sage ich? – Tausende von reichen Deutschen und Jüdinnen, die im Geld ersticken und nur zu froh wären ... Wart's nur ab, mein Lieber. Paß auf, ob ich meine Karten nicht richtig ausspiele. Wenn ich mir was vorgenommen habe, dann meine ich es ernst, das sag ich dir. Wart's nur ab.

Er riß das Glas zum Mund, trank aus und lachte laut. Dann blickte er nachdenklich vor sich hin und sagte in ruhigerem Ton:

– Aber ich habe keine Eile. Die können warten. Ich denke nicht daran, mich an *eine* Frau zu binden, weißt du.

Er bewegte die Lippen, als koste er von etwas, und zog ein schiefes Gesicht.

– Muß ziemlich öd werden, denk ich, sagte er.

Little Chandler saß in dem Zimmer neben dem Flur und hielt ein Kind in den Armen. Um Geld zu sparen, hatten sie kein Mädchen, aber Annies jüngere Schwester Monica kam vormittags und abends für je etwa eine Stunde und half. Monica jedoch war längst nach Hause gegangen. Es war viertel vor neun. Little Chandler war spät zum Tee nach Hause gekommen, und außerdem hatte er vergessen, Annie das Paket Kaffee von Bewley mitzubringen. Natürlich war sie schlechter Laune und kurz angebunden. Sie sagte, daß sie auf den Tee auch verzichten könne, aber als die Zeit heranrückte, da der Laden an der Ecke zumachte, beschloß sie, selber ein Viertelpfund Tee und zwei Pfund Zucker zu holen. Sie legte ihm das schlafende Kind geschickt in die Arme und sagte:

– Hier. Mach ihn nicht wach.

Eine kleine Lampe mit weißem Porzellanschirm stand auf dem Tisch, und ihr Licht fiel auf eine Photographie in einem Rahmen aus Hornsplittern. Es war Annies Bild. Little Chandler betrachtete es und verweilte auf den dünnen, fest geschlossenen Lippen. Sie trug die hellblaue Sommerbluse, die er ihr eines Samstags als Geschenk mitgebracht hatte. Zehn Shilling und elf Pence hatte sie ihn gekostet; aber welche Nervenqualen dazu! Wie hatte er damals gelitten, als er an der Ladentür wartete, bis der Laden leer war, als er am Ladentisch stand und ungezwungen zu wirken versuchte, während das Mädchen Damenblusen vor ihm aufhäufte, als er am Pult bezahlte und den Penny zu nehmen vergaß, den er herausbekam, und der Kassierer ihn zurückrief, und als er sich schließlich bemühte, sein Erröten beim Verlassen des Ladens zu verbergen, indem er untersuchte, ob das Paket sicher verschnürt war. Als er die Bluse nach Hause brachte, küßte Annie ihn und sagte, sie sei sehr hübsch und schick; doch als sie den Preis erfuhr, warf sie die Bluse auf den Tisch und sagte, es sei glatter Betrug, einem dafür zehn Shilling und elf Pence abzunehmen. Zuerst wollte sie sie wieder zurückbringen, aber dann probierte sie sie an und fand sie entzückend, vor allem den Schnitt der Ärmel, und sie küßte ihn und sagte, daß es sehr lieb von ihm sei, an sie zu denken.

Hm!...

Er blickte kalt in die Augen des Photos, und kalt antworteten sie. Gewiß waren sie hübsch, und das Gesicht selbst war es auch. Aber er fand etwas Gemeines darin. Warum war es so bewußtseinsleer und damenhaft? Die Gefaßtheit der Augen irritierte ihn. Sie stießen ihn ab und boten ihm Trotz: es war keine Leidenschaft in ihnen, keine Verzückung. Er dachte an das, was Gallaher über reiche Jüdinnen gesagt hatte. Diese dunklen orientalischen Augen, dachte er, wie sie voll sind von Leidenschaft, von wollüstiger Sehnsucht!... Warum hatte er die Augen auf dem Photo geheiratet?

Er ertappte sich bei der Frage und sah sich nervös im Zimmer um. Er fand etwas Gemeines in den hübschen Möbeln, die er für sein Haus auf Ratenzahlung gekauft hatte. Annie hatte sie selber ausgesucht, und sie erinnerten ihn an sie. Auch sie waren steif und hübsch. Ein dumpfer Groll gegen sein Leben erwachte in ihm. Konnte er seinem kleinen Haus nicht entfliehen? War es für ihn zu spät, ein so verwegenes Leben zu versuchen wie Gallaher? Konnte er nach London gehen?

Die Möbel mußten noch bezahlt werden. Wenn er nur ein Buch schreiben und veröffentlichen könnte, das würde ihm vielleicht die Bahn freimachen.

Ein Band mit Gedichten von Byron lag vor ihm auf dem Tisch. Er öffnete ihn vorsichtig mit der linken Hand, um das Kind nicht wachzumachen, und begann das erste Gedicht im Buch zu lesen:

> *Der Wind verstummt, der Abend düstert sich,*
> *Kein leiser Zephyr wandelt durch den Hain,*
> *Zu Margarethens Grabe wend' ich mich,*
> *Um Blumen dem geliebten Staub zu streun.*

Er hielt inne. Um sich her im Zimmer spürte er den Rhythmus der Verse. Wie melancholisch er war! Ob auch er so schreiben, die Melancholie seiner Seele in Versen ausdrücken könnte? Es gab so vieles, das er zu beschreiben wünschte: seine Empfindung auf der Grattan Bridge ein paar Stunden zuvor beispielsweise. Wenn er sich in jene Stimmung zurückversetzen könnte ...

Das Kind wurde wach und begann zu schreien. Er blickte von der Seite auf und versuchte, es zu beruhigen; aber es ließ sich nicht beruhigen. Er begann es in den Armen zu wiegen, doch sein plärrendes Geschrei wurde nur noch heftiger. Er wiegte es schneller, während seine Augen die zweite Strophe zu lesen begannen:

> *In dieser engen Zelle ruht ihr Staub,*
> *Der Staub, den erst ...*

Es war zwecklos. Er konnte nicht lesen. Er konnte überhaupt nichts machen. Das Geplärr des Kindes zerriß ihm das Trommelfell. Es war zwecklos, zwecklos! Er war lebenslänglich gefangen. Seine Arme zitterten vor Zorn, und sich plötzlich zum Gesicht des Kindes hinabbeugend, brüllte er:

– Hör auf!

Das Kind hörte einen Augenblick lang auf, krümmte sich in Panik zusammen und begann dann laut zu kreischen. Er sprang vom Stuhl auf und ging mit dem Kind im Arm hastig im Zimmer auf und ab. Es weinte herzzerreißend, kam vier oder fünf Sekunden lang außer Atem, dann brach es von neuem aus ihm hervor. Die dünnen Wände des Zimmers warfen das Geschrei zurück. Er versuchte, es zu beruhigen, doch die Weinkrämpfe wurden nur schlimmer. Er blickte in das zusammengekniffene und zuckende Gesicht des Kindes und bekam Angst. Er zählte sieben Schluchzer ohne eine Pause dazwischen und drückte das Kind in Panik an die Brust. Wenn es starb! ...

Die Tür wurde aufgestoßen, und eine junge Frau kam außer Atem hereingestürzt.

– Was ist los? Was ist los? rief sie.

Als das Kind die Stimme seiner Mutter hörte, wurde sein Weinen paroxystisch.

– Es ist nichts, Annie ... es ist nichts ... Er hat angefangen zu schreien ...

Sie schleuderte ihre Päckchen auf den Boden und riß ihm das Kind weg.

– Was hast du ihm getan? schrie sie und starrte ihm ins Gesicht.

Little Chandler hielt einen Augenblick lang den

Blick ihrer Augen aus, und sein Herz zog sich zusammen, als er dem Haß in ihnen begegnete. Er begann zu stammeln:

– Es ist nichts... Er... er... hat angefangen zu schreien... Ich konnte nicht... Ich habe nichts getan... Was?

Ohne ihn zu beachten, begann sie im Zimmer auf und ab zu gehen, drückte das Kind fest in die Arme und murmelte:

– Mein Kleiner! Mein Kleinchen! Ha'du Angst gehabt, Schätzchen?... Nicht doch, Schätzchen! Nicht doch!... Schäfchen! Mamas kleines Lämmerschwänzchen!... Nicht doch!

Little Chandler fühlte Schamröte auf seinen Wangen und trat aus dem Lichtschein der Lampe. Er hörte, wie das paroxystische Weinen des Kindes mehr und mehr nachließ; und Tränen der Reue traten ihm in die Augen.

Entsprechungen

Die Klingel rasselte wütend, und als Miss Parker zum Sprachrohr ging, rief eine wütende Stimme mit schneidendem nordirischen Akzent:

– Schicken Sie Farrington hoch!

Miss Parker kehrte an ihre Maschine zurück und sagte zu einem Mann, der an einem Pult schrieb:

– Mr. Alleyne will Sie oben sprechen.

Der Mann murmelte flüsternd *Zum Teufel mit ihm!* und stieß seinen Stuhl zurück, um aufzustehen. Stehend wirkte er groß und massig. Er hatte ein sackendes dunkel-weinfarbenes Gesicht mit hellen Augenbrauen und Schnurrbart: seine Augen traten leicht hervor, und ihr Weißes war schmutzig. Er hob die Barriere und ging, vorbei an den Klienten, mit schwerem Schritt hinaus.

Schwer stieg er hinauf zum zweiten Treppenabsatz, wo eine Tür ein Messingschild mit der Aufschrift *Mr. Alleyne* trug. Hier blieb er stehen, schnaufte vor Anstrengung und Verdruß und klopfte. Die schrille Stimme rief:

– Herein!

Der Mann betrat Mr. Alleynes Zimmer. Im gleichen Moment ließ Mr. Alleyne, ein kleiner Mann mit einer goldgeranderten Brille auf einem glattrasierten Gesicht, seinen Kopf über einem Stapel von Dokumenten hochschnellen. Der Kopf war so rosig und haarlos, daß er wie ein großes Ei aussah, das da auf den Papieren ruhte. Mr. Alleyne verlor keinen Augenblick:

– Farrington? Was soll das heißen? Warum muß ich mich immer über Sie beschweren? Darf ich wohl fragen, warum Sie keine Abschrift von dem Vertrag zwischen Bodley und Kirwan gemacht haben? Ich habe Ihnen doch gesagt, daß er um vier fertig sein muß.

– Aber Mr. Shelley hat gesagt, Sir –

– *Mr. Shelley hat gesagt, Sir* ... Kümmern Sie sich gefälligst um das, was ich sage, und nichts da von *Mr. Shelley hat gesagt, Sir.* Immer haben Sie irgendeine Ausrede, um sich um die Arbeit zu drücken. Lassen Sie sich gesagt sein, daß ich die Sache Mr. Crosbie melden werde, wenn der Vertrag nicht bis heute abend abgeschrieben ist ... Haben Sie mich jetzt verstanden?

– Jawohl, Sir.

– Haben Sie mich jetzt verstanden? ... Und dann noch eine Kleinigkeit! Ich könnte ebenso gut einer Wand predigen wie Ihnen. Merken Sie sich ein für allemal, daß Sie eine halbe Stunde Mittagspause haben und nicht anderthalb. Ich möchte mal wissen, wieviele Gänge denn der Herr speist ... Hab ich mich jetzt klar ausgedrückt?

– Jawohl, Sir.

Mr. Alleyne senkte den Kopf wieder auf seinen Papierstapel. Der Mann starrte unverwandt auf den blanken Schädel, der die Geschäfte von Crosbie & Alleyne führte, und schätzte seine Zerbrechlichkeit ab. Ein Zornkrampf umklammerte eine kurze Weile seine Kehle und löste sich dann, um ein akutes Durstgefühl zu hinterlassen. Dem Mann kam das Gefühl bekannt vor, und es war ihm nach einer ordentlich durchzechten

Nacht zumute. Der Monat war schon mehr als halb vorbei, und wenn er die Abschrift rechtzeitig fertig bekäme, gäbe ihm Mr. Alleyne vielleicht eine Anweisung für den Kassierer. Er rührte sich nicht und blickte unverwandt auf den Kopf über dem Papierstapel. Plötzlich begann Mr. Alleyne alle Papiere durcheinanderzuwerfen, auf der Suche nach irgend etwas. Dann, als wäre er der Anwesenheit des Mannes bis zu diesem Augenblick nicht gewahr gewesen, ließ er den Kopf von neuem hochschnellen und sagte:

– Nanu? Wollen Sie den ganzen Tag dastehen? Auf mein Wort, Farrington, Sie nehmen die Dinge leicht!

– Ich habe gewartet, um zu sehen . . .

– Sehr schön, Sie brauchen nicht zu warten, um zu sehen. Gehen Sie runter und machen Sie Ihre Arbeit.

Der Mann ging schwer zur Tür, und als er das Zimmer verließ, hörte er, wie Mr. Alleyne ihm nachrief, daß Mr. Crosbie von der Sache erfahren würde, wenn der Vertrag bis zum Abend nicht abgeschrieben wäre.

Er kehrte an sein Pult im Büro unten zurück und zählte die Blätter, die noch abzuschreiben blieben. Er nahm seinen Federhalter und tauchte ihn in die Tinte, doch dann blickte er weiter dümmlich auf die letzten Worte, die er geschrieben hatte: *In keinem Fall soll besagter Bernard Bodley* . . . Der Abend brach herein, und in ein paar Minuten würden sie die Gasbeleuchtung anstecken: dann könnte er schreiben. Er spürte, daß er den Durst in seiner Kehle löschen mußte. Er stand von seinem Pult auf, hob die Barriere wie zuvor und verließ das Büro. Als er hinausging, sah ihn der Bürovorsteher fragend an.

– Schon in Ordnung, Mr. Shelley, sagte der Mann und zeigte mit dem Finger, um den Bestimmungsort seiner Unterbrechung anzudeuten.

Der Bürovorsteher warf einen Blick auf den Hutständer, doch da er die Reihe vollzählig fand, sagte er nichts. Sobald er draußen auf der Treppe war, zog der Mann eine karierte Schäfermütze aus der Tasche, setzte sie auf und lief schnell die wacklige Treppe hinab. Von der Haustür an ging er verstohlen dicht an den Häusern entlang zur Ecke und tauchte plötzlich in einen Hauseingang. Im dunklen Hinterzimmer von O'Neills Kneipe war er jetzt in Sicherheit, und indem er das kleine Fenster zum Schankraum mit seinem geröteten Gesicht ausfüllte, das die Farbe dunklen Weines oder dunklen Fleisches hatte, rief er:

– Los, Pat, bringen Sie uns mal ein Glas Porter, seien Sie so gut.

Der ›Kurat‹ brachte ihm ein Glas einfachen Porter. Der Mann stürzte es auf einen Zug herunter und verlangte ein Kümmelkorn. Er legte seinen Penny auf die Theke, ließ den ›Kuraten‹ in der Düsternis danach tasten und zog sich aus dem Hinterzimmer so verstohlen zurück, wie er gekommen war.

Dunkelheit, begleitet von dichtem Nebel, überwältigte die Februardämmerung, und die Laternen auf der Eustace Street waren angezündet worden. Der Mann ging an den Häusern entlang bis zur Tür seines Büros und fragte sich, ob er seine Abschrift wohl rechtzeitig schaffen würde. Auf der Treppe grüßte ein feuchter durchdringender Parfumgeruch seine Nase: offenbar war Miss Delacour gekommen, während er bei O'Neill gewesen war. Er stopfte seine Mütze in die Tasche zurück, nahm eine geistesabwesende Miene an und trat wieder in das Büro.

– Mr. Alleyne hat nach Ihnen gerufen, sagte der Bürovorsteher streng. Wo waren Sie?

Der Mann warf einen kurzen Blick auf die beiden Klienten, die an der Barriere standen, als wolle er zu verstehen geben, daß ihre Gegenwart ihn an einer Antwort hindere. Da die Klienten beide männlichen Geschlechts waren, erlaubte sich der Bürovorsteher ein Lachen.

– Ich kenn die Tour, sagte er. Fünfmal am Tag ist ein bißchen... Na, machen Sie schon schnell und suchen Sie die Abschrift unserer Korrespondenz in der Sache Delacour für Mr. Alleyne heraus.

Diese Worte in Gegenwart des Publikums, das schnelle Treppensteigen und der Porter, den er so hastig heruntergestürzt hatte, brachten den Mann durcheinander, und als er sich an sein Pult setzte, um das Verlangte herauszusuchen, wurde ihm klar, wie hoffnungslos die Aufgabe war, die Abschrift des Vertrages noch vor halb sechs fertigzustellen. Die finsterfeuchte Nacht kam, und er sehnte sich, sie in den Kneipen zu verbringen, mit seinen Freunden inmitten des grellen Gaslichts und des Geklirrs der Gläser zu trinken. Er suchte die Delacour-Korrespondenz heraus und verließ das Büro. Er hoffte, Mr. Alleyne würde nicht entdecken, daß die beiden letzten Briefe fehlten.

Das feuchte durchdringende Parfum lagerte auf dem ganzen Weg hinauf in Mr. Alleynes Zimmer. Miss Delacour war eine Frau mittleren Alters und von jüdischem Aussehen. Mr. Alleyne, hieß es, habe es auf sie oder ihr Geld abgesehen. Sie kam oft ins Büro und blieb dann immer lange. Sie saß jetzt in einer Wolke von Parfum neben seinem Pult, strich über den Griff ihres Schirms und nickte mit der großen schwarzen Feder auf ihrem Hut. Mr. Alleyne hatte seinen Stuhl so gedreht, daß er ihr gegenübersaß, und seinen rechten Fuß forsch auf sein linkes Knie geworfen. Der Mann legte die Korrespondenz auf das Pult und verbeugte sich respektvoll, doch weder Mr. Alleyne noch Miss Delacour nahm irgendeine Notiz von seiner Verbeugung. Mr. Alleyne tippte mit dem Finger auf die Korrespondenz und schnickte ihn dann in seine Richtung, als wolle er sagen: *Schon gut, Sie können gehen.*

Der Mann kehrte in das Büro unten zurück und setzte sich wieder an sein Pult. Er starrte angespannt auf den unvollendeten Satz: *In keinem Fall soll besagter Bernard Bodley* ... und dachte, daß es doch seltsam wäre, wie die letzten drei Wörter mit demselben Buchstaben anfingen. Der Bürovorsteher begann Miss Parker zu drängen – sie würde, sagte er, die Briefe nie rechtzeitig für die Post getippt haben. Der Mann lauschte ein paar Minuten lang dem Klappern der Maschine und machte sich dann daran, seine Abschrift zu beenden. Doch sein Kopf war nicht klar, und seine Gedanken wanderten fort zu dem grellen Licht und dem Geklirr des Wirtshauses. Es war eine Nacht für heißen Punsch. Er quälte sich weiter mit seiner Abschrift, aber als die Uhr fünf schlug, hatte er immer noch vierzehn Seiten zu schreiben. Zum Teufel damit! Es war nicht zu schaffen. Gerne hätte er laut geflucht, hätte er seine Faust wuchtig auf irgendetwas niedergehen lassen. Er war so erbittert, daß er *Bernard*

Bernard statt *Bernard Bodley* schrieb und auf einem neuen Blatt noch einmal anfangen mußte.

Er fühlte sich stark genug, das ganze Büro eigenhändig kurz und klein zu schlagen. Sein Körper brannte darauf, etwas zu tun, hinauszustürzen und in Gewalttätigkeit zu schwelgen. All die Demütigungen seines Lebens erbitterten ihn ... Ob er den Kassierer privat um einen Vorschuß bitten konnte? Nein, mit dem Kassierer war nichts anzufangen, verdammt nichts: der würde ihm keinen Vorschuß geben ... Er wußte, wo er die Jungs finden würde: Leonhard und O'Halloran und Nosey Flynn. Das Barometer seiner Gefühlslage zeigte eine Unwetterperiode an.

Seine Vorstellungen hatten ihn so abgelenkt, daß sein Name zweimal gerufen wurde, ehe er antwortete. Mr. Alleyne und Miss Delacour standen vor der Barriere, und alle Angestellten hatten sich erwartungsvoll umgewandt. Der Mann stand von seinem Pult auf. Mr. Alleyne begann eine Schimpftirade und sagte, daß zwei Briefe fehlten. Der Mann antwortete, er wisse nichts von ihnen, er habe eine genaue Abschrift gemacht. Die Tirade ging weiter: sie war so bitter und heftig, daß der Mann nur schwer seine Faust zurückhalten konnte, auf den Kopf des Männchens vor ihm niederzufahren.

– Ich weiß nichts von irgendwelchen anderen zwei Briefen, sagte er dümmlich.

– *Sie – wissen – nichts.* Sie wissen natürlich nichts, sagte Mr. Alleyne. Sagen Sie, fügte er hinzu, nachdem er zunächst einen beifallheischenden Blick auf die Dame neben sich gerichtet hatte, halten Sie mich für einen Idioten? Halten Sie mich für einen Vollidioten?

Der Mann blickte von dem Gesicht der Dame zu dem kleinen Eierkopf und wieder zurück; und fast ehe es ihm bewußt wurde, hatte seine Zunge einen glückhaften Augenblick gefunden:

– Das, Sir, sagte er, fragen Sie mich besser nicht.

Die Angestellten hielten den Atem an. Alle waren sie perplex (der Urheber des Bonmots nicht minder als seine Nachbarn), und Miss Delacour, die eine derbe freundliche Person war, begann breit zu lächeln. Mr. Alleyne lief rot an wie eine wilde Rose, und sein Mund begann vor zwergenhafter Leidenschaft zu zucken. Er schüttelte seine Faust vor dem Gesicht des Mannes, bis sie wie der Griff eines elektrischen Geräts zu zittern schien:

– Sie unverschämter Flegel! Sie unverschämter Flegel! Ich mache kurzen Prozeß mit Ihnen! Warten Sie nur ab! Sie werden sich bei mir für diese Unverschämtheit entschuldigen, oder Sie verlassen das Büro auf der Stelle! Sie verlassen es, sage ich Ihnen, oder Sie entschuldigen sich bei mir!

Er stand im Hauseingang dem Büro gegenüber und wartete ab, ob der Kassierer allein herauskommen würde. Alle Angestellten kamen heraus, und schließlich kam auch der Kassierer mit dem Bürovorsteher. Es hatte keinen Zweck, auch nur ein Wort mit ihm zu sprechen, wenn er mit dem Bürovorsteher zusammen war. Seine Lage, fühlte der Mann, war schlecht genug. Er war genötigt worden, sich bei Mr. Alleyne für seine Unverschämtheit unterwürfig zu entschuldigen, doch er wußte, was für ein Wespennest das Büro jetzt für ihn sein würde. Es war ihm in Erinnerung, wie Mr. Alleyne den kleinen Peake aus dem Büro getrieben hatte, um Platz für seinen eigenen Neffen zu schaffen. Er war wütend und durstig und rachsüchtig, böse auf sich selber wie auf alle anderen. Keine Stunde würde Mr. Alleyne ihn in Frieden lassen; sein Leben würde die Hölle sein. Dieses Mal hatte er sich richtig zum Idioten gemacht. Konnte er denn seine Zunge nicht im Zaum halten? Aber sie waren von Anfang an nicht miteinander ausgekommen, er und Mr. Alleyne, jedenfalls seit dem Tage nicht, als Mr. Alleyne mitangehört hatte, wie er zur Belustigung von Higgins und Miss Parker seinen nordirischen Akzent nachmachte: damit hatte es angefangen. Er hätte versuchen können, Higgins anzupumpen, aber Higgins hatte ja selber nie etwas. Ein Mann, der für zwei Haushalte aufzukommen hatte, natürlich konnte der nicht ...

Wieder fühlte er, wie sein großer Körper auf die Wohltat des Wirtshauses brannte. Der Nebel ließ ihn frösteln, und er fragte sich, ob er Pat bei O'Neill anhauen könne. Mehr als ein Shilling war bei ihm nicht zu holen – und ein Shilling hatte keinen Zweck. Doch irgendwoher mußte er das Geld bekommen: seinen letzten Penny hatte er für das Glas Porter ausgegeben, und bald wäre es zu spät, noch irgendwo Geld herzukriegen. Plötzlich, als er an seiner Uhrkette fingerte, fiel ihm Terry Kellys Pfandhaus in der Fleet Street ein. Das war die Idee! Warum war ihm das nicht eher eingefallen?

Er ging schnell durch die enge Temple Bar und murmelte vor sich hin, daß sie von ihm aus alle zur Hölle fahren könnten, weil er sich jedenfalls einen vergnügten Abend machen würde. Der Angestellte bei Terry Kelly sagte *Eine Crown!*, doch der Deponent bestand auf sechs Shilling; und schließlich wurden ihm tatsächlich sechs Shilling bewilligt. Er verließ das Pfandhaus fröhlich und machte einen kleinen Geldzylinder zwischen Daumen und Fingern. Auf der Westmoreland Street wimmelten die Gehsteige von jungen Männern und Frauen, die von der Arbeit kamen, und zerlumpte Knirpse liefen hin und her und riefen die Namen der Abendausgaben aus. Der Mann schritt durch die Menge, betrachtete das Schauspiel im großen und ganzen mit stolzer Genugtuung und starrte die Büromädchen gebieterisch an. Sein Kopf war voll von dem Lärm der Tramglocken und der sirrenden Stromabnehmer, und seine Nase schnupperte schon die kräuselnden Punschdämpfe. Während er weiterging, überlegte er sich im voraus, wie er den Jungs den Vorfall erzählen würde:

– Also, ich hab ihn nur angesehn – ganz kühl, nicht, und dann hab ich sie angesehn. Dann hab ich wieder ihn angesehn – ich hab mir Zeit gelassen, nicht. *Das fragen Sie mich besser nicht*, sag ich.

Nosey Flynn saß in seiner Stammecke bei Davy Byrne, und als er die Geschichte hörte, gab er Farrington einen Halben aus – das wäre eine der dollsten Sachen, die er je gehört hätte. Farrington gab seinerseits einen aus. Nach einer Weile kamen O'Halloran und Paddy Leonard herein, und die Geschichte wurde ihnen wiederholt. O'Halloran gab der ganzen Runde je einen dreiviertel heißen Malzwhisky aus und erzählte die Geschichte von der Replik, die er dem Bürovorsteher gegenüber gemacht hatte, als er bei

Callan in der Fownes's Street arbeitete; doch da es eine Replik in der Art der losen Schäfer in den Eklogen war, mußte er zugeben, daß sie nicht so gescheit war wie Farringtons Replik. Darauf forderte Farrington die Jungs auf, ihren Schnaps wegzuputzen und noch einen zu sich zu nehmen.

Als sie gerade ihre Medizin bestellten, wer kam da herein? Higgins! Natürlich mußte er sich zu den anderen setzen. Die Männer forderten ihn auf, seine Version zum besten zu geben, und er tat es sehr lebhaft, denn der Anblick fünf kleiner heißer Whiskys war sehr aufmunternd. Alle brüllten sie vor Lachen, als er zeigte, wie Mr. Alleyne die Faust vor Farringtons Gesicht geschüttelt hatte. Dann machte er Farrington nach, sagte: *Und da steht er, so kühl wie nur was,* während Farrington die Gesellschaft aus seinen schweren schmutzigen Augen ansah, lächelte und von Zeit zu Zeit mit Hilfe seiner Unterlippe verirrte Schnapstropfen aus seinem Schnurrbart herunterholte.

Als diese Lage zu Ende war, entstand ein Schweigen. O'Halloran hatte Geld, doch von den anderen beiden schien keiner welches zu haben; also verließ die ganze Gesellschaft etwas bedauernd die Kneipe. An der Ecke Duke Street schwenkten Higgins und Nosey Flynn links ab, während die anderen drei zurückgingen in Richtung Stadtzentrum. Regen nieselte auf die kalten Straßen nieder, und als sie das Ballast Office erreichten, schlug Farrington das Scotch House vor. Die Kneipe war voll von Männern und laut vom Lärm der Zungen und Gläser. Die drei drängten sich an den winselnden Streichholzverkäufern nahe der Tür vorbei und bildeten eine kleine Gruppe an der Ecke der

Theke. Sie begannen Geschichten auszutauschen. Leonard stellte sie einem jungen Kerl namens Weathers vor, der im Tivoli als Akrobat und dummer August auftrat. Farrington gab eine ganze Runde aus. Weathers sagte, er nehme einen kleinen Irischen und Apollinaris. Farrington, der feste Vorstellungen davon hatte, was sich gehörte, fragte die Jungs, ob auch sie ein Apollinaris wollten; aber die Jungs forderten Tim auf, ihren heiß zu machen. Das Gespräch wandte sich dem Theater zu. O'Halloran gab eine Runde aus, und dann gab Farrington noch eine Runde aus, während Weathers einwandte, daß solche Gastfreundschaft zu irisch wäre. Er versprach, sie hinter die Kulissen zu bringen und mit ein paar netten Mädchen bekannt zu machen. O'Halloran sagte, daß er und Leonard mitkommen würden, aber Farrington nicht, weil er ja ein verheirateter Mann wäre; und Farringtons schwere schmutzige Augen musterten die Gesellschaft tückisch, zum Zeichen, daß er verstand, daß man sich über ihn lustig machte. Weathers ließ allen grade nur einen Kurzen auf seine Rechnung kommen und versprach, sie später bei Mulligan in der Poolbeg Street wiederzutreffen.

Als das Scotch House schloß, gingen sie um die Ecke zu Mulligan. Sie gingen in die Hinterstube, und O'Halloran bestellte eine Runde kleiner heißer Specials. Sie begannen sich alle benebelt zu fühlen. Farrington gab gerade noch eine weitere Runde aus, als Weathers zurückkam. Zu Farringtons großer Erleichterung trank er diesmal ein Glas Bitter. Die Mittel wurden knapp, aber noch hatten sie genug, um weiterzumachen. Im Augenblick kamen zwei junge Frauen mit großen Hüten und ein junger Mann in einem karierten Anzug herein und setzten sich an einen Tisch in der Nähe. Weathers grüßte sie und erzählte den anderen, daß sie aus dem Tivoli wären. Farringtons Augen wanderten jeden Moment zu einer der jungen Frauen hinüber. Ihre Erscheinung hatte etwas Auffallendes. Ein riesiger Schal aus pfauenblauem Musselin war um ihren Hut geschlungen und in einer großen Schleife unter dem Kinn verknotet; und sie trug hellgelbe Handschuhe, die bis zum Ellbogen reichten. Farrington starrte bewundernd auf den rundlichen Arm, den sie sehr oft mit viel Anmut bewegte; und als sie nach kurzer Zeit seinen Blick erwiderte, bewunderte er noch mehr ihre großen dunkelbraunen Augen. Ihr schräger staunender Ausdruck faszinierte ihn. Ein- oder zweimal sah sie flüchtig zu ihm herüber, und als die Gruppe aufbrach, streifte sie seinen Stuhl und sagte mit Londoner Akzent O *pardon!* Er verfolgte, wie sie den Raum verließ, in der Hoffnung, daß sie sich nach ihm umdrehen werde, doch er wurde enttäuscht. Er verfluchte seinen Geldmangel und verfluchte all die Runden, die er ausgegeben hatte, besonders all die Whiskys und Apollinaris, die er Weathers ausgegeben hatte. Wenn ihm etwas verhaßt war, dann ein Schmarotzer. Er war so zornig, daß ihm die Unterhaltung seiner Freunde entging.

Als Paddy Leonard ihn rief, stellte er fest, daß sie über Kraftproben redeten. Weathers zeigte der Runde seinen Bizeps und gab so an, daß die anderen beiden Farrington aufgefordert hatten, die nationale Ehre zu retten. Farrington zog also seinen Ärmel hoch und zeigte der Runde seinen Bizeps. Die beiden Arme wurden geprüft und verglichen, und schließlich kam man überein, eine Kraftprobe zu veranstalten. Der Tisch wurde abgeräumt, die beiden stützten ihre Ellbogen darauf und verklammerten ihre Hände. Wenn Paddy Leonard *Los!* sagte, sollte jeder versuchen, die Hand des anderen auf den Tisch herunterzudrücken. Farrington sah sehr ernst und entschlossen aus.

Die Probe begann. Nach etwa dreißig Sekunden drückte Weathers die Hand seines Gegners langsam auf den Tisch herunter. Der Zorn und die Demütigung, von einem solchen Grünschnabel geschlagen zu sein, rötete Farringtons dunkel-weinfarbenes Gesicht noch mehr.

– Man darf sein Körpergewicht nicht einsetzen. Fair spielen, sagte er.

– Wer spielt hier nicht fair? sagte der andere.

– Noch mal. Wer zweimal von dreien gewinnt.

Die Probe begann von neuem. Auf Farringtons Stirn traten die Adern hervor, und Weathers' bleiches Gesicht bekam die Farbe einer Päonie. Ihre Hände und Arme zitterten vor Anstrengung. Nach langem Kampf drückte Weathers die Hand seines Gegners wieder langsam auf den Tisch. Die Zuschauer murmelten beifällig. Der ›Kurat‹, der neben dem Tisch stand, nickte mit seinem roten Kopf zum Sieger hin und sagte mit blöder Vertraulichkeit:

– Jawoll! So wird's gemacht.

– Was zum Teufel verstehen Sie davon? sagte Farrington grimmig und drehte sich zu dem Mann um. Wieso haben Sie dazwischenzureden?

– Pst, pst! sagte O'Halloran mit einem Blick auf Farringtons gewalttätigen Gesichtsausdruck. Jetzt blecht mal, Jungs. Einen Schluck trinken wir noch, und dann raus hier.

Ein Mann mit sehr verdrossenem Gesicht stand an der Ecke der O'Connell Bridge und wartete auf die kleine Tram nach Sandymount, die ihn nach Hause bringen sollte. Er war voll von schwelendem Zorn und Rachsucht. Er fühlte sich gedemütigt und mißgelaunt; er fühlte sich noch nicht einmal betrunken; und er hatte nur noch Twopence in der Tasche. Er fluchte auf alles. Er hatte sich geschafft im Büro, hatte seine Uhr versetzt, sein ganzes Geld ausgegeben; und er war noch nicht einmal betrunken. Wieder kam das Durstgefühl, und er sehnte sich zurück in die heiße stinkige Wirtschaft. Er hatte seinen Ruf als starker Mann verloren, zweimal war er von einem bloßen Jungen geschlagen worden. Wut stieg in ihm hoch, und als er an die Frau mit dem großen Hut dachte, die ihn gestreift und *Pardon!* gesagt hatte, erstickte ihn die Wut fast.

Seine Tram setzte ihn an der Shelbourne Road ab, und er steuerte seinen massigen Körper im Schatten der Kasernenmauer entlang. Es graute ihm davor, nach Hause zu kommen. Als er durch die Seitentür eintrat, fand er die Küche leer und das Küchenfeuer beinahe erloschen. Er brüllte nach oben:

– Ada! Ada!

Seine Frau war klein, hatte scharfe Gesichtszüge, tyrannisierte ihren Mann, wenn er nüchtern war, und wurde von ihm tyrannisiert, wenn er betrunken war. Sie hatten fünf Kinder. Ein kleiner Junge kam die Treppe herabgerannt.

– Wer ist das? sagte der Mann und spähte in die Dunkelheit.

– Ich, Papa.

– Wer ist ich? Charlie?

– Nein, Papa, Tom.

– Wo ist deine Mutter?

– Sie ist in der Kirche.

– Achja ... Hat sie daran gedacht, mir was zu essen dazulassen?

– Ja, Papa. Ich –

– Mach die Lampe an. Was soll das überhaupt heißen, hier alles dunkel zu lassen? Sind die andern Kinder im Bett?

Der Mann setzte sich schwer auf einen der Stühle, während der kleine Junge die Lampe anzündete. Er begann, die ordinäre Dubliner Aussprache seines Sohnes nachzumachen, indem er halb zu sich selber sagte: *In der Kirche. In der Kirche, wenn du nichts dagegen hast!* Als die Lampe angezündet war, schlug er mit der Faust auf den Tisch und schrie:

– Was krieg ich zu essen?

– Ich ... ich werde es dir kochen, Papa, sagte der kleine Junge.

Der Mann sprang wütend auf und zeigte auf das Feuer.

– Auf diesem Feuer! Du hast das Feuer ausgehn lassen! Bei Gott, ich will dich lehren, das nochmal zu machen!

Er machte einen Schritt auf die Tür zu und griff sich den Spazierstock, der dahinter stand.

– Ich will dich lehren, das Feuer ausgehn zu lassen! sagte er, während er den Ärmel hochkrempelte, um seinem Arm Spielraum zu geben.

Der kleine Junge rief *Ach, Papa!* und rannte heulend um den Tisch, doch der Mann folgte ihm und bekam ihn an der Jacke zu fassen. Der kleine Junge blickte verängstigt umher, aber da er keinen Fluchtweg sah, fiel er auf die Knie.

– Du wirst mir das Feuer nochmal ausgehn lassen! sagte der Mann und schlug mit dem Stock böse auf ihn ein. Da hast du's, du Bengel!

Der Junge stieß einen wimmernden Schmerzensschrei aus, als der Stock in seinen Schenkel schnitt. Er faltete die Hände in der Luft, und seine Stimme bebte vor Angst.

– Ach Papa! rief er. Schlag mich nicht, Papa! Ich sag ... ich sag auch ein *Ave Maria* für dich ... Ich sag ein *Ave Maria* für dich, Papa, wenn du mich nicht schlägst ... Ich sag ein *Ave Maria* ...

Gnade

ZWEI HERREN, die gerade in der Toilette waren, versuchten ihn aufzurichten: doch er war völlig hilflos. Er lag zusammengerollt unten an der Treppe, die er hinuntergestürzt war. Es gelang ihnen, ihn umzudrehen. Sein Hut war ein paar Meter weit gerollt, und seine Kleidung war besudelt von dem Dreck und der Schmiere des Fußbodens, auf dem er gelegen hatte, Gesicht nach unten. Seine Augen waren geschlossen, und sein Atem machte ein grunzendes Geräusch. Ein dünnes Blutrinnsal sickerte ihm aus dem Mundwinkel.

Diese beiden Herren und einer der ›Kuraten‹ trugen ihn die Treppe hinauf und legten ihn auf den Fußboden der Kneipe wieder hin. Nach zwei Minuten war er von einem Kreis von Männern umringt. Der Geschäftsführer der Kneipe fragte alle, wer er wäre und wer mit ihm zusammen sei. Keiner wußte, wer er war, aber einer der ›Kuraten‹ sagte, er habe dem Herrn einen kleinen Rum gebracht.

– War er allein? fragte der Geschäftsführer.

– Nein, Sir. Da waren zwei Herren bei ihm.

– Und wo sind sie?

Keiner wußte es; eine Stimme sagte:

– Er muß Luft kriegen. Er ist ohnmächtig.

Der Zuschauerkreis weitete sich und schloß sich dann elastisch wieder. Eine dunkle Blutmedaille hatte sich auf dem Mosaikboden neben dem Kopf des Mannes gebildet. Beunruhigt von der grauen Blässe des Gesichts schickte der Geschäftsführer nach einem Polizisten.

Sein Kragen wurde geöffnet und seine Krawatte aufgebunden. Er öffnete einen Moment lang die Augen, seufzte und schloß sie wieder. Einer der Herren, die ihn nach oben getragen hatten, hielt einen verbeulten Zylinder in der Hand. Der Geschäftsführer fragte wiederholt, ob niemand wisse, wer der Verletzte sei oder wo seine Freunde abgeblieben wären. Die Tür der Kneipe ging auf, und ein riesiger Konstabler trat ein. Eine Menge, die ihm die Gasse hinunter gefolgt war, sammelte sich vor der Tür und bemühte sich, durch die Glasscheiben hineinzuspähen.

Der Geschäftsführer berichtete sofort, was er wußte. Der Konstabler, ein junger Mann mit breiten unbeweglichen Gesichtszügen, hörte zu. Langsam bewegte er den Kopf nach rechts und nach links und vom Geschäftsführer zu der Person auf dem Boden, als fürchte er, Opfer einer Sinnestäuschung zu werden. Dann zog er seinen Handschuh aus, holte ein kleines Buch aus seiner Weste, leckte an der Mine seines Stiftes und schickte sich an, ein Protokoll aufzunehmen. In argwöhnischem Provinzdialekt fragte er:

– Wer ist der Mann? Wie heißt er und wo wohnt er?

Ein junger Mann im Radfahrerkostüm bahnte sich den Weg durch den Kreis der Umstehenden. Er kniete sofort bei dem Verletzten nieder und verlangte Wasser. Der Konstabler kniete ebenfalls nieder, um Hilfe zu leisten. Der junge Mann wusch das Blut vom Mund des Verletzten und verlangte dann Branntwein. Der Konstabler wiederholte die Aufforderung mit gebieterischer Stimme, bis ein ›Kurat‹ mit dem Glas herbeigelaufen kam. Der Branntwein wurde dem Mann gewaltsam eingeflößt. Nach ein paar Sekunden öffnete er die Augen und blickte um sich. Er erblickte den Kreis der Gesichter, begriff und bemühte sich aufzustehen.

– Geht's wieder einigermaßen? fragte der junge Mann im Radfahrerkostüm.

– Pah, ith' nichth wei'er, sagte der Verletzte und versuchte aufzustehen.

Man half ihm auf die Füße. Der Geschäftsführer sagte etwas von einem Krankenhaus, und einige der Umstehenden gaben Ratschläge. Der verbeulte Zylinder wurde dem Mann auf den Kopf gesetzt. Der Konstabler fragte:

– Wo wohnen Sie?

Ohne zu antworten, begann der Mann die Schnurrbartspitzen zu zwirbeln. Er verharmloste seinen Unfall. Es wäre nichts weiter, sagte er: nur ein kleiner Unfall. Er sprach mit dicker Zunge.

– Wo wohnen Sie? wiederholte der Konstabler.

Der Mann sagte, man solle ihm eine Droschke besorgen. Während die Sache debattiert wurde, kam ein großer lebhafter Herr von heller Hautfarbe und mit einem langen gelben Ulster aus dem entgegengesetzten Teil der Kneipe herüber. Beim Anblick der Szene rief er:

– He, Tom, Alter! Was fehlt Ihnen denn?

– Pah, nichth wei'er, sagte der Mann.

Der Neuankömmling musterte die jammervolle Gestalt vor sich, wandte sich dann an den Konstabler und sagte:

– Es ist schon gut, Konstabler. Ich bring ihn nach Hause.

Der Konstabler hob die Hand an den Helm und antwortete:

– In Ordnung, Mr. Power!

– Kommen Sie, Tom, sagte Mr. Power und faßte seinen Freund am Arm. Knochen alle heil. Was? Können Sie gehn?

Der junge Mann im Radfahrerkostüm faßte den Mann am anderen Arm, und die Menge teilte sich.

– Wie sind Sie denn bloß in diesen Schlamassel geraten? fragte Mr. Power.

– Der Herr ist die Treppe runtergefallen, sagte der junge Mann.

– Ich bin Ihn' thehr 'ankbar, Thir, sagte der Verletzte.

– Keine Ursache.

– Wolln wir nich 'n Gläthchen ...?

– Jetzt nicht. Jetzt nicht.

Die drei Männer verließen die Kneipe, und die Menge rieselte durch die Türen auf die Gasse. Der Geschäftsführer ging mit dem Konstabler zur Treppe, um den Ort des Unfalls in Augenschein zu nehmen. Sie gelangten beide zu der Ansicht, daß der Herr den Halt verloren haben müsse. Die Kunden kehrten an den Tresen zurück, und ein ›Kurat‹ machte sich daran, die Blutspuren am Boden aufzuwischen.

Als sie in die Grafton Street hinauskamen, pfiff Mr. Power eine Pferdedroschke herbei. Der Verletzte sagte so gut es ging wieder:

– Ich bin Ihn' ther 'ankbar, Thir. Hoffen'lich thehn wir unth bal' wie'er. Mei' Name ith Kernan.

Der Schreck und die einsetzenden Schmerzen hatten ihn teilweise nüchtern gemacht.

– Nicht der Rede wert, sagte der junge Mann.

Sie reichten sich die Hand. Mr. Kernan wurde auf den Wagen gehievt, und während Mr. Power dem Droschkenkutscher Anweisungen gab, drückte er dem jungen Mann seinen Dank aus und bedauerte, daß sie nicht doch ein Gläschen zusammen trinken könnten.

– Ein andermal, sagte der junge Mann.

Der Wagen fuhr in Richtung Westmoreland Street davon. Als er am Ballast Office vorbeikam, zeigte die Uhr halb zehn. Ein scharfer Ostwind traf sie von der Flußmündung her. Mr. Kernan kauerte sich vor Kälte zusammen. Sein Freund bat ihn, zu erzählen, wie der Unfall passiert sei.

– Ich kann nich', Mensch, antwortete er, meine Thunge ith verletht.

– Zeigen Sie mal.

Der andere beugte sich von seinem Sitz herüber und guckte Mr. Kernan in den Mund, konnte jedoch nichts erkennen. Er entzündete ein Streichholz, hielt es geschützt in den hohlen Händen und guckte noch einmal in den Mund, den Mr. Kernan gehorsam aufmachte. Das Schwanken des Wagens brachte das Streichholz dem offenen Mund bald näher, bald ferner. Die unteren Zähne und das Zahnfleisch waren mit geronnenem Blut bedeckt, und ein winziges Stück der Zunge schien abgebissen zu sein. Das Streichholz wurde ausgeblasen.

– Sieht häßlich aus, sagte Mr. Power.

– Pah, nichth' wei'er, sagte Mr. Kernan, machte den Mund zu und zog den Kragen seines dreckigen Mantels über den Hals.

Mr. Kernan war ein Handlungsreisender der alten

Schule, die an die Würde ihres Berufes glaubte. In der Stadt war er nie ohne Gamaschen und einen einigermaßen anständigen Zylinder gesehen worden. Mit diesen beiden Kleidungsstücken begnadet, sagte er, könne ein Mann immer bestehen. Er setzte die Tradition seines Napoleon fort, des großen Blackwhite, dessen Erinnerung er bisweilen durch Legende und Mimikry heraufbeschwor. Moderne Geschäftsmethoden hatten ihn nur insoweit verschont, als sie ihm ein kleines Büro in der Crowe Street erlaubt hatten, auf dessen Fensterladen der Name seiner Firma nebst der Adresse stand – London, E. C. Auf dem Kaminsims dieses kleinen Büros war ein kleines Bleibüchsenbataillon aufgereiht, und auf dem Tisch vor dem Fenster standen vier oder fünf Porzellanschalen, die gewöhnlich halb voll waren von einer schwarzen Flüssigkeit. Aus diesen Schalen kostete Mr. Kernan Tee. Er nahm einen Mundvoll, zog ihn hoch, sättigte den Gaumen damit und spuckte ihn dann in den Kamin. Dann hielt er inne, um sein Urteil zu fällen.

Mr. Power, ein viel jüngerer Mann, war im Royal Irish Constabulary Office in Dublins Castle angestellt. Der Bogen seines gesellschaftlichen Aufstiegs schnitt den Bogen des Abstiegs seines Freundes, doch Mr. Kernans Abstieg wurde durch den Umstand gemildert, daß einige jener Freunde, die ihn im Zenit seines Erfolges gekannt hatten, ihn als Persönlichkeit immer noch schätzten. Mr. Power war einer dieser Freunde. Seine unerklärlichen Schulden waren in seinem Kreis sprichwörtlich; er war ein liebenswürdiger junger Mann.

Der Wagen hielt vor einem kleinen Haus in der

Glasnevin Road, und man half Mr. Kernan hinein. Seine Frau brachte ihn ins Bett, während Mr. Power unten in der Küche saß und die Kinder fragte, wo sie zur Schule gingen und bei welchem Buch sie gerade wären. Die Kinder, zwei Mädchen und ein Junge, der Hilflosigkeit ihres Vaters und der Abwesenheit ihrer Mutter bewußt, begannen mit ihm herumzualbern. Ihr Betragen und ihre Aussprache überraschten ihn, und seine Stirn wurde nachdenklich. Nach einer Weile kam Mrs. Kernan in die Küche und rief:

– Was muß man erleben! Eines Tages bringt er sich noch um, Himmelherrgottnochmal. Er trinkt jetzt schon seit Freitag.

Mr. Power bemühte sich, ihr zu erklären, daß ihn keine Schuld treffe, daß er durch reinsten Zufall hinzugekommen sei. In Erinnerung an Mr. Powers gute Dienste während häuslicher Streitigkeiten und viele kleine, aber gelegen kommende Darlehen sagte Mrs. Kernan:

– Ach, das brauchen Sie mir doch nicht zu sagen, Mr. Power. Ich weiß, Sie sind ein Freund von ihm, nicht so einer wie ein paar von den andern, mit denen er sich rumtreiben tut. Die sind ja in Ordnung, solange er Geld in der Tasche hat, um Frau und Familie zu Haus sitzen zu lassen. Schöne Freunde! Ich möchte mal wissen, mit wem er heut abend zusammen war.

Mr. Power schüttelte den Kopf, sagte jedoch nichts.

– Es tut mir leid, fuhr sie fort, daß ich nichts da hab, was ich Ihnen anbieten kann. Aber wenn Sie eine Minute warten, schick ich zu Fogarty um die Ecke.

Mr. Power erhob sich.

– Wir haben gewartet, daß er mit dem Geld nach

Hause kommt. Es scheint ihm nie in den Kopf zu kommen, daß er überhaupt ein Zuhaus hat.

– Nun ja, Mrs. Kernan, sagte Mr. Power, wir werden dafür sorgen, daß er eine neue Seite aufschlägt. Ich spreche mit Martin. Er ist der Richtige dafür. Wir kommen abends einmal vorbei und bereden die Sache.

Sie brachte ihn zur Tür. Der Kutscher stampfte den Gehsteig auf und ab und schwang die Arme, um sich zu wärmen.

– Es war sehr nett von Ihnen, ihn nach Haus zu bringen, sagte sie.

– Gern geschehn, sagte Mr. Power.

Er kletterte auf den Wagen. Beim Anfahren grüßte er noch einmal, indem er fröhlich den Hut lüftete.

– Wir machen einen neuen Menschen aus ihm, sagte er. Gute Nacht, Mrs. Kernan.

Mrs. Kernans verdutzte Augen folgten dem Wagen, bis er außer Sicht war. Dann wandte sie sie ab, ging in das Haus und leerte die Taschen ihres Mannes.

Sie war eine rührige, praktische Frau im mittleren Alter. Vor noch nicht langer Zeit hatte sie ihre Silberhochzeit gefeiert und die Intimität mit ihrem Mann erneuert, indem sie mit ihm zu Mr. Powers Begleitung Walzer tanzte. In ihren Brauttagen war ihr Mr. Kernan als eine nicht ungalante Gestalt erschienen: und immer noch eilte sie an die Kirchentür, wenn sie von einer Hochzeit hörte, und erinnerte sich beim Anblick des Brautpaars mit lebhaftem Vergnügen, wie sie selber aus der Star of the Sea Church in Sandymount geschritten war, auf den Arm eines aufgeräumten gutgenährten

Mannes gestützt, der einen schicken Frack und lavendelfarbene Hosen anhatte und auf dem anderen Arm elegant einen Zylinder balancierte. Nach drei Wochen hatte sie das Leben einer Ehefrau beschwerlich gefunden, und später, als sie es allmählich unerträglich fand, war sie Mutter geworden. Die Mutterrolle bereitete ihr keine unüberwindlichen Schwierigkeiten, und fünfundzwanzig Jahre lang hatte sie ihrem Mann mit Weiberlist den Haushalt geführt. Ihre beiden ältesten Söhne waren lanciert. Einer arbeitete in einer Textilhandlung in Glasgow, und der andere war Schreiber bei einem Teehändler in Belfast. Es waren gute Söhne, sie schrieben regelmäßig und schickten manchmal Geld nach Hause. Die anderen Kinder gingen noch zur Schule.

Mr. Kernan schickte am folgenden Tag einen Brief ins Büro und blieb im Bett. Sie machte ihm eine Bouillon und zankte ihn gründlich aus. Sie nahm seine häufigen Trinkereien hin, als wären sie ein Bestandteil des Wetters, brachte ihn pflichtschuldig wieder auf die Beine, wann immer er darniederlag, und versuchte ihn stets zu bewegen, sein Frühstück zu essen. Es gab schlimmere Ehemänner. Seit die Jungen erwachsen waren, hatte er nie wieder getobt und geschlagen, und sie wußte, er würde zu Fuß bis zum Ende der Thomas Street und wieder zurück gehen, um auch nur eine kleine Bestellung hereinzubringen.

Zwei Abende später besuchten ihn seine Freunde. Sie führte sie in sein Schlafzimmer hinauf, dessen Luft von einem persönlichen Geruch durchdrungen war, und ließ sie sich an den Kamin setzen. Mr. Kernans Zunge, deren gelegentlicher stechender Schmerz ihn den Tag über ein wenig reizbar gemacht hatte, wurde höflicher. Er saß, von Kissen gestützt, aufgerichtet im Bett, und die etwas erhöhte Farbe seiner angeschwollenen Wangen gab ihnen das Aussehen warmer Aschenglut. Er bat seine Gäste, die Unordnung in seinem Zimmer zu entschuldigen, blickte sie aber gleichzeitig ein wenig stolz an, mit dem Stolz eines Veteranen.

Es kam ihm nicht in den Sinn, daß er das Opfer eines Komplotts war, welches seine Freunde, Mr. Cunningham, Mr. M'Coy und Mr. Power, Mrs. Kernan im Wohnzimmer enthüllt hatten. Die Idee hatte Mr. Power gehabt, aber die Ausführung war Mr. Cunningham anvertraut worden. Mr. Kernan war protestantischer Abstammung, und obwohl er zur Zeit seiner Heirat zum katholischen Glauben konvertiert war, hatte er sich zwanzig Jahre lang dem Schoße der Kirche ferngehalten. Darüberhinaus stichelte er gerne gegen den Katholizismus.

Mr. Cunningham war für einen solchen Fall genau der Richtige. Er war ein älterer Kollege von Mr. Power. Sein eigenes häusliches Leben war nicht sehr glücklich. Die Leute hatten großes Mitleid mit ihm, denn es war bekannt, daß er eine nicht vorzeigbare Frau geheiratet hatte, die eine unheilbare Trinkerin war. Sechsmal hatte er ihr den Haushalt eingerichtet; und jedesmal hatte sie ihm die Möbel versetzt.

Alle hatten sie vor dem armen Martin Cunningham Respekt. Er war ein durch und durch vernünftiger Mann, einflußreich und intelligent. Seine schneidende Menschenkenntnis, ein natürlicher Scharfsinn, der durch langen Umgang mit Fällen in den Polizeigerichten noch spezifischer geworden war, war durch kurzes Eintauchen in die Wasser allgemeiner Philosophie gemildert worden. Er kannte sich aus. Seine Freunde beugten sich seinen Meinungen und waren der Ansicht, sein Gesicht gliche dem Shakespeares.

Als ihr das Komplott enthüllt worden war, hatte Mrs. Kernan gesagt:

– Ich lege es alles in Ihre Hände, Mr. Cunningham.

Nach einem Vierteljahrhundert Eheleben waren ihr sehr wenige Illusionen verblieben. Religion war für sie eine Gewohnheit, und sie vermutete, daß ein Mann im Alter ihres Gatten sich vor dem Tod nicht mehr beträchtlich ändern würde. Sie war versucht, seinen Unfall sonderbar passend zu finden, und nur weil sie nicht blutrünstig erscheinen wollte, sagte sie den Herren nicht, daß es Mr. Kernans Zunge nicht schade, wenn sie ein Stück kürzer wäre. Jedoch war Mr. Cunningham ein tüchtiger Mann; und Religion war Religion. Der Plan könnte ja etwas nützen, und zumindest konnte er nicht schaden. Ihre Glaubensinhalte waren nicht extravagant. Sie glaubte fest ans Herz Jesu als an den am allgemeinsten nützlichen aller katholischen Andachtsgegenstände und billigte die Sakramente. Ihr Glaube wurde durch ihre Küche begrenzt, aber wenn man es von ihr verlangte, konnte sie auch an die irische Todesfee und an den Heiligen Geist glauben.

Die Herren begannen über den Unfall zu sprechen. Mr. Cunningham sagte, er habe einmal von einem ähnlichen Fall gehört. Ein Siebzigjähriger habe sich einmal während eines epileptischen Anfalls ein Stück seiner Zunge abgebissen, und das Stück sei wieder nachgewachsen, so daß niemand irgendeine Spur des Bisses wahrnehmen konnte.

– Na, ich bin nicht siebzig, sagte der Invalide.
– Gott behüte, sagte Mr. Cunningham.
– Es tut doch jetzt nicht mehr weh? fragte Mr. M'Coy.

Mr. M'Coy war einst ein Tenor von einigem Ansehen gewesen. Seine Frau, früher Sopranistin, gab immer noch kleinen Kindern Klavierstunden zu niedrigem Preis. Seine Lebenslinie hatte nicht eben die kürzeste Verbindung zwischen zwei Punkten gebildet, und zeitweise hatte er sich mit List und Tücke durchschlagen müssen. Er war Angestellter bei der Midland-Eisenbahn gewesen, Anzeigenakquisiteur für *The Irish Times* und *The Freeman's Journal*, Stadtreisender auf Kommissionsbasis für eine Kohlenfirma, Privatdetektiv, Schreiber im Büro des Sub-Sheriff, und unlängst war er Sekretär des City Coroner geworden. Seine neue Tätigkeit ließ ihn sich beruflich für Mr. Kernans Fall interessieren.

– Weh tun? Nicht sehr, antwortete Mr. Kernan. Aber mir ist so scheußlich. Ich fühle mich kotzelend.
– Das ist der Schnaps, sagte Mr. Cunningham fest.
– Nein, sagte Mr. Kernan. Ich glaube, ich hab mir auf dem Wagen eine Erkältung geholt. Irgend etwas kommt mir immer in die Kehle, Schleim oder –
– Mucus, sagte Mr. M'Coy.
– Es kommt immer wie von unten in meine Kehle; scheußlich.
– Ja, ja, sagte Mr. M'Coy, das ist der Thorax.

Er blickte Mr. Cunningham und Mr. Power gleichzeitig herausfordernd an. Mr. Cunningham nickte schnell mit dem Kopf, und Mr. Power sagte:
– Nun, Ende gut, alles gut.

– Ich bin Ihnen sehr verbunden, mein Alter, sagte der Invalide.

Mr. Power machte eine wegwerfende Handbewegung.

– Diese beiden anderen, mit denen ich zusammen war –

– Wer war es denn? fragte Mr. Cunningham.

– Ein Mann. Ich weiß nicht, wie er heißt. Verdammt, wie hieß er bloß? So ein Kleiner mit rotblonden Haaren ...

– Und wer noch?

– Harford.

– Hm, sagte Mr. Cunningham.

Wenn Mr. Cunningham diese Bemerkung machte, schwiegen die Leute. Es war bekannt, daß der Sprecher geheime Informationsquellen hatte. In diesem Fall verfolgte die eine Silbe einen moralischen Zweck. Mr. Harford gehörte manchmal einem kleinen Kommando an, das die Stadt sonntags kurz nach Mittag verließ, und zwar mit dem Ziel, baldmöglichst in einem Wirtshaus der Außenbezirke der Stadt anzukommen, wo sich seine Mitglieder ordnungsgemäß als *bona-fide*-Reisende auswiesen. Seine Reisegenossen indessen hatten sich nie bereitgefunden, seine Herkunft zu übersehen. Er hatte sein Leben als obskurer Financier begonnen, indem er Arbeitern kleine Beträge zu Wucherzinsen lieh. Später war er Partner eines sehr dicken kleinen Herrn geworden, Mr. Goldberg von der Liffey Loan Bank. Obwohl er niemals mehr als gerade dem jüdischen Moralkodex angehangen hatte, sprachen seine katholischen Glaubensbrüder von ihm bitter als einem irischen Juden und Analphabeten, wann immer sie durch ihn oder einen Beauftragten unter seinen Forderungen zu leiden hatten, und sahen die göttliche Mißbilligung des Wuchers in der Person seines schwachsinnigen Sohnes offenbart. Zu anderen Zeiten erinnerten sie sich seiner guten Seiten.

– Ich möchte wissen, wo er abgeblieben ist, sagte Mr. Kernan.

Er wünschte die Einzelheiten des Vorfalls im dunkeln zu lassen. Er wünschte seine Freunde in dem Glauben zu wiegen, es hätte irgendein Versehen gegeben, Mr. Harford und er hätten einander verfehlt. Seine Freunde, die sich in Mr. Harfords Trinkgewohnheiten durchaus auskannten, schwiegen. Mr. Power sagte noch einmal:

– Ende gut, alles gut.

Mr. Kernan wechselte sofort das Thema.

– Das war ein anständiger junger Mann, dieser Mediziner, sagte er. Wenn er nicht dazugekommen wäre –

– Tja, wenn er nicht dazugekommen wäre, sagte Mr. Power, wären leicht sieben Tage drin gewesen, und nicht etwa wahlweise Geldstrafe.

– Ja, ja, sagte Mr. Kernan und versuchte, sich zu erinnern. Ich erinnere mich jetzt, daß ein Polizist da war. Ein anständiger junger Kerl, schien mir. Wie ist das überhaupt passiert?

– Was passiert ist, ist, daß Sie stockblau waren, Tom, sagte Mr. Cunningham ernst.

– Ein wahres Wort, sagte Mr. Kernan ebenso ernst.

– Ich nehme an, Sie haben den Konstabler geschmiert, Jack, sagte Mr. M'Coy.

Mr. Power schätzte es nicht, mit dem Vornamen

angeredet zu werden. Er war nicht zugeknöpft, aber er konnte nicht vergessen, daß Mr. M'Coy unlängst einen Kreuzzug unternommen hatte, um Reisetaschen und Koffer aufzutreiben, damit Mrs. M'Coy imaginären Engagements auf dem Lande nachkommen könne. Die Abgeschmacktheit des Spiels brachte ihn mehr auf als die Tatsache, daß er sein Opfer geworden war. Er beantwortete die Fragen darum so, als hätte Mr. Kernan sie gestellt.

Der Bericht empörte Mr. Kernan. Er war sich seiner bürgerlichen Pflichten durchaus bewußt, wünschte mit seiner Stadt unter wechselseitig ehrbaren Bedingungen auszukommen, und jeder Affront durch jemand, den er Knollfink nannte, brachte ihn auf.

– Bezahlen wir dafür Steuern? fragte er. Damit diese Blödhammel etwas zu essen und anzuziehen haben ... und weiter sind sie doch nichts.

Mr. Cunningham lachte. Er war nur während der Dienststunden Beamter des Castle.

– Wie sollten sie auch etwas anderes sein, Tom? fragte er.

Er verfiel in breiten Provinzdialekt und sagte befehlend:

– 65, fang dein' Kohl!

Alle lachten. Mr. M'Coy, der durch egal welche Tür Eingang in das Gespräch finden wollte, tat, als hätte er die Geschichte noch nie gehört. Mr. Cunningham sagte:

– So soll es in dem Depot zugehen – jedenfalls heißt es so, nicht –, wo sie diese Riesenkerle vom Land drillen, diese Rindsviecher, nicht. Der Sergeant läßt sie sich in einer Reihe an der Wand aufpflanzen und die

Teller hochhalten. Er illustrierte die Geschichte mit grotesken Gesten.

– Beim Essen, nicht. Dann hat er ein Mordsding von einer Schüssel mit Kohl vor sich auf dem Tisch und ein Mordsding von einer Kelle, wie eine Schaufel. Er nimmt eine Ladung Kohl auf die Kelle und pfeffert sie quer durch den Raum, und die armen Teufel müssen versuchen, sie auf ihren Tellern zu fangen: *65, fang dein' Kohl.*

Alle lachten von neuem: aber Mr. Kernan war immer noch etwas empört. Er redete davon, einen Brief an die Zeitungen zu schreiben.

– Diese Yahoos, die hierher kommen, sagte er, denken, sie können die Leute herumkommandieren. Ich brauche Ihnen nicht zu sagen, Martin, was das für Männer sind.

Mr. Cunningham ließ bedingtes Einverständnis erkennen.

– Es ist wie alles auf dieser Welt, sagte er. Es gibt Schlechte darunter, und es gibt auch Gute.

– O ja, es gibt auch Gute, das gebe ich zu, sagte Mr. Kernan befriedigt.

– Es ist besser, man hat nichts mit ihnen zu tun, sagte Mr. M'Coy. Meine ich!

Mrs. Kernan kam herein, stellte ein Tablett auf den Tisch und sagte:

– Bedienen Sie sich, meine Herren.

Mr. Power stand auf, um seines Amtes zu walten, und bot ihr seinen Stuhl an. Sie lehnte ab, da sie unten am Bügeln wäre, und nachdem sie Mr. Cunningham hinter Mr. Powers Rücken zugenickt hatte, wollte sie das Zimmer wieder verlassen. Ihr Mann rief ihr zu:

– Und für mich hast du nichts, Schatzi?
– Ach geh! du kannst eine hinter die Ohren kriegen! sagte Mrs. Kernan schnippisch.

Ihr Mann rief ihr nach:

– Nichts für den armen kleinen Olschen!

Er verstellte Gesicht und Stimme so komisch, daß die Verteilung der Stout-Flaschen unter allgemeiner Heiterkeit vor sich ging.

Die Herren tranken aus ihren Gläsern, stellten die Gläser zurück auf den Tisch und schwiegen. Dann wandte sich Mr. Cunningham an Mr. Power und sagte beiläufig:

– Also Donnerstag abend, haben Sie gesagt, Jack?
– Donnerstag, ja, sagte Mr. Power.
– In Ordnung! sagte Mr. Cunningham prompt.
– Wir können uns bei M'Auley treffen, sagte Mr. M'Coy. Das wird das Günstigste sein.
– Aber wir dürfen nicht zu spät kommen, sagte Mr. Power ernst, denn es wird bestimmt proppenvoll.
– Wir können uns um halb sieben treffen, sagte Mr. M'Coy.
– In Ordnung! sagte Mr. Cunningham.
– Also dann um halb sieben bei M'Auley!

Es trat ein kurzes Schweigen ein. Mr. Kernan wartete, ob er ins Vertrauen seiner Freunde gezogen werden würde. Dann erkundigte er sich:

– Was ist denn im Busch?
– Ach, nichts weiter, sagte Mr. Cunningham. Es ist nur eine kleine Angelegenheit, die wir für Donnerstag planen.
– Die Oper, was? fragte Mr. Kernan.
– Nein, nein, sagte Mr. Cunningham in ausweichen-

dem Ton, es ist nur eine kleine... geistliche Angelegenheit.

– Achso, sagte Mr. Kernan.

Wieder trat ein Schweigen ein. Dann sagte Mr. Power unumwunden:

– Um Ihnen die Wahrheit zu sagen, Tom, wir wollen einen Bußgottesdienst mitmachen.

– Ja, so ist's, sagte Mr. Cunningham, Jack und ich und M'Coy hier – wir wollen mal richtig reinen Tisch machen.

Er brachte die Metapher mit einer gewissen schlichten Energie heraus und fuhr von seiner eigenen Stimme ermutigt fort:

– Nämlich, wir können ruhig zugeben, daß wir eine ganz schöne Bande von Lumpenhunden sind, einer wie der andere. Ich sage, einer wie der andere, fügte er mit barscher Barmherzigkeit hinzu und wandte sich an Mr. Power. Geben Sie's zu!

– Ich geb's zu, sagte Mr. Power. –

– Ich geb's auch zu, sagte Mr. M'Coy.

– Also machen wir mal alle zusammen reinen Tisch, sagte Mr. Cunningham.

Auf einmal schien ihm ein Einfall zu kommen. Er wandte sich plötzlich an den Invaliden und sagte:

– Wissen Sie, was mir gerade durch den Kopf gegangen ist, Tom? Sie könnten mitmachen, und dann tanzen wir da zu viert an.

– Gute Idee, sagte Mr. Power. Wir vier zusammen.

Mr. Kernan schwieg. Er wußte mit dem Vorschlag sehr wenig anzufangen, aber da er begriff, daß irgendwelche geistlichen Instanzen im Begriff standen, sich seinetwegen zu bemühen, meinte er, er sei es seiner

Würde schuldig, sich halsstarrig zu zeigen. Eine ganze Weile nahm er an der Unterhaltung nicht teil, sondern hörte mit einem Ausdruck ruhiger Feindseligkeit zu, wie seine Freunde über die Jesuiten diskutierten.

– Ich denke gar nicht so schlecht von den Jesuiten, sagte er, als er sich schließlich doch einmischte. Sie sind ein gebildeter Orden. Ich glaube, sie meinen es auch gut.

– Sie sind der glorreichste Orden der Kirche, Tom, sagte Mr. Cunningham begeistert. Der Jesuitengeneral kommt gleich nach dem Papst.

– Das steht absolut fest, sagte M'Coy, wenn man gute Arbeit verlangt und keine Scherereien, dann muß man zu einem Jesuiten gehen. Das sind die Jungs, die Einfluß haben. Ich will Ihnen mal einen Fall erzählen ...

– Die Jesuiten sind ein tadelloser Verein, sagte Mr. Power.

– Das ist eine seltsame Sache, sagte Mr. Cunningham, mit dem Jesuitenorden. Jeder andere Kirchenorden mußte irgendwann einmal erneuert werden, aber der Jesuitenorden wurde kein einziges Mal erneuert. Er ist niemals abtrünnig geworden.

– Wirklich? fragte Mr. M'Coy.

– Das stimmt, sagte Mr. Cunningham. Das ist historisch.

– Man braucht sich nur ihre Kirche anzusehen, sagte Mr. Power. Oder die Gemeinde, die sie haben.

– Die Jesuiten versorgen die Oberschicht, sagte Mr. M'Coy.

– Natürlich, sagte Mr. Power.

– Ja, sagte Mr. Kernan. Drum habe ich etwas für sie

übrig. Manche von diesen Weltgeistlichen dagegen, diesen unwissenden, aufgeblasenen –

– Es sind alles rechtschaffene Männer, sagte Mr. Cunningham, jeder auf seine Weise. Die irische Priesterschaft wird in der ganzen Welt hoch geachtet.

– Allerdings, sagte Mr. Power.

– Nicht wie manche andere Priesterschaft auf dem Kontinent, sagte Mr. M'Coy, die den Namen nicht verdient.

– Vielleicht haben Sie recht, sagte Mr. Kernan einlenkend.

– Natürlich habe ich recht, sagte Mr. Cunningham. Ich bin doch nun lange genug auf der Welt und habe mich überall umgesehen, um Menschen beurteilen zu können.

Die Herren gaben einander das Beispiel und tranken von neuem. Mr. Kernan schien im Geiste abzuwägen. Er war beeindruckt. Er hatte eine hohe Meinung von Mr. Cunninghams Fähigkeit, Menschen zu beurteilen und in Gesichtern zu lesen. Er bat um Einzelheiten.

– Ach, es ist einfach ein Bußgottesdienst, nicht, sagte Mr. Cunningham. Pater Purdon veranstaltet ihn. Er ist für Geschäftsleute gedacht, nicht.

– Er wird uns schon nicht zu hart rannehmen, Tom, sagte Mr. Power gewinnend.

– Pater Purdon? Pater Purdon? fragte der Invalide.

– Den müssen Sie doch kennen, Tom, sagte Mr. Cunningham mannhaft. Ein wirklich feiner Kerl! Er ist ein Mann dieser Welt genau wie wir.

– Ach... ja. Ich glaube, ich kenne ihn. Ziemlich rotes Gesicht; groß.

– Genau.

– Und sagen Sie, Martin ... Ist er ein guter Prediger?

– Hm, nein ... Das ist eigentlich gar keine Predigt, nicht. Es ist nur eine Art freundliche Ansprache, nicht, richtig vernünftig.

Mr. Kernan überlegte. Mr. M'Coy sagte:

– Pater Tom Burke, das war einer!

– Tja, Pater Tom Burke, sagte Mr. Cunningham, das war ein geborener Redner. Haben Sie den je gehört, Tom?

– Ob ich den je gehört habe! sagte der Invalide gereizt. Allerdings! Gehört habe ich ihn ...

– Und doch heißt es, daß er kein großer Theologe war, sagte Mr. Cunningham.

– Wirklich? fragte Mr. M'Coy.

– Na, es war natürlich nichts verkehrt, nicht. Nur manchmal soll er gepredigt haben, was nicht ganz orthodox war.

– Ach! ... er war schon ein großartiger Bursche, sagte Mr. M'Coy.

– Gehört habe ich ihn einmal, fuhr Mr. Kernan fort. Ich weiß nicht mehr, was das Thema seines Vortrags war. Crofton und ich waren hinten im ... Parkett, nicht ... im –

– Im Schiff, sagte Mr. Cunningham.

– Ja, hinten bei der Tür. Ich weiß nicht mehr, was ... Achja, es war über den Papst, den verstorbenen Papst. Ich kann mich noch gut erinnern. Ehrenwort, es war großartig, der Stil der Ansprache. Und seine Stimme! Mein Gott! hatte der eine Stimme! *Den Gefangenen des Vatikans* nannte er ihn. Ich weiß noch, daß Crofton zu mir sagte, als wir hinauskamen –

– Aber Crofton, der ist doch Orangist, oder? fragte Mr. Power.

– Klar, sagte Mr. Kernan, und zwar ein verdammt anständiger Orangist. Wir gingen zu Butler in der Moore Street – ich war ehrlich ergriffen, bei Gott, das ist die Wahrheit – und ich erinnere mich genau an seine Worte. *Kernan,* sagte er, *wir beten an verschiedenen Altären,* sagte er, *aber unser Glaube ist der gleiche.* Ich fand das sehr schön gesagt.

– Da ist eine Menge dran, sagte Mr. Power. Wenn Pater Tom predigte, hat es immer haufenweise Protestanten in der Kirche gegeben.

– So groß ist der Unterschied zwischen uns nicht, sagte Mr. M'Coy. Wir glauben alle an –

Er zögerte einen Augenblick.

– ... an den Erlöser. Nur daß die nicht an den Papst und an die Muttergottes glauben.

– Aber natürlich, sagte Mr. Cunningham ruhig und wirkungsvoll, ist unsere Religion *die* Religion, der alte, ursprüngliche Glaube.

– Ohne jeden Zweifel, sagte Mr. Kernan warm.

Mrs. Kernan kam an die Schlafzimmertür und verkündete:

– Hier kommt noch ein Besuch für dich!

– Wer denn?

– Mr. Fogarty.

– Herein! Immer herein!

Ein bleiches ovales Gesicht kam ans Licht. Der Bogen seines blonden herabhängenden Schnurrbarts wiederholte sich in den blonden Augenbrauen, die sich über angenehm verwunderten Augen wölbten. Mr. Fogarty war ein bescheidener Krämer. Er war mit einem konzessionierten Lokal in der Stadt geschäftlich gescheitert, weil seine Finanzlage ihn genötigt hatte, sich an zweitklassige Brenner und Brauer zu binden. Er hatte dann einen kleinen Laden auf der Glasnevin Road aufgemacht, wo, wie er sich schmeichelte, seine Umgangsformen ihm die Gunst der Hausfrauen der Umgegend gewinnen würden. Er legte eine gewisse Anmut an den Tag, beschenkte kleine Kinder und artikulierte sorgfältig. Er war nicht ungebildet.

Mr. Fogarty brachte ein Geschenk mit, einen halben Liter Special Whisky. Er erkundigte sich höflich nach Mr. Kernans Befinden, stellte sein Geschenk auf den Tisch und setzte sich als Gleichberechtigter zu der Gesellschaft. Mr. Kernan wußte das Geschenk um so mehr zu würdigen, als ihm bewußt war, daß von Mr. Fogarty noch eine kleine Lebensmittelrechnung offen stand. Er sagte:

– Ich wußte doch, auf Sie ist Verlaß, Alter. Machen Sie die bitte auf, Jack?

Wieder waltete Mr. Power seines Amtes. Gläser wurden ausgespült und fünf kleine Whiskys ausgeschenkt. Dieser neue Einfluß belebte die Unterhaltung. Mr. Fogarty, der nur einen kleinen Teil der Sitzfläche seines Stuhls in Anspruch nahm, war besonders interessiert.

– Papst Leo XIII., sagte Mr. Cunningham, war eine der Leuchten seiner Zeit. Sein großer Gedanke war die Vereinigung der römischen und der griechischen Kirche, nicht. Das war sein Lebensziel.

– Ich habe oft gehört, daß er einer der intelligentesten Männer Europas war, sagte Mr. Power. Ich meine, außer daß er Papst war.

– Das war er auch, sagte Mr. Cunningham, wenn nicht sogar *der* intelligenteste. Sein Wahlspruch, nicht, als Papst, war *Lux auf Lux* – *Licht auf Licht.*

– Nein, nein, sagte Mr. Fogarty eifrig. Ich glaube, da irren Sie sich. Es war *Lux in Tenebris,* glaube ich – *Licht in der Finsternis.*

– Ah ja, sagte Mr. M'Coy, *Tenebrae.*

– Gestatten Sie, sagte Mr. Cunningham bestimmt, es war *Lux auf Lux.* Und der Wahlspruch von seinem Vorgänger, Pius IX., war *Crux auf Crux* – das heißt *Kreuz auf Kreuz* – um den Unterschied zwischen ihren Pontifikaten deutlich zu machen.

Der Folgerung wurde stattgegeben. Mr. Cunningham fuhr fort.

– Papst Leo war ein großer Gelehrter und Dichter, nicht.

– Er hatte ein markantes Gesicht, sagte Mr. Kernan.

– Ja, sagte Mr. Cunningham. Er hat lateinische Gedichte geschrieben.

– Wirklich? fragte Mr. Fogarty.

Mr. M'Coy kostete zufrieden von seinem Whisky, schüttelte in doppelter Absicht den Kopf und sagte:

– Das ist kein Witz, sage ich Ihnen.

– Das haben wir auf der Penny-Schule nicht gelernt, Tom, sagte Mr. Power und folgte Mr. M'Coys Beispiel.

– Schon so mancher ehrliche Mann ist mit einem Stück Torf unterm Rock in die Penny-Schule gegangen, sagte Mr. Kernan sentenziös. Das alte System war doch das beste; einfache ehrliche Erziehung. Nichts von diesem modernen Sums...

– Ganz richtig, sagte Mr. Power.

– Keine Entbehrlichkeiten, sagte Mr. Fogarty.

Er artikulierte das Wort sorgfältig und trank dann ernst.

– Ich erinnere mich, gelesen zu haben, sagte Mr. Cunningham, daß eins der Gedichte von Papst Leo über die Erfindung der Photographie ging – auf lateinisch natürlich.

– Über die Photographie! rief Mr. Kernan.

– Ja, sagte Mr. Cunningham.

Auch er trank aus seinem Glas.

– Nun, sagte Mr. M'Coy, ist die Photographie nicht etwas Wunderbares, wenn man es einmal genau bedenkt?

– Aber natürlich, sagte Mr. Power, große Geister erkennen manches.

– Wie der Dichter sagt: *Große Geister sind dem Wahnsinn nahe,* sagte Mr. Fogarty.

Mr. Kernan schien im Geiste beunruhigt. Er gab sich Mühe, sich einige heikle Punkte der protestantischen Theologie ins Gedächtnis zu rufen, und wandte sich schließlich an Mr. Cunningham.

– Nun sagen Sie mal, Martin, sagte er. Waren nicht einige von den Päpsten – natürlich nicht unser heutiger oder sein Vorgänger, aber einige von den alten Päpsten – nicht so ganz ... Sie wissen schon ... so ganz astrein?

Es trat ein Schweigen ein. Mr. Cunningham sagte:

– Na klar, es gab einige üble Figuren ... Aber das Erstaunliche ist dies. Kein einziger von ihnen, nicht der größte Säufer, nicht der größte ... Erzhalunke, kein einziger von ihnen hat je mit einem Wort *ex cathedra* eine falsche Lehre verkündet. Also wenn das nicht erstaunlich ist.

– Allerdings, sagte Mr. Kernan.

– Ja, weil wenn der Papst *ex cathedra* spricht, erklärte Mr. Fogarty, dann ist er unfehlbar.

– Ja, sagte Mr. Cunningham.

– Oh, ich weiß Bescheid über die Unfehlbarkeit des Papstes. Ich erinnere mich, daß ich damals jünger war ... Oder war vielmehr –?

Mr. Fogarty unterbrach. Er nahm die Flasche und schenkte den anderen ein wenig nach. Mr. M'Coy, der sah, daß es für die ganze Runde nicht mehr reichte, machte geltend, daß er sein erstes Glas noch nicht ausgetrunken habe. Die anderen erklärten sich unter Protest einverstanden. Die leichte Musik des in die Gläser fallenden Whiskys bildete ein angenehmes Zwischenspiel.

– Wobei waren Sie gerade gewesen, Tom? fragte Mr. M'Coy.

– Bei der päpstlichen Unfehlbarkeit, sagte Mr. Cunningham, das war die großartigste Szene in der ganzen Geschichte der Kirche.

– Wieso das, Martin? fragte Mr. Power.

Mr. Cunningham hob zwei dicke Finger hoch.

– In der heiligen Kongregation der Kardinäle und Erzbischöfe und Bischöfe, nicht, waren zwei, die dagegen stimmten, während alle anderen dafür waren. Das ganze Konklave bis auf diese zwei war einmütig. Nein! Sie wollten nichts davon wissen!

– Ha! sagte Mr. M'Coy.

– Und das war ein deutscher Kardinal namens Dolling ... oder Dowling ... oder –

– Dowling war kein Deutscher, das steht mal fest, sagte Mr. Power lachend.

– Na also dieser große deutsche Kardinal, egal wie er hieß, war der eine; und der andere war John MacHale.

– Was? rief Mr. Kernan. Sie meinen John von Tuam?

– Sind Sie da ganz sicher? fragte Mr. Fogarty zweifelnd. Ich dachte, es war irgendein Italiener oder Amerikaner.

– John von Tuam, wiederholte Mr. Cunningham, war derjenige welcher.

Er trank, und die anderen Herren folgten seinem Beispiel. Dann fuhr er fort:

– Da waren sie zugange, alle die Kardinäle und Bischöfe und Erzbischöfe von allen Ecken und Enden der Erde, und diese beiden kämpften auf Teufelkommraus, bis schließlich der Papst selber aufstand und die Unfehlbarkeit *ex cathedra* zu einem Dogma der Kirche erklärte. In genau diesem Augenblick stand John MacHale auf, der endlos dagegen an argumentiert hatte, und brüllte mit Löwenstimme: *Credo!*

– *Ich glaube!* sagte Mr. Fogarty.

– *Credo!* sagte Mr. Cunningham. Das zeigte, was für einen Glauben er hatte. In dem Augenblick, wo der Papst sprach, hat er sich unterworfen.

– Und was war mit Dowling? fragte Mr. M'Coy.

– Der deutsche Kardinal wollte sich nicht unterwerfen. Er ist aus der Kirche ausgetreten.

Mr. Cunninghams Worte hatten im Geist seiner Zuhörer das unermeßliche Bild der Kirche aufgebaut. Seine tiefe heisere Stimme hatte sie erschauern lassen, als sie das Wort des Glaubens und der Unterwerfung sprach. Als Mrs. Kernan hereinkam, ihre Hände trocknend, kam sie in eine feierliche Gesellschaft. Sie störte die Stille nicht, sondern lehnte sich über die Stange am Fußende des Bettes.

– Ich habe John MacHale einmal gesehen, sagte Mr. Kernan, und ich werde es zeitlebens nicht vergessen.

Er wandte sich Bestätigung heischend an seine Frau.

– Ich habe dir's doch oft erzählt?

Mrs. Kernan nickte.

– Es war bei der Enthüllung des Denkmals von Sir John Gray. Edmund Dwyer Gray sprach, quasselte so drauflos, und da war dieser alte Bursche, dieser griesgrämig aussehende alte Kerl, und sah ihn unter seinen buschigen Augenbrauen an.

Mr. Kernan legte die Stirn in Falten, senkte den Kopf wie ein gereizter Stier und starrte seine Frau an.

– Mein Gott! rief er und machte wieder sein natürliches Gesicht, ich habe nie so einen Blick bei jemand gesehen. Es war, als sollte es heißen: *Ich weiß schon, was mit dir los ist, mein Freundchen.* Er hatte einen Blick wie ein Falke.

– Keiner von den Grays hat was getaugt, sagte Mr. Power.

Wieder trat Schweigen ein. Mr. Power wandte sich an Mrs. Kernan und sagte mit jäher Vertraulichkeit:

– Na, Mrs. Kernan, wir machen aus Ihrem Mann hier noch einen guten heiligen frommen und gottesfürchtigen rechtgläubigen Katholiken.

Er schwenkte seinen Arm allumfassend über die ganze Gesellschaft.

– Wir gehen zusammen zum Bußgottesdienst und

beichten unsere Sünden – und weiß Gott, wir haben es dringend nötig.

– Ich habe nichts dagegen, sagte Mr. Kernan und lächelte leicht nervös.

Mrs. Kernan hielt es für klüger, ihre Genugtuung zu verbergen. So sagte sie nur:

– Mir tut der arme Priester leid, der sich deine Geschichte anhören muß.

Mr. Kernans Gesichtsausdruck wechselte.

– Wenn sie ihm nicht paßt, sagte er barsch, kann er ... sonstwas machen. Ich erzähl ihm einfach meine kleine Jammergeschichte. So ein schlechter Kerl bin ich nicht –

Mr. Cunningham griff prompt ein.

– Wir widersagen dem Teufel, sagte er, gemeinsam, und all seinen Werken und all seinem Gepränge.

– Weiche von mir, Satan! sagte Mr. Fogarty lachend und sah die anderen an.

Mr. Power sagte nichts. Er fühlte sich total übertrumpft. Aber ein zufriedener Ausdruck huschte über sein Gesicht.

– Wir haben nichts weiter zu tun, sagte Mr. Cunningham, als mit brennenden Kerzen in der Hand aufzustehen und unser Taufgelöbnis zu erneuern.

– Ach ja, vergessen Sie die Kerze nicht, Tom, sagte Mr. M'Coy, was immer Sie auch tun.

– Was? sagte Mr. Kernan. Ich muß eine Kerze haben?

– Aber ja doch, sagte Mr. Cunningham.

– Nein, verdammt nochmal, sagte Mr. Kernan klaren Sinnes, da hört's bei mir auf. Das andere erledige ich schon. Ich erledige den Bußgottesdienst und die Beichte und ... das ganze Geschäft. Aber ... keine Kerzen! Nein, verdammt nochmal, Kerzen sind bei mir nicht drin!

Er schüttelte mit komischem Ernst den Kopf.

– Hör sich das einer an! sagte seine Frau.

– Kerzen sind bei mir nicht drin, sagte Mr. Kernan, der sich bewußt war, Eindruck auf seine Zuhörerschaft gemacht zu haben, und schüttelte den Kopf weiter hin und her. Dieses Laterna-magica-Geschäft ist bei mir nicht drin.

Alle lachten herzhaft.

– Da haben Sie einen schönen Katholiken! sagte seine Frau.

– Keine Kerzen! wiederholte Mr. Kernan hartnäckig. Das kommt nicht in die Tüte!

Das Querschiff der Jesuitenkirche in der Gardiner Street war nahezu voll; und immer noch kamen in einem fort Herren zur Seitentür herein und gingen, vom Laienbruder eingewiesen, auf Zehenspitzen die Gänge entlang, bis sie eine Sitzgelegenheit fanden. Die Herren waren alle gut gekleidet und korrekt. Das Licht der Kirchenlampen fiel auf eine Versammlung schwarzer Anzüge und weißer Kragen, hier und da von Tweedsachen aufgelockert, auf dunkle gesprenkelte Säulen aus grünem Marmor und auf trauervolle Ölgemälde. Die Herren saßen auf Bänken, hatten die Hosen leicht über das Knie hochgezogen und ihre Hüte in Sicherheit gelegt. Sie lehnten zurück und starrten steif auf den fernen Flecken des roten Lichts, das vor dem Hochaltar aufgehängt war.

Auf einer der Bänke nahe der Kanzel saßen Mr.

Cunningham und Mr. Kernan. Auf der Bank dahinter saß Mr. M'Coy alleine: und auf der Bank hinter ihnen saßen Mr. Power und Mr. Fogarty. Mr. M'Coy hatte vergeblich versucht, auf einer Bank zusammen mit den anderen Platz zu finden, und als sich die Gesellschaft in Quincunxstellung niedergelassen hatte, hatte er vergeblich versucht, komische Bemerkungen zu machen. Da diese nicht günstig aufgenommen worden waren, hatte er davon abgelassen. Selbst er war empfänglich für die feierliche Atmosphäre, und selbst er begann auf den religiösen Stimulus zu respondieren. Flüsternd machte Mr. Cunningham Mr. Kernan auf Mr. Harford aufmerksam, den Geldverleiher, der in einiger Entfernung saß, und auf Mr. Fanning, den Wahlregisterbeamten und Bürgermeistermacher der Stadt, der unmittelbar unter der Kanzel neben einem der neugewählten Councillors des Bezirks saß. Zur Rechten saß der alte Michael Grimes, Besitzer dreier Leihhäuser, und Dan Hogans Neffe, der für die Stellung im Büro des Town Clerk vorgesehen war. Weiter vorne saßen Mr. Hendrick, der Chefreporter des *Freeman's Journal*, und der arme O'Carroll, ein alter Bekannter von Mr. Kernan, der seinerzeit eine bedeutende Gestalt im Geschäftsleben gewesen war. Allmählich, als er vertraute Gesichter erkannte, begann Mr. Kernan sich heimischer zu fühlen. Sein Hut, den seine Frau wieder instandgesetzt hatte, ruhte auf seinen Knien. Ein paarmal zog er mit einer Hand die Manschetten herunter, während er mit der anderen leicht, aber fest die Hutkrempe hielt.

Man sah eine mächtige Gestalt, deren oberer Teil von einem weißen Rochett umhüllt war, sich in die

Kanzel hinaufkämpfen. Zur gleichen Zeit kam die Gemeinde in Bewegung zog Taschentücher hervor und kniete sorgsam auf ihnen nieder. Mr. Kernan folgte dem allgemeinen Beispiel. Die Gestalt des Priesters stand jetzt aufrecht in der Kanzel, und zwei Drittel ihrer Masse, von einem wuchtigen roten Gesicht gekrönt, ragten über die Brüstung.

Pater Purdon kniete nieder, wandte sich dem roten Lichtfleck zu und betete, mit den Händen sein Gesicht bedeckend. Nach einer Pause deckte er sein Gesicht wieder auf und erhob sich. Die Gemeinde erhob sich gleichfalls und ließ sich wieder auf ihren Bänken nieder. Mr. Kernan brachte seinen Hut wieder in die Ausgangslage auf dem Knie und bot dem Prediger ein aufmerksames Gesicht dar. Der Prediger schob mit kunstvoller Gebärde jeden der beiden weiten Ärmel seines Rochetts zurück und musterte langsam die ausgerichteten Reihen der Gesichter. Dann sagte er:

Denn die Kinder dieser Welt sind gegenüber ihresgleichen klüger als die Kinder des Lichtes. Auch ich sage euch: Machet euch Freunde mit dem ungerechten Mammon, damit sie euch, wenn es zu Ende geht, in die ewigen Wohnungen aufnehmen.

Pater Purdon entwirrte den Text mit dröhnender Selbstsicherheit. Kaum ein anderer Text in der ganzen Heiligen Schrift, sagte er, sei so schwer richtig auszulegen. Es sei ein Text, der für den oberflächlichen Beobachter im Gegensatz zu der erhabenen Moral zu stehen scheine, die Jesus Christus andernorts gepredigt habe. Jedoch scheine ihm der Text, so erklärte er seinen

Zuhörern, in besonderem Maße als Richtschnur für jene geeignet, deren Los es war, in der Welt zu leben, und die dennoch nicht nur für die Welt leben wollten. Es sei ein Text für Geschäftsleute und Berufstätige. In Seinem göttlichen Verständnis für jeden Winkel unserer menschlichen Natur habe Jesus Christus begriffen, daß nicht alle Menschen zum religiösen Leben berufen seien, daß die bei weitem überwiegende Mehrzahl gezwungen sei, in der Welt und, in gewissem Grade, für die Welt zu leben: und mit diesem Satz habe Er ihnen ein Wort des Zuspruchs geben wollen, indem Er ihnen als Vorbilder für das religiöse Leben eben jene Mammonanbeter vor Augen stellte, die von allen Menschen die säumigsten in Dingen der Religion waren.

Er erklärte seinen Zuhörern, daß er an diesem Abend nicht da wäre, um ihnen Furcht einzuflößen oder sonst einen verstiegenen Zweck zu verfolgen; sondern um als Mann dieser Welt zu seinen Mitmenschen zu sprechen. Er sei da, um zu Geschäftsleuten zu sprechen, und er würde es auf geschäftsmäßige Art und Weise tun. Wenn er sich das Bild erlauben dürfe, sagte er, so sei er ihr geistlicher Buchhalter; und er wünsche, daß jeder einzelne seiner Zuhörer seine Bücher öffne, die Bücher seines geistlichen Lebens, um festzustellen, ob sie auf den Heller mit dem Gewissen übereinstimmten.

Jesus Christus sei kein strenger Dienstherr. Er habe Verständnis für unsere kleinen Fehler, Verständnis für die Schwachheit unserer armen gefallenen Natur, Verständnis für die Versuchungen dieses Lebens. Wir kämen vielleicht, wir alle kämen gewiß, von Zeit zu Zeit in Versuchung; wir hätten vielleicht, wir alle hätten gewiß, unsere Fehler. Aber ein einziges, sagte er, verlange er von seinen Zuhörern. Und das sei: aufrecht und mannhaft zu Gott zu sein. Wenn ihre Konten in jedem Punkt stimmten, zu sprechen:

– Jawohl, ich habe meine Konten überprüft. Ich finde alles einwandfrei.

Wenn es aber, was wohl vorkommen könnte, Unstimmigkeiten gab, die Wahrheit zuzugeben, freimütig zu sein und wie ein Mann zu sprechen:

– Jawohl, ich habe meine Konten überprüft. Ich finde dies unrichtig und jenes unrichtig. Aber mit Gottes Gnade werde ich dieses und jenes richtigstellen. Ich werde meine Konten in Ordnung bringen.

Die Toten

LILY, DIE TOCHTER DES VERWALTERS, mußte sich buchstäblich die Beine ablaufen. Kaum hatte sie einen Herrn in die kleine Vorratskammer hinter dem Büro im Erdgeschoß geführt und ihm aus dem Mantel geholfen, als die asthmatische Türglocke schon wieder ertönte und sie den kahlen Korridor hinunterhetzen mußte, um den nächsten Gast einzulassen. Sie konnte von Glück sagen, daß sie nicht auch noch den Damen aufwarten mußte. Aber Miss Kate und Miss Julia hatten das bedacht und das Badezimmer oben in eine Damengarderobe verwandelt. Dort waren Miss Kate und Miss Julia, plauderten und lachten und machten sich quirlig zu schaffen, liefen eine nach der anderen zum oberen Treppenabsatz, spähten über das Geländer und riefen nach Lily, um sie zu fragen, wer gekommen sei.

Er war immer ein großer Anlaß, der jährliche Ball der Jungfern Morkan. Alle, die sie kannten, kamen, Familienangehörige, alte Freunde der Familie, die Mitglieder von Julias Chor, alle Schüler von Kate, die erwachsen genug waren, und selbst einige von Mary Janes Schülern. Kein einziges Mal war er verunglückt. Soweit man nur zurückdenken konnte, hatte er Jahr um Jahr in großem Stil stattgefunden; seit der Zeit, als Kate und Julia, nach dem Tod ihres Bruders Pat, aus dem Haus in Stoney Batter ausgezogen waren und Mary Jane, ihre einzige Nichte, zu sich in das dunkle hagere Haus am Usher's Island genommen hatten, dessen oberen Teil sie von Mr. Fulham, dem Getreidehändler im Erdgeschoß, gemietet hatten. Das war reichlich seine dreißig Jahre her. Mary Jane, damals noch ein kleines Mädchen in kurzen Kleidern, war nun die Hauptstütze des Haushalts, denn sie war Organistin in der Haddington Road. Sie hatte die Akademie absolviert und gab jedes Jahr im oberen Saal der Antient Concert Rooms ein Schülerkonzert. Viele ihrer Schüler kamen aus begüterten Familien auf der Strecke nach Kingstown und Dalkey. So alt sie waren, taten auch die Tanten noch ihr Teil. Julia, obwohl schon ganz ergraut, war immer noch die erste Sopranistin in der Kirche Adam and Eve, und Kate, die zu schwach war, um noch viel auf den Beinen zu sein, gab Anfängern Musikstunden auf dem alten Klavier im Hinterzimmer. Lily, die Tochter des Verwalters, machte ihnen die Hausmädchenarbeit. Obwohl ihr Lebensstil bescheiden war, hielten sie viel vom guten Essen; das Allerbeste nur: Diamond-bone Sirloinstücke, Tee zu drei Shilling und das beste Flaschen-Stout. Aber Lily vertat sich nur selten bei ihren Bestellungen, so daß sie mit ihren drei Herrinnen gut zurechtkam. Sie waren quirlig, das war alles. Aber das einzige, was sie nicht vertragen konnten, war Widerrede.

Natürlich hatten sie guten Grund, an einem solchen Abend quirlig zu sein. Und dann war es auch schon lange zehn Uhr vorbei, und immer noch gab es kein Zeichen von Gabriel und seiner Frau. Außerdem hatten sie schreckliche Angst, daß Freddy Malins beschwipst aufkreuzen würde. Um nichts in der Welt wünschten sie, daß einer von Mary Janes Schülern ihn betrunken sähe; und wenn er in diesem Zustand war, war es manchmal sehr schwierig, mit ihm fertig zu werden. Freddy Malins kam immer zu spät, aber sie fragten sich, warum Gabriel wohl ausblieb: und eben deshalb liefen sie alle paar Minuten an das Geländer, um Lily zu fragen, ob denn Gabriel oder Freddy gekommen sei.

– Ach, Mr. Conroy, sagte Lily zu Gabriel, als sie ihm die Tür öffnete, Miss Kate und Miss Julia dachten schon, Sie würden niemals kommen. Guten Abend, Mrs. Conroy.

– Das glaube ich gerne, sagte Gabriel, aber sie vergessen, daß meine Frau hier drei qualvolle Stunden braucht, um sich zurechtzumachen.

Er stand auf der Fußmatte und streifte den Schnee von seinen Galoschen, während Lily seine Frau zum Fuß der Treppe führte und rief:

– Miss Kate, hier ist Mrs. Conroy.

Kate und Julia kamen sofort die dunkle Treppe heruntergewackelt. Beide küßten sie Gabriels Frau, sagten, sie müsse ja bei lebendigem Leibe erfroren sein, und fragten, ob Gabriel mitgekommen wäre.

– Hier bin ich doch, sicher wie die Post, Tante Kate! Geht nur schon hinauf. Ich komme gleich nach, rief Gabriel aus dem Dunkel.

Er streifte weiter kräftig seine Füße ab, während die drei Frauen lachend zur Damengarderobe hinaufgingen. Eine leichte Schneefranse lag wie ein Cape auf den Schultern seines Mantels und wie eine Schuhkappe auf den Spitzen seiner Galoschen; und als die Knöpfe seines Mantels quietschend durch den vom Schnee steifen Fries glitten, entströmte den Spalten und Falten kalte duftende Luft von draußen.

– Schneit es wieder, Mr. Conroy? fragte Lily.

Sie war ihm in die Vorratskammer vorausgegangen, um ihm aus dem Mantel zu helfen. Gabriel lächelte über die drei Silben, die sie seinem Nachnamen gegeben hatte, und sah sie an. Sie war ein schmales, noch nicht erwachsenes Mädchen mit bleicher Haut und heufarbenem Haar. Das Gaslicht in der Vorratskammer ließ sie noch bleicher wirken. Gabriel kannte sie seit ihren Kindertagen, als sie noch auf der untersten Treppenstufe saß und mit einer Stoffpuppe spielte.

– Ja, Lily, antwortete er, und ich glaube, es wird die Nacht wohl anhalten.

Er blickte zur Decke der Kammer empor, die die stampfenden und schlurrenden Füße auf der Etage darüber erzittern ließen, lauschte einen Augenblick dem Flügel und sah dann das Mädchen an, das seinen Mantel am Ende eines Regals sorgsam zusammenfaltete.

– Wie ist es, Lily, sagte er in freundlichem Ton, gehst du noch zur Schule?

– Nein, Sir, antwortete sie. Die Schule, mit der bin ich schon seit über einem Jahr fertig.

– Aha, sagte Gabriel fröhlich, dann werden wir jetzt also eines schönen Tages mit deinem Bräutigam zu deiner Hochzeit gehen, was?

Das Mädchen sah ihn über die Schulter an und sagte mit großer Bitterkeit:

– Die Männer heute haben nur Palavern im Kopf und wozu sie einen rumkriegen.

Gabriel wurde rot, als fühlte er, daß er einen Fehler gemacht hatte, und ohne sie anzusehen, schleuderte er die Galoschen von den Füßen und schnickte energisch mit dem Schal über seine Lackschuhe.

Er war ein kräftiger, ziemlich großer junger Mann. Die erhöhte Farbe seiner Wangen drang bis zu seiner Stirn hinauf, wo sie sich in einigen formlosen blaßroten Flecken verteilte; und auf seinem haarlosen Gesicht funkelten rastlos die geschliffenen Linsen und die schimmernde Goldfassung der Brille, die seine empfindlichen und rastlosen Augen schirmte. Sein glänzendes schwarzes Haar war in der Mitte gescheitelt und in einer langen Welle hinter die Ohren gebürstet, wo es sich unter der Vertiefung, die der Hut eingedrückt hatte, leicht kräuselte.

Als er Glanz auf seine Schuhe geschnickt hatte, stand er auf und zog seine Weste strammer über seinen rundlichen Körper herunter. Dann nahm er rasch eine Münze aus der Tasche.

— So, Lily, sagte er und drückte sie ihr in die Hand, es ist Weihnachtszeit, nicht wahr? Nur ... hier ist ein kleines ...

Rasch ging er zur Tür.

— Aber nicht doch, Sir! rief das Mädchen und folgte ihm. Wirklich, Sir, das nehme ich nicht an.

— Weihnachtszeit! Weihnachtszeit! sagte Gabriel, rannte fast zur Treppe und winkte ihr beschwörend zu.

Da das Mädchen sah, daß er die Treppe erreicht hatte, rief es ihm nach:

— Also dankeschön, Sir.

Er wartete vor der Tür des Salons, daß der Walzer zu Ende ginge, lauschte auf die Röcke, die sie streiften, und auf das Schlurren der Füße. Er war noch verstört von der bitteren und unvermittelten Antwort des Mädchens. Sie hatte einen Schatten über ihn geworfen, den er zu vertreiben suchte, indem er seine Manschetten und die Schleifen seiner Krawatte zurechtrückte. Dann nahm er einen kleinen Zettel aus der Westentasche und schaute auf die Stichworte, die er sich für seine Rede notiert hatte. Was die Verse von Robert Browning angäng, war er unentschlossen, denn er fürchtete, sie wären zu hoch gegriffen für seine Zuhörer. Irgendein Zitat aus Shakespeare oder Moores »Melodies«, das sie erkennen würden, wäre wohl eher angebracht. Das unfeine Geräusch der knallenden Männerabsätze und das Schlurren ihrer Sohlen erinnerte ihn daran, daß ihr Bildungsgrad von dem seinen verschieden war. Er würde sich nur lächerlich machen, wenn er ihnen Dichtung vortrug, die sie nicht verstehen konnten. Sie würden meinen, er wolle seine überlegene Bildung zur Schau stellen. Er würde bei ihnen ebenso falsch ankommen wie bei dem Mädchen in der Kammer. Er hatte nicht den richtigen Ton gefunden. Seine ganze Rede war von Anfang bis Ende ein Irrtum, ein völliger Fehlschlag.

In diesem Augenblick kamen seine Tanten und seine Frau aus der Damengarderobe. Seine Tanten waren zwei kleine, einfach gekleidete alte Frauen. Tante Julia war zwei oder drei Zentimeter größer. Ihre Haare, die über den oberen Ohrenrand hinabgezogen waren, waren grau; und grau, mit dunkleren Schatten, war ihr großes schlaffes Gesicht. Obwohl sie kräftig gebaut war und sich gerade hielt, verliehen ihre langsamen Blicke und leicht geöffneten Lippen ihr das Aussehen einer Frau, die nicht wußte, wo sie war und wohin sie ging. Tante Kate war lebhafter. Ihr Gesicht, gesünder als das ihrer Schwester, bestand, einem verschrumpelten roten Apfel gleich, ganz aus Falten und Runzeln, und ihr in der gleichen altmodischen Art geflochtenes Haar hatte seine volle Nußfarbe nicht verloren.

Beide küßten sie Gabriel ungeniert. Er war ihr Lieblingsneffe, der Sohn ihrer toten älteren Schwester Ellen, die T. J. Conroy von der Hafenbehörde geheiratet hatte.

– Gretta hat mir erzählt, daß ihr heute nacht nicht mit der Droschke nach Monkstown zurück wollt, Gabriel, sagte Tante Kate.

– Nein, sagte Gabriel und drehte sich zu seiner Frau um, im letzten Jahr das hat uns gereicht, oder? Weißt du noch, wie sich Gretta dabei erkältet hat, Tante Kate? Die Droschkenfenster haben den ganzen Weg geklappert, und hinter Merrion dann der Ostwind, der hereinblies. Es war wirklich kein Vergnügen. Gretta hat sich eine fürchterliche Erkältung geholt.

Tante Kate runzelte streng die Stirn und nickte bei jedem Wort mit dem Kopf.

– Ganz recht, Gabriel, ganz recht, sagte sie. Du kannst nicht vorsichtig genug sein.

– Wenn es nach Gretta ginge, sagte Gabriel, die würde in dem Schnee bis nach Hause laufen, wenn man sie ließe.

Mrs. Conroy lachte.

– Hör nicht auf ihn, Tante Kate, sagte sie. Er nimmt es wirklich schrecklich genau; Tom muß nachts unbedingt einen grünen Augenschirm haben und mit Hanteln üben, und Eva zwingt er, ihren Brei zu essen. Das arme Kind! Und sie findet schon den Anblick scheußlich! ... Ach, ihr kommt nie darauf, was er mich jetzt tragen läßt!

Sie brach in helles Gelächter aus und sah ihren Mann

an, dessen bewundernde und glückliche Augen von ihrem Kleid zu ihrem Gesicht und Haar gewandert waren. Auch die beiden Tanten lachten herzhaft, denn Gabriels übertriebene Fürsorglichkeit war ein alter Scherz bei ihnen.

– Galoschen! sagte Mrs. Conroy. Der letzte Schrei. Immer wenn der Boden naß ist, muß ich meine Galoschen anziehen. Sogar heute abend sollte ich sie anziehen, aber ich wollte nicht. Als nächstes wird er mir noch einen Taucheranzug kaufen.

Gabriel lachte nervös und strich sich beruhigend über die Krawatte, während sich Tante Kate fast vor Lachen bog, so gut gefiel ihr der Scherz. Das Lächeln schwand bald aus Tante Julias Gesicht, und ihre freundlichen Augen waren auf das Gesicht ihres Neffen gerichtet. Nach einer Pause fragte sie:

– Und was bitte sind Galoschen, Gabriel?

– Galoschen, Julia! rief ihre Schwester. Meine Güte, weißt du nicht, was Galoschen sind? Man trägt sie über den ... über den Stiefeln, nicht wahr, Gretta?

– Ja, sagte Mrs. Conroy. Guttaperchazeug. Jeder von uns hat jetzt ein Paar. Gabriel sagt, auf dem Kontinent tragen sie alle.

– Achso, auf dem Kontinent, murmelte Tante Julia und nickte langsam mit dem Kopf.

Gabriel zog die Stirn in Falten und sagte, als wäre er leicht verärgert:

– Es ist gar nichts so Wunderbares, aber Gretta kommen sie sehr komisch vor, weil das Wort sie an die Christy Minstrels erinnert, sagt sie.

– Aber wie ist das, Gabriel, sagte Tante Kate mit

geistesgegenwärtigem Taktgefühl. Du hast dich natürlich um ein Zimmer gekümmert. Gretta sagte ...

– Ach, mit dem Zimmer das ist in Ordnung, erwiderte Gabriel. Ich habe eins im Gresham genommen.

– Natürlich, sagte Tante Kate, das ist bei weitem am besten so. Und die Kinder, Gretta, machst du dir auch keine Sorgen um sie?

– Ach, für eine Nacht, sagte Mrs. Conroy. Außerdem paßt Bessie auf sie auf.

– Natürlich, sagte Tante Kate noch einmal. Das ist wirklich eine Beruhigung, solch ein Mädchen zu haben, eins, auf das Verlaß ist! Die Lily da, ich weiß wirklich nicht, was in letzter Zeit in sie gefahren ist. Sie ist gar nicht mehr das Mädchen, das sie war.

Gabriel wollte ihr dazu gerade einige Fragen stellen, doch sie brach plötzlich ab, um ihrer Schwester nachzusehen, die die Treppe hinabgestiegen war und ihren Hals über das Geländer reckte.

– Was ist denn los, sagte sie fast gereizt, wo geht Julia bloß hin? Julia! Julia! Wo gehst du hin?

Julia, die eine halbe Treppe hinunter gegangen war, kam zurück und verkündete mild:

– Freddy ist da.

Im gleichen Augenblick zeigten Händeklatschen und ein Abschlußschnörkel des Pianisten an, daß der Walzer zu Ende war. Die Salontür wurde von innen geöffnet, und einige Paare kamen heraus. Tante Kate zog Gabriel eilig beiseite und flüsterte ihm ins Ohr:

– Geh mal leise runter, Gabriel, sei so gut, und sieh nach, ob er in Ordnung ist, und laß ihn nicht rauf, wenn er beschwipst ist. Ich bin sicher, er ist beschwipst. Ich bin sicher.

Gabriel ging zur Treppe und lauschte über das Geländer. Er konnte zwei Personen in der Kammer reden hören. Dann erkannte er Freddy Malins' Lachen. Er ging geräuschvoll die Treppe hinab.

– Es ist so eine Beruhigung, sagte Tante Kate zu Mrs. Conroy, daß Gabriel da ist. Ich fühle mich immer viel unbeschwerter, wenn er da ist... Julia, Miss Daly und Miss Power möchten sicher gern eine Erfrischung. Vielen Dank für Ihren wunderschönen Walzer, Miss Daly. Er war sehr gut im Takt.

Ein großer Mann mit welkem Gesicht, einem steifen angegrauten Schnurrbart und dunkler Haut, der mit seiner Partnerin herauskam, sagte:

– Ob wir auch eine Erfrischung haben können, Miss Morkan?

– Julia, sagte Tante Kate summarisch, hier sind noch Mr. Browne und Miss Furlong. Führ sie hinein, Julia, mit Miss Daly und Miss Power.

– Ich bin der Mann für die Damen, sagte Mr. Browne, spitzte die Lippen, bis sich sein Schnurrbart sträubte, und lächelte mit allen seinen Runzeln. Sie müssen wissen, Miss Morkan, der Grund, daß sie mich so gern mögen, ist –

Er brachte den Satz nicht zu Ende, sondern führte, als er merkte, daß Tante Kate außer Hörweite war, die drei jungen Damen unverzüglich ins Hinterzimmer. Die Mitte des Zimmers nahmen zwei viereckige Tische ein, deren Enden aneinandergestellt waren, und Tante Julia und der Verwalter waren dabei, eine große Tischdecke darauf gerade und glatt zu ziehen. Auf dem Büfett waren Schüsseln und Teller aufgereiht und Gläser und bündelweise Messer und Gabeln und Löffel.

Auch der Deckel des geschlossenen Klaviers diente als Büfett für Delikateßhäppchen und Süßigkeiten. An einem kleineren Büfett in einer Ecke standen zwei jüngere Männer und tranken Hopfenbitter.

Mr. Browne führte seine Schützlinge dorthin und lud sie alle im Scherz zu Damenpunsch ein, heiß, stark und süß. Da sie sagten, daß sie niemals starke Sachen tränken, machte er für sie drei Flaschen Limonade auf. Dann bat er einen der jungen Männer, etwas zur Seite zu treten, griff sich die Karaffe und schenkte sich selber ein reichliches Maß Whisky ein. Die jungen Männer beobachteten ihn respektvoll, während er einen Probeschluck nahm.

– Gott helfe mir, sagte er lächelnd, der Arzt hat mir's verordnet.

Sein welkes Gesicht verzog sich zu einem breiten Lächeln, und die drei jungen Damen lachten in melodischem Echo auf seinen Scherz und wiegten unter nervösem Schulterzucken ihre Körper hin und her. Die Kühnste sagte:

– Aber was, Mr. Browne, ich bin sicher, der Arzt hat nie dergleichen verordnet.

Mr. Browne nahm noch einen Schluck Whisky und sagte schauspielernd über die Achsel:

– Sehn Sie, mir geht's wie der berühmten Mrs. Cassidy, die gesagt haben soll: *Also, Mary Grimes, wenn ich das nicht schlucke, dann zwingen Sie mich dazu, denn ich habe das Gefühl, ich brauch's.*

Sein heißes Gesicht hatte sich ein wenig zu vertraulich vorgeneigt, und er war in einen sehr ordinären Dubliner Akzent verfallen, so daß die jungen Damen, alle dem gleichen Instinkt folgend, seine Worte mit

Stillschweigen aufnahmen. Miss Furlong, eine von Mary Janes Schülerinnen, fragte Miss Daly, wie der hübsche Walzer heiße, den sie gespielt hatte; und als Mr. Browne feststellte, daß er ignoriert wurde, wandte er sich sogleich an die beiden jungen Männer, die empfänglicher waren.

Eine rotgesichtige junge Frau in einem stiefmütterchenfarbenen Kleid kam herein, klatschte aufgeregt in die Hände und rief:

– Quadrille! Quadrille!

Ihr dicht auf den Fersen folgte Tante Kate und rief:

– Zwei Herren und drei Damen, Mary Jane!

– Na, hier wären Mr. Bergin und Mr. Kerrigan, sagte Mary Jane. Mr. Kerrigan, nehmen sie Miss Power? Miss Furlong, darf ich Ihnen einen Partner zuteilen, Mr. Bergin? Das reicht dann wohl.

– Drei Damen, Mary Jane, sagte Tante Kate.

Die beiden jungen Herren fragten die Damen, ob sie das Vergnügen haben dürften, und Mary Jane wandte sich an Miss Daly.

– Ach Miss Daly, Sie sind wirklich schrecklich nett, nachdem Sie schon die letzten beiden Tänze gespielt haben, aber es fehlt uns heute abend wirklich so an Damen.

– Ich habe gar nichts dagegen, Miss Morkan.

– Aber ich habe einen netten Partner für Sie, Mr. Bartell D'Arcy, den Tenor. Später werde ich ihn bitten, daß er singt. Ganz Dublin schwärmt von ihm.

– Wunderbare Stimme, wunderbare Stimme! sagte Tante Kate.

Da der Flügel schon zweimal das Vorspiel zur ersten Tour begonnen hatte, führte Mary Jane ihre Rekruten eilends aus dem Zimmer. Sie waren kaum gegangen, als Tante Julia langsam hereinkam, den Blick nach hinten auf etwas gerichtet.

– Was ist los, Julia? fragte Tante Kate besorgt. Wer ist es?

Julia, die einen Stapel Servietten in der Hand hielt, drehte sich zu ihrer Schwester um und sagte einfach, als hätte die Frage sie überrascht:

– Es ist nur Freddy, Kate, und Gabriel ist bei ihm.

Tatsächlich konnte man sehen, wie Gabriel gleich hinter ihr Freddy Malins über den Treppenabsatz lotste. Dieser, ein jüngerer Mann von etwa vierzig Jahren, hatte Gabriels Größe und Statur und sehr runde Schultern. Sein Gesicht war fleischig und blaß, nur die dicken hängenden Ohrläppchen und die breiten Nasenflügel hatten eine Spur Farbe. Er hatte grobe Gesichtszüge, eine stumpfe Nase, eine gewölbte und fliehende Stirn, wulstige und vorgestülpte Lippen. Seine schwerlidrigen Augen und die Unordnung seines schütteren Haars ließen ihn verschlafen wirken. Er lachte herzhaft mit hoher Stimme über eine Geschichte, die er Gabriel auf der Treppe erzählt hatte, und rieb gleichzeitig mit den Knöcheln seiner linken Faust vorwärts und rückwärts über das linke Auge.

– Guten Abend, Freddy, sagte Tante Julia.

Freddy Malins wünschte den Jungfern Morkan auf eine Art, die beiläufig schien, guten Abend, da seine Rede von Natur aus nur stockend vonstatten ging, und dann, als er sah, daß Mr. Browne ihn vom Büfett her angrinste, ging er auf ziemlich zittrigen Beinen quer durchs Zimmer und begann mit gedämpfter Stimme die Geschichte zu wiederholen, die er Gabriel gerade erzählt hatte.

– Es steht nicht so schlimm mit ihm, oder? fragte Tante Kate Gabriel.

Gabriels Brauen waren finster, aber er hob sie schnell und sagte:

– Nein, nein, man merkt es kaum.

– Ist es nicht ein furchtbarer Mensch! sagte sie. Dabei hat ihn seine arme Mutter erst Silvester Enthaltsamkeit geloben lassen. Aber komm mit in den Salon, Gabriel.

Bevor sie mit Gabriel das Zimmer verließ, machte sie Mr. Browne ein Zeichen, indem sie die Stirn runzelte und ihren Zeigefinger warnend hin- und herbewegte. Mr. Browne nickte zur Antwort und sagte zu Freddy Malins, als sie gegangen war:

– Also Teddy, ich geb Ihnen jetzt mal ein anständiges Glas Limonade, um Sie aufzumöbeln.

Freddy Malins, der sich dem Höhepunkt seiner Geschichte näherte, schob das Angebot ungeduldig beiseite, doch Mr. Browne, nachdem er Freddy Malins zunächst darauf aufmerksam gemacht hatte, daß sein Anzug unordentlich war, goß ein Glas Limonade ein und reichte es ihm. Freddy Malins' linke Hand nahm das Glas mechanisch entgegen, während seine Rechte ebenso mechanisch damit beschäftigt war, seinen Anzug in Ordnung zu bringen. Mr. Browne, dessen Gesicht sich von neuem vor Freude in Falten legte, goß sich selber ein Glas Whisky ein, während Freddy Malins, ehe er noch den Höhepunkt seiner Geschichte erreicht hatte, in hohes bronchitisches Lachen ausbrach, sein ungekostetes und überfließendes Glas absetzte, mit den

Knöcheln seiner linken Faust vorwärts und rückwärts über das linke Auge zu reiben begann und die Worte seines letzten Satzes wiederholte, soweit ihm sein Lachkrampf das erlaubte.

Gabriel mochte nicht zuhören, als Mary Jane dem verstummten Salon ihr Akademiestück, voller Läufe und schwieriger Stellen, vorspielte. Er machte sich durchaus etwas aus Musik, aber das Stück, das sie spielte, klang ihm unmelodisch, und er bezweifelte, daß es für die anderen Zuhörer melodisch klang, obwohl sie Mary Jane gebeten hatten, etwas vorzuspielen. Vier junge Männer, die beim Klang des Flügels aus dem Erfrischungsraum gekommen und an der Tür stehengeblieben waren, waren paarweise nach ein paar Minuten unauffällig wieder gegangen. Die einzigen, die der Musik zu folgen schienen, waren Mary Jane selber, deren Hände über die Tasten jagten oder in den Pausen wie jene einer Verwünschungen herabbeschwörenden Priesterin momentan gehoben waren, und Tante Kate, die neben ihr stand, um die Seiten zu wenden.

Gabriels Augen, vom Fußboden irritiert, der unter dem schweren Kronleuchter von Bienenwachs glänzte, wanderten zu der Wand über dem Flügel. Es hing dort ein Bild der Balkonszene in *Romeo und Julia,* und daneben war ein Bild der beiden ermordeten Prinzen im Tower, das Tante Julia einst als Mädchen aus roter, blauer und brauner Wolle gestickt hatte. Wahrscheinlich war in der Schule, die sie als Mädchen besucht hatten, diese Art Handarbeit unterrichtet worden, denn einmal hatte seine Mutter als Geburtstagsgeschenk für ihn eine Weste aus purpurrotem Tabinet mit kleinen Fuchsköpfen darauf, einem Futter aus braunem Satin und runden Maulbeerknöpfen geschneidert. Es war seltsam, daß seine Mutter musikalisch gar nicht begabt gewesen war, obwohl Tante Kate sie immer den hellsten Kopf der Familie Morkan genannt hatte. Sie wie Julia schienen immer ein wenig stolz auf ihre ernste und gesetzte Schwester gewesen zu sein. Ihre Photographie stand vor dem Wandspiegel. Sie hielt ein aufgeschlagenes Buch auf den Knien und zeigte darin Constantine etwas, der ihr in einem Matrosenanzug zu Füßen lag. Sie war es gewesen, die die Namen für ihre Söhne ausgesucht hatte, denn sie hatte sehr auf die Würde des Familienlebens gehalten. Dank ihr war Constantine jetzt Vikar in Balbriggan, und dank ihr hatte Gabriel selber an der Royal University sein Examen abgelegt. Ein Schatten strich über sein Gesicht, als er sich an ihren störrischen Widerstand gegen seine Heimat erinnerte. Einige ihrer abschätzigen Sätze schwärten noch immer in seinem Gedächtnis; einmal hatte sie Gretta eine Plietsche vom Land genannt, und das traf auf Gretta ganz und gar nicht zu. Gretta war es gewesen, die sie während ihrer letzten langen Krankheit in ihrem Haus in Monkstown die ganze Zeit gepflegt hatte.

Er wußte, daß Mary Jane mit ihrem Stück bald zu Ende sein mußte, denn sie wiederholte die Anfangsmelodie mit Tonleiterläufen nach jedem Takt, und während er auf das Ende wartete, erstarb der Groll in seinem Herzen. Das Stück endete mit einem Oktaventremolo im Diskant und einer tiefen Schlußoktave im Baß. Starker Beifall dankte Mary Jane, als sie errötend und nervös ihre Noten zusammenrollend aus dem Zimmer flüchtete. Das nachhaltigste Klatschen kam von den vier jungen Männern an der Tür, die bei Beginn des Stückes in den Erfrischungsraum gegangen, jedoch zurückgekommen waren, als der Flügel zu spielen aufgehört hatte.

Man stellte sich zur Quadrille lanciers auf. Gabriel sah sich Miss Ivors als Partnerin gegenüber. Sie war eine freimütige gesprächige junge Dame mit sommersprossigem Gesicht und vorstehenden braunen Augen. Sie trug kein tief ausgeschnittenes Mieder, und auf der großen Brosche, die vorne an ihrem Kragen steckte, war eine irische Devise zu lesen.

Als sie Aufstellung genommen hatten, sagte sie plötzlich:

– Ich habe ein Hühnchen mit Ihnen zu rupfen.

– Mit mir? fragte Gabriel.

Sie nickte ernst mit dem Kopf.

– Was gibt's denn? fragte Gabriel und lächelte über ihr feierliches Gebaren.

– Wer ist G. C.? antwortete Miss Ivors und heftete ihre Augen auf ihn.

Gabriel wurde rot und wollte gerade die Stirn furchen, so als verstehe er nicht, als sie unverblümt sagte:

– Ach, Sie Unschuldslamm! Ich habe herausbekommen, daß Sie für den *Daily Express* schreiben. Schämen Sie sich denn gar nicht?

– Warum sollte ich mich denn schämen? fragte Gabriel, blinzelte und versuchte zu lächeln.

– Also, ich schäme mich für Sie, sagte Miss Ivors rundheraus. Daß Sie für ein derartiges Blatt schreiben! Ich hatte Sie nicht für einen Westbriten gehalten.

Ein Ausdruck der Verwirrtheit erschien auf Gabriels Gesicht. Es stimmte, jeden Mittwoch schrieb er eine literarische Spalte für den *Daily Express,* für die er fünfzehn Shilling erhielt. Aber das machte ihn doch gewiß noch nicht zu einem Westbriten. Die Besprechungsexemplare, die er erhielt, waren ihm fast noch willkommener als der armselige Scheck. Wie gerne befühlte er die Einbände und blätterte die Seiten von Büchern, die frisch von der Presse kamen. Nahezu jeden Tag, wenn sein Unterricht im College zu Ende war, ging er die Quays hinab zu den Antiquariaten, zu Hickey am Bachelor's Walk, zu Webb oder Massey am Aston Quay oder zu O'Clohissey in der Seitenstraße. Er wußte nicht, wie er ihrer Anschuldigung begegnen sollte. Er wollte sagen, daß die Literatur über der Politik stünde. Aber sie waren seit langen Jahren befreundet, und ihr Werdegang war parallel verlaufen, erst an der Universität und dann als Lehrer: eine hochtrabende Phrase konnte er sich ihr gegenüber nicht herausnehmen. Er blinzelte weiter und versuchte zu lächeln und murmelte lahm, daß er im Abfassen von Buchbesprechungen nichts Politisches sehe.

Als sie hinüberwechseln mußten, war er immer noch verwirrt und unaufmerksam. Miss Ivors nahm prompt seine Hand, drückte sie warm und sagte sanft und freundlich:

– Ich habe natürlich nur Spaß gemacht. Kommen Sie, wir müssen jetzt hinüberwechseln.

Als sie wieder beieinander waren, sprach sie von der Universitätsfrage, und Gabriel fühlte sich wieder ruhiger. Eine Freundin von ihr habe ihr seine Besprechung der Gedichte von Browning gezeigt. So sei sie hinter das Geheimnis gekommen: aber die Besprechung habe ihr außerordentlich gefallen. Dann sagte sie plötzlich:

– Mr. Conroy, wollen Sie nicht diesen Sommer mit zu einer Exkursion auf die Aran-Inseln kommen? Wir bleiben einen ganzen Monat dort. Es wird herrlich sein da draußen im Atlantik. Sie sollten mitkommen. Mr. Clancy kommt und Mr. Kilkelly und Kathleen Kearney. Auch für Gretta wäre es herrlich, wenn sie mitkäme. Sie stammt doch aus Connacht, nicht wahr?

– Ihre Familie, ja, sagte Gabriel knapp.

– Aber Sie kommen doch mit, nicht wahr? fragte Miss Ivors und legte eifrig ihre warme Hand auf seinen Arm.

– Ich muß gestehen, sagte Gabriel, ich habe schon alles vorbereitet für eine Reise nach –

– Wohin? fragte Miss Ivors.

– Nun ja, jedes Jahr, wissen Sie, mache ich mit ein paar Freunden eine Radtour –

– Aber wohin? fragte Miss Ivors.

– Nun, gewöhnlich fahren wir nach Frankreich oder Belgien oder vielleicht Deutschland, sagte Gabriel verlegen.

– Und warum fahren Sie nach Frankreich und Belgien, sagte Miss Ivors, statt ihre Heimat kennenzulernen?

– Nun, sagte Gabriel, teils um mit den Sprachen in Berührung zu bleiben und teils wegen der Abwechslung.

– Und haben Sie nicht Ihre eigene Sprache, mit der

Sie in Berührung bleiben sollten – Irisch? fragte Miss Ivors.

– Nun, sagte Gabriel, wenn Sie darauf hinauswollen, wissen Sie, Irisch ist nicht meine Sprache.

Ihre Nachbarn hatten sich nach ihnen umgedreht, um dem Kreuzverhör zu lauschen. Gabriel blickte nervös nach links und rechts und versuchte, trotz der peinlichen Prüfung, der er unterzogen wurde und die ihm die Röte auf die Stirn trieb, gute Laune zu bewahren.

– Und sollten Sie nicht besser Ihre Heimat kennenlernen, fuhr Miss Ivors fort, von der Sie nichts wissen, Ihr eigenes Volk und Ihr eigenes Land?

– Ach was, wenn Sie die Wahrheit hören wollen, erwiderte Gabriel plötzlich, ich habe mein eigenes Land satt, satt hab ich's!

– Warum? fragte Miss Ivors.

Gabriel antwortete nicht, denn seine Erwiderung hatte ihn erhitzt.

– Warum? wiederholte Miss Ivors.

Sie mußten zusammen den Besuch tanzen, und da er ihr nicht geantwortet hatte, sagte Miss Ivors hitzig:

– Natürlich wissen Sie darauf nichts zu antworten.

Gabriel suchte seine Erregung zu verbergen, indem er sich mit großem Eifer dem Tanz widmete. Er mied ihre Augen, denn er hatte einen bitteren Ausdruck auf ihrem Gesicht bemerkt. Doch als sie sich bei der Großen Kette trafen, wurde seine Hand zu seiner Überraschung fest gedrückt. Sie sah ihn unter den Brauen her einen Augenblick lang spöttisch prüfend an, bis er lächelte. Dann, kurz bevor die Kette weiterging, reckte sie sich auf die Zehenspitzen und flüsterte ihm ins Ohr:

– Westbrite!

Als die Quadrille vorbei war, ging Gabriel in eine ferne Ecke des Zimmers hinüber, wo die Mutter von Freddy Malins saß. Sie war eine rundliche schwache alte Frau mit weißem Haar. Ihre Rede ging nur stockend vonstatten wie die ihres Sohns, und sie stotterte leicht. Man hatte ihr gesagt, daß Freddy eingetroffen und beinahe in Ordnung sei. Gabriel fragte sie, ob sie eine gute Überfahrt gehabt habe. Sie lebte bei ihrer verheirateten Tochter in Glasgow und kam einmal im Jahr auf Besuch nach Dublin. Sie antwortete milde, daß sie eine wundervolle Überfahrt gehabt habe und daß der Kapitän höchst aufmerksam zu ihr gewesen sei. Sie sprach auch davon, wie wundervoll ihre Tochter in Glasgow wohnte, und von all den netten Bekannten, die sie dort hätten. Während ihre Zunge weiterplapperte, versuchte Gabriel, alle Erinnerung an den unangenehmen Vorfall mit Miss Ivors aus seinem Gedächtnis zu verbannen. Natürlich, das Mädchen oder die Frau, oder was immer sie war, war für ihre Sache begeistert, aber ein jegliches zu seiner Zeit. Vielleicht hätte er ihr nicht so antworten sollen. Aber sie hatte kein Recht, ihn vor anderen einen Westbriten zu nennen, auch im Scherz nicht. Sie hatte versucht, ihn vor anderen lächerlich zu machen, sie hatte gehechelt und ihn mit ihren Kaninchenaugen angestarrt.

Er sah, wie seine Frau zwischen den Walzer tanzenden Paaren sich den Weg zu ihm bahnte. Als sie bei ihm war, sagte sie ihm ins Ohr:

– Gabriel, Tante Kate möchte wissen, ob du nicht wie immer die Gans schneidest. Miss Daly schneidet den Schinken, und ich mach den Pudding.

– Ja gut, sagte Gabriel.

- Wenn dieser Walzer zu Ende ist, schickt sie zuerst die Jüngeren hinein, so daß wir dann den Tisch für uns haben.
- Hast du getanzt? fragte Gabriel.
- Natürlich. Hast du mich nicht gesehen? Worüber hast du dich mit Molly Ivors gestritten?
- Nicht gestritten. Wieso? Hat sie das gesagt?
- So was ähnliches. Ich versuche, diesen Mr. D'Arcy zum Singen zu kriegen. Er ist sehr eingebildet, glaub ich.
- Wir haben nicht gestritten, sagte Gabriel verdrossen, sie wollte nur, daß ich eine Reise nach Westirland mache, und ich habe ihr gesagt, ich will nicht.

Seine Frau preßte aufgeregt die Hände zusammen und schnellte ein wenig hoch.
- Ach, fahr doch, Gabriel, rief sie. Ich würde Galway liebend gern wiedersehn.
- Du kannst ja fahren, wenn du willst, sagte Gabriel kühl.

Sie sah ihn einen Augenblick an, wandte sich dann an Mrs. Malins und sagte:
- Das nenne ich mir einen netten Mann, Mrs. Malins.

Während sie sich durch das Zimmer zurückschlängelte, erzählte Mrs. Malins, ohne der Unterbrechung zu achten, Gabriel weiter, was für wundervolle Orte es in Schottland gab und was für wundervolle Landschaften. Ihr Schwiegersohn nehme sie jedes Jahr mit zu den Seen, und sie gingen immer angeln. Ihr Schwiegersohn sei ein hervorragender Angler. Eines Tages habe er einen Fisch gefangen, einen wundervollen großen großen Fisch, und der Mann im Hotel habe ihn ihnen zum Abendessen gekocht.

Gabriel hörte kaum zu. Jetzt, da das Essen nahe rückte, dachte er wieder über seine Rede nach und über das Zitat. Als er Freddy Malins quer durch das Zimmer auf seine Mutter zukommen sah, machte er ihm seinen Platz frei und zog sich in die Fensternische zurück. Das Zimmer hatte sich bereits geleert, und aus dem Hinterzimmer kam das Klappern von Tellern und Messern. Die noch im Salon geblieben waren, schienen das Tanzen leid zu sein und unterhielten sich ruhig in kleinen Gruppen. Gabriels warme zitternde Finger pochten gegen die kalte Fensterscheibe. Wie kühl mußte es draußen sein! Wie angenehm wäre es, allein hinauszugehen, erst den Fluß entlang und dann durch den Park! Schnee läge auf den Zweigen und bildete eine helle Kappe oben auf dem Wellington-Denkmal. Wieviel angenehmer wäre es dort als an der Abendtafel!

Er überflog die Stichworte seiner Rede: irische Gastfreundschaft, traurige Erinnerungen, die Drei Grazien, Paris, das Browning-Zitat. Er wiederholte sich einen Satz, den er in seiner Rezension geschrieben hatte: *Man hat das Gefühl, gedankenzerquälter Musik zu lauschen.* Miss Ivors hatte die Rezension gelobt. War sie aufrichtig? Hatte sie wirklich ein eigenes Leben hinter all ihrem Propagandagetue? Bis zu diesem Abend hatte es zwischen ihnen niemals eine Verstimmung gegeben. Es machte ihn nervös, daran zu denken, daß sie an der Abendtafel sitzen und, während er sprach, mit ihren kritischen spöttisch prüfenden Augen zu ihm hochsehen würde. Vielleicht täte er ihr nicht leid, wenn seine

Rede sich als Fehlschlag erwiese. Ein Gedanke kam ihm und gab ihm Mut. Er würde sagen, in Anspielung auf Tante Kate und Tante Julia: *Meine Damen und Herren, die jetzt dahinscheidende Generation in unserer Mitte mag ihre Fehler gehabt haben, doch ich für mein Teil bin der Meinung, daß sie gewisse Qualitäten der Gastfreundschaft, des Humors, der Menschlichkeit hatte, die mir der neuen und sehr ernsthaften und übergebildeten Generation, die um uns herum aufwächst, abzugehen scheinen.* Sehr gut: das war auf Miss Ivors gemünzt. Was kümmerte es ihn, daß seine Tanten nur zwei ungebildete alte Frauen waren?

Ein Gemurmel im Zimmer lenkte seine Aufmerksamkeit auf sich. Mr. Browne kam aus der Tür und eskortierte galant Tante Julia, die sich auf seinen Arm stützte, lächelte und den Kopf hängen ließ. Auch ein ungleichmäßiges Applaus-Musketenfeuer eskortierte sie bis zum Flügel und verstummte dann allmählich, als Mary Jane sich auf den Hocker niederließ und Tante Julia, die nun nicht mehr lächelte, sich halb umwandte, um ihre Stimme voll in das Zimmer zu richten. Gabriel erkannte das Vorspiel. Es gehörte zu einem von Tante Julias alten Liedern – *Bräutlich geschmückt.* Ihre kräftige und klare Stimme ging die Läufe, die das Lied verzieren, mit großem Elan an, und obwohl sie sehr schnell sang, ließ sie auch nicht die kleinste Verzierungsnote aus. Der Stimme zu folgen, ohne der Sängerin ins Gesicht zu sehen, war, als empfände und teile man die Erregung raschen und sicheren Flugs. Gabriel klatschte wie alle anderen nach Schluß des Liedes laut, und lauter Beifall drang auch von der unsichtbaren Abendtafel her herein. Er klang dermaßen echt, daß Tante Julia eine leichte Röte auf ihrem Gesicht nicht unterdrücken konnte, als sie sich vorbeugte, um das alte, in Leder gebundene Liederbuch, das ihre Initialen auf dem Einband trug, in das Notengestell zurückzulegen. Freddy Malins, der mit schiefem Kopf gelauscht hatte, um sie besser zu hören, klatschte immer noch, als alle anderen aufgehört hatten, und sprach lebhaft auf seine Mutter ein, die zum Zeichen der Zustimmung ernst und langsam mit dem Kopfe nickte. Als er schließlich nicht mehr klatschen konnte, stand er plötzlich auf und eilte durchs Zimmer zu Tante Julia, ergriff ihre Hand, hielt sie in seinen beiden und schüttelte sie, da ihm die Worte ausgingen oder das Stocken in seiner Rede übermächtig wurde.

– Ich habe gerade zu meiner Mutter gesagt, sagte er, daß ich Sie nie so gut singen gehört habe, nie. Nein, noch nie war Ihre Stimme so schön wie heute abend, finde ich. Tja, nehmen Sie mir das ab? Es ist die Wahrheit. Auf Ehr und Gewissen, das ist die Wahrheit. Ich habe Ihre Stimme nie so frisch und so ... so klar und frisch gehört, nie.

Tante Julia lächelte breit und murmelte etwas von Komplimenten, als sie ihre Hand aus seinem Griff befreite. Mr. Browne streckte ihr seine offene Hand entgegen und sagte zu den Umstehenden in der Art eines Conférenciers, der seinem Publikum ein Wunderkind präsentiert:

– Miss Julia Morkan, meine neueste Entdeckung!

Er lachte selber sehr herzhaft darüber, als sich Freddy Malins nach ihm umdrehte und sagte:

– Also Browne, falls Sie's ernst meinen, Sie könnten

schlechtere Entdeckungen machen. Ich kann nur sagen, ich habe sie nie halb so gut singen hören, solange ich hierherkomme. Das ist die lautere Wahrheit.

– Ich auch nicht, sagte Mr. Browne. Ich finde, ihre Stimme hat sich bedeutend entwickelt.

Tante Julia zuckte die Achseln und sagte mit sanftmütigem Stolz:

– Vor dreißig Jahren hatte ich im Vergleich gar keine so üble Stimme.

– Ich habe Julia oft gesagt, sagte Tante Kate mit Nachdruck, daß sie in diesem Chor einfach vergeudet worden ist. Aber sie wollte sich das von mir nie sagen lassen.

Sie sah sich um, als wolle sie die Vernunft der anderen gegen ein eigensinniges Kind zu Hilfe rufen, während Tante Julia vor sich hinblickte und ein unbestimmtes Lächeln der Erinnerung auf ihrem Gesicht spielte.

– Nein, fuhr Tante Kate fort, sie wollte sich das von niemand sagen lassen und auf niemand hören und hat sich in diesem Chor Tag und Nacht abgerackert, Tag und Nacht. Um sechs Uhr früh am Weihnachtsmorgen! Und wofür das alles?

– Nun, doch wohl zur Ehre Gottes, nicht wahr, Tante Kate? fragte Mary Jane, die sich auf dem Klavierhocker umdrehte und lächelte.

Tante Kate drehte sich zornig nach ihrer Nichte um und sagte:

– Über die Ehre Gottes weiß ich genug, Mary Jane, aber ich finde, es ist alles andere als ehrenhaft vom Papst, die Frauen aus den Chören hinauszusetzen, die sich da ihr ganzes Leben lang abgerackert haben, und ihnen kleine Knirpse vor die Nase zu setzen. Wahrscheinlich ist es zum Besten der Kirche, wenn der Papst das macht. Aber es ist nicht gerecht, Mary Jane, und es ist nicht richtig.

Sie hatte sich in Hitze geredet und wäre in der Verteidigung ihrer Schwester fortgefahren, denn es war ein wunder Punkt für sie, aber Mary Jane, die sah, daß alle Tänzer zurückgekommen waren, unterbrach beschwichtigend:

– Also, Tante Kate, du bringst uns in Mißkredit bei Mr. Browne, der zur anderen Konfession gehört.

Tante Kate wandte sich an Mr. Browne, der über diese Anspielung auf seine Konfession grinste, und sagte eilig:

– Oh, ich zweifle gar nicht daran, daß der Papst im Recht ist. Ich bin nur eine dumme alte Frau und würde mich nicht unterstehen. Aber es gibt doch so etwas wie gewöhnliche alltägliche Höflichkeit und Dankbarkeit. Und wenn ich an Julias Stelle wäre, ich würde das Pater Healy geradewegs ins Gesicht sagen.

– Und außerdem, Tante Kate, sagte Mary Jane, sind wir wirklich alle hungrig, und wenn wir hungrig sind, sind wir alle sehr streitsüchtig.

– Und wenn wir durstig sind, sind wir auch streitsüchtig, setzte Mr. Browne hinzu.

– So daß wir jetzt besser zum Abendessen gehen, sagte Mary Jane, und die Diskussion nachher zu Ende bringen.

Auf dem Treppenabsatz vor dem Salon fand Gabriel seine Frau und Mary Jane dabei, Miss Ivors zuzureden, daß sie doch zum Abendessen bliebe. Aber Miss Ivors, die den Hut aufgesetzt hatte und gerade ihren

Mantel zuknöpfte, wollte nicht bleiben. Sie habe überhaupt keinen Hunger und sei bereits zu lange geblieben.

– Nur für zehn Minuten, Molly, sagte Mrs. Conroy. Das hält Sie doch nicht auf.

– Nur auf einen Happen, sagte Mary Jane, nachdem Sie soviel getanzt haben.

– Ich kann wirklich nicht, sagte Miss Ivors.

– Ich fürchte, es hat Ihnen gar nicht gefallen, sagte Mary Jane hoffnungslos.

– Aber wie, ich schwör's, sagte Miss Ivors, doch jetzt müssen Sie mich wirklich gehen lassen.

– Aber wie kommen Sie nach Hause? fragte Mrs. Conroy.

– Es ist doch nur ein paar Schritte den Quay hinauf.

Gabriel zögerte einen Augenblick und sagte:

– Erlauben Sie mir doch, Sie nach Hause zu bringen, wenn Sie unbedingt gehen müssen.

Aber Miss Ivors machte sich von ihnen los.

– Das kommt gar nicht in Frage, rief sie. Um Himmels willen, geht zu eurem Essen und kümmert euch nicht um mich. Ich komme durchaus alleine zurecht.

– Na, Sie sind mir ein komisches Mädchen, Molly, sagte Mrs. Conroy geradeheraus.

– *Beannacht libh*, rief Miss Ivors lachend, während sie die Treppe hinunterrannte.

Mary Jane sah ihr mit verdrossener fragender Miene nach, während sich Mrs. Conroy über das Geländer lehnte, um die Haustür zu hören. Gabriel fragte sich, ob er die Ursache ihres jähen Aufbruchs sei. Schlechter Laune schien sie jedoch nicht gewesen zu sein: sie war lachend davongegangen. Er starrte ratlos die Treppe hinunter.

In diesem Augenblick kam Tante Kate aus dem Eßzimmer gewatschelt und rang vor Verzweiflung fast die Hände.

– Wo ist Gabriel? rief sie. Wo ist Gabriel bloß? Alle warten sie drinnen, die Bühne ist frei, und keiner, der die Gans schneidet!

– Hier bin ich, Tante Kate! rief Gabriel, plötzlich munter, und wenn nötig, schneide ich eine ganze Herde Gänse.

Eine fette braune Gans lag am einen Ende des Tisches, und am anderen Ende lag auf einer Lagerstatt aus geknittertem, mit Petersilienzweigen übersätem Papier ein mit Brotkrumen bestreuter großer Schinken, dessen Außenhaut entfernt und um dessen Knochen eine gefällige Papierkrause gewickelt war, um die herum gewürztes Rindfleisch lag. Zwischen diesen rivalisierenden Tischenden verliefen parallele Reihen von Nebengerichten: zwei kleine Dome aus Gelee, rot und gelb; eine flache Schale mit Blancmanger-Würfeln und roter Konfitüre, eine große grüne blattförmige Schale mit stengelförmigem Griff, auf der rote Weintrauben und geschälte Mandeln lagen, eine dazu passende Schale, auf der ein kompaktes Rechteck aus Smyrnafeigen lag, eine Schale mit Custard und geriebener Muskatnuß obendrauf, eine kleine Schüssel mit Pralinen und anderen Süßigkeiten in goldenem und silbernem Papier sowie eine Glasvase, in der einige lange Selleriestengel staken. In der Mitte des Tisches standen, als Wachtposten vor einer Obstschale, die eine Pyramide aus Apfelsinen und amerikanischen

Äpfeln aufrecht hielt, zwei gedrungene altmodische Kristallkaraffen, von denen eine Portwein und die andere dunklen Sherry enthielt. Auf dem geschlossenen Klavier stand in einer riesigen gelben Schüssel ein Pudding in Hab-acht-Stellung, und dahinter befanden sich drei Trupp Stout- und Ale- und Mineralwasserflaschen, zusammengestellt nach den Farben ihrer Uniformen, die ersten beiden schwarz, mit braunen und roten Etiketten, der dritte und kleinste Trupp weiß, mit schrägen grünen Schärpen.

Gabriel nahm kühn am Kopfende des Tisches seinen Platz ein, prüfte die Klinge des Tranchiermessers und steckte seine Gabel fest in die Gans. Er war jetzt ganz entspannt, denn er verstand sich aufs Schneiden und genoß nichts so sehr, wie am Kopfende eines reich gedeckten Tisches zu sitzen.

– Miss Furlong, was darf ich Ihnen expedieren? fragte er. Flügel oder eine Scheibe Brust?

– Nur eine kleine Scheibe Brust.

– Miss Higgins, was möchten Sie?

– Mir ist es gleich, Mr. Conroy.

Während Gabriel und Miss Daly Teller mit Gans und Teller mit Schinken und gewürztem Rindfleisch weiterreichten, ging Lily von Gast zu Gast mit einer Schüssel heißer mehliger Kartoffeln, die in eine weiße Serviette gewickelt waren. Das war Mary Janes Einfall gewesen, und sie hatte auch Apfelmus zu der Gans vorgeschlagen, doch Tante Kate hatte gesagt, daß einfacher Gänsebraten ohne Apfelmus immer gut genug für sie gewesen sei und sie hoffe, nie Schlechteres essen zu müssen. Mary Jane bediente ihre Schüler und achtete darauf, daß sie die besten Scheiben bekamen, und

Tante Kate und Tante Julia öffneten Stout- und Ale-Flaschen für die Herren und Mineralwasserflaschen für die Damen und brachten sie vom Klavier herüber. Es herrschte reichlich Verwirrung und Gelächter und Lärm, der Lärm von Bestellungen und Umbestellungen, von Messern und Gabeln, von Korken und Glasstöpseln. Sobald er mit der ersten Runde fertig war, begann Gabriel zweite Portionen zu schneiden, ohne sich selber etwas zu nehmen. Alle widersprachen laut, so daß er als Kompromiß einen langen Zug Stout nahm, denn bei der Arbeit des Schneidens war ihm heiß geworden. Mary Jane setzte sich still zum Essen nieder, aber Tante Kate und Tante Julia watschelten immer noch um den Tisch, traten einander auf die Fersen, kamen sich in die Quere und gaben einander unbeachtete Anweisungen. Mr. Browne bat sie, sich zu setzen und selber zu essen, und Gabriel tat desgleichen, aber sie sagten, dafür bleibe noch Zeit genug, so daß Freddy Malins schließlich aufstand, Tante Kate griff und unter allgemeinem Gelächter auf ihren Stuhl plumpsen ließ.

Als alle reichlich bedacht waren, sagte Gabriel lächelnd:

– Wenn noch jemand etwas Füllung wünscht, wie das gemeine Volk das nennt, so soll er oder sie es sagen.

Ein Chor von Stimmen forderte ihn auf, nun selber mit dem Essen zu beginnen, und Lily kam herbei mit drei Kartoffeln, die sie für ihn aufgehoben hatte.

– Also gut, sagte Gabriel liebenswürdig, während er einen weiteren vorbereitenden Schluck nahm, dann vergessen Sie bitte ein paar Minuten lang meine Existenz, meine Damen und Herren.

Er machte sich an sein Essen und nahm nicht an der Unterhaltung teil, mit der die Tafel übertönte, wie Lily das Geschirr abräumte. Thema der Unterhaltung war die Operntruppe, die gerade im Theatre Royal gastierte. Mr. Bartell D'Arcy, der Tenor, ein junger Mann mit dunkler Haut und einem forschen Schnurrbart, rühmte in hohen Tönen die erste Altistin der Truppe, aber Miss Furlong meinte, ihr Gesangstil sei ziemlich vulgär. Freddy Malins sagte, im zweiten Teil der Pantomime im Gaiety singe ein Negerhäuptling mit einer der besten Tenorstimmen, die er je gehört habe.

— Haben Sie ihn gehört? fragte er Mr. Bartell D'Arcy über den Tisch hinweg.

— Nein, antwortete Mr. Bartell D'Arcy unaufmerksam.

— Weil es mich nämlich, erklärte Freddy Malins, interessieren würde, Ihre Meinung über ihn zu hören. Ich finde, er hat eine großartige Stimme.

— Es braucht Teddy, daß man erfährt, was wirklich etwas taugt, sagte Mr. Browne ungezwungen zu der Tafel.

— Und wieso kann er denn nicht eine gute Stimme haben? fragte Freddy Malins scharf. Etwa weil er nur ein Schwarzer ist?

Niemand antwortete auf diese Frage, und Mary Jane brachte das Gespräch zurück auf die richtige Oper. Eine ihrer Schülerinnen habe ihr eine Freikarte für *Mignon* gegeben. Es sei natürlich sehr schön gewesen, sagte sie, aber es habe sie an die arme Georgina Burns erinnert. Mr. Browne konnte noch weiter zurückdenken, an die alten italienischen Truppen, die früher immer nach Dublin gekommen waren – Tietjens, Ilma de Murzka, Campanini, die große Trebelli, Giuglini, Ravelli, Aramburo. Das waren Zeiten, sagte er, wo man in Dublin noch richtigen Gesang hören konnte. Er erzählte auch, daß der Olymp des alten Royal Abend für Abend brechend voll gewesen war, daß ein italienischer Tenor eines Abends *Laßt mich fallen als Soldat* fünfmal wiederholt und dabei jedesmal das hohe C geschafft hatte und daß die Jungs auf dem Olymp manchmal in ihrer Begeisterung die Pferde von der Kutsche einer großen Primadonna abspannten und sie eigenhändig durch die Straßen zu ihrem Hotel zogen. Warum gaben sie die großen alten Opern heutzutage nicht mehr, fragte er, *Dinorah, Lucrezia Borgia?* Weil sie keine Stimmen mehr dafür zusammenbekämen: das sei der Grund.

– Ach was, sagte Mr. Bartell D'Arcy, ich glaube, daß es heute genauso viele gute Sänger gibt wie damals.

– Wo sind sie denn? fragte Mr. Browne herausfordernd.

– In London, Paris, Mailand, sagte Mr. Bartell D'Arcy hitzig. Ich vermute, daß Caruso zum Beispiel genauso gut, wenn nicht besser ist als all die Sänger, die Sie erwähnt haben.

– Kann schon sein, sagte Mr. Browne. Aber ich darf Ihnen sagen, ich habe da meine Zweifel.

– Ach, was gäbe ich nicht darum, wenn ich Caruso hören könnte, sagte Mary Jane.

– Für mich, sagte Tante Kate, die an einem Knochen geknabbert hatte, gab es nur einen Tenor. Der mir gefiel, meine ich. Aber wahrscheinlich hat niemand hier je von ihm gehört.

– Wer war das, Miss Morkan? fragte Mr. Bartell D'Arcy höflich.

– Er hieß, sagte Tante Kate, Parkinson. Ich habe ihn gehört, als er auf dem Höhepunkt war, und ich glaube, er hatte damals den reinsten Tenor, der je der Kehle eines Mannes gegeben war.

– Sonderbar, sagte Mr. Bartell D'Arcy. Ich habe noch nicht einmal von ihm gehört.

– Ja, ja, Miss Morkan hat recht, sagte Mr. Browne. Ich erinnere mich, von dem alten Parkinson gehört zu haben, aber er liegt viel zu weit zurück für mich.

– Ein schöner reiner lieblicher voller englischer Tenor, sagte Tante Kate mit Begeisterung.

Da Gabriel fertig war, wurde der gewaltige Pudding auf den Tisch transferiert. Das Geklapper der Gabeln und Löffel begann von neuem. Gabriels Frau tat Puddingportionen auf die Teller und reichte diese den Tisch hinunter. Auf halbem Wege wurden sie von Mary Jane aufgehalten, die sie mit Himbeer- oder Orangengelee oder mit Blancmanger und Konfitüre auffüllte. Der Pudding war Tante Julias Werk, und sie wurde seinetwegen allseits gelobt. Sie selber sagte, er sei nicht braun genug.

– Na, ich hoffe, Miss Morkan, sagte Mr. Browne, ich bin Ihnen braun genug, denn ich bin ja, nicht wahr, ganz und gar braun.

Alle Herren außer Gabriel aßen aus Höflichkeit Tante Julia gegenüber etwas Pudding. Da Gabriel niemals süße Speisen aß, war der Sellerie für ihn aufgehoben worden. Auch Freddy Malins nahm einen Selleriestengel und aß ihn zu seinem Pudding. Er hatte gehört, daß Sellerie hervorragend fürs Blut wäre, und er befand sich gerade in ärztlicher Behandlung. Mrs. Malins, die während des ganzen Essens geschwiegen hatte, sagte, ihr Sohn fahre in etwa einer Woche nach Mount Melleray. Daraufhin redete die Tafel über Mount Melleray, wie kräftigend die Luft dort unten wäre, wie gastfreundlich die Mönche wären und wie sie nie einen Penny von ihren Gästen verlangten.

– Und Sie wollen wirklich sagen, fragte Mr. Browne ungläubig, man kann da einfach hinfahren und sich einquartieren wie in einem Hotel und herrlich und in Freuden leben, und das kostet einen am Ende keinen Heller?

– Naja, die meisten spenden etwas für das Kloster, wenn sie abreisen, sagte Mary Jane.

– Ich wünschte, wir hätten so eine Einrichtung in unserer Kirche, sagte Mr. Browne ungeniert.

Er war erstaunt, als er hörte, daß die Mönche niemals sprachen, um zwei Uhr morgens aufstanden und in ihren Särgen schliefen. Er fragte, wozu sie das machten.

– Das ist die Ordensregel, sagte Tante Kate fest.

– Naja, aber warum? fragte Mr. Browne.

Tante Kate wiederholte, das sei eben die Regel, das sei alles. Mr. Browne schien immer noch nicht zu verstehen. Freddy Malins erklärte ihm, so gut er konnte, daß die Mönche für die Sünden Buße zu leisten suchten, die all die Sünder in der Welt draußen begangen hätten. Die Erklärung war nicht gerade sehr einleuchtend, denn Mr. Browne grinste und sagte:

– Ich finde die Idee ja sehr schön, aber täte nicht ein bequemes Bett mit Sprungfedern dieselben Dienste wie ein Sarg?

– Der Sarg, sagte Mary Jane, soll sie an ihre letzte Stunde gemahnen.

Da das Thema so makaber geworden war, wurde es im Schweigen der Tafel begraben, während dessen man Mrs. Malins undeutlich und gedämpft zu ihrem Nachbarn sagen hören konnte:

– Es sind sehr gute Menschen die Mönche, sehr fromme Menschen.

Nun wurden die Weintrauben und Mandeln und Feigen und Äpfel und Apfelsinen und Pralinen und Süßigkeiten herumgereicht, und Tante Julia bat alle Gäste, entweder Portwein oder Sherry zu nehmen. Anfangs lehnte Mr. Bartell D'Arcy beides ab, aber einer seiner Nachbarn stieß ihn leicht an und flüsterte ihm etwas ins Ohr, woraufhin er sich sein Glas vollschenken ließ. Als die letzten Gläser vollgeschenkt wurden, verstummte die Unterhaltung langsam. Ein Schweigen trat ein, das nur von dem Geräusch des Weines und dem Rücken der Stühle gestört wurde. Die Jungfern Morkan blickten alle drei auf die Tischdecke hinunter. Jemand hüstelte ein paarmal, und dann klopften einige Herren zum Zeichen, daß nunmehr um Ruhe gebeten wurde, leicht auf den Tisch. Es wurde ruhig, und Gabriel schob seinen Stuhl zurück und stand auf.

Das Klopfen wurde sogleich lauter, zur Ermunterung, und hörte dann ganz auf. Gabriel stützte seine zehn zitternden Finger auf die Tischdecke und lächelte nervös in die Gesellschaft hinein. Da ihm eine Reihe aufwärts gewandter Gesichter begegneten, hob er die Augen zum Kronleuchter. Der Flügel spielte einen Walzer, und er konnte hören, wie die Röcke die Tür zum Salon streiften. Vielleicht standen jetzt draußen im Schnee auf dem Quay Menschen, spähten zu den erleuchteten Fenstern hinauf und lauschten der Walzermusik. Die Luft dort war rein. In der Ferne lag der Park, wo Schnee auf den Bäumen lastete. Das Wellington-Denkmal trug eine glitzernde Schneekappe, die gen Westen über das weiße Feld von Fifteen Acres funkelte.

Er begann:

– Meine Damen und Herren.

– Es ist mir heute abend, wie in vergangenen Jahren, eine sehr schmeichelhafte Pflicht zugefallen, eine Pflicht indes, der meine mäßige Rednergabe wohl leider allzuwenig gewachsen ist.

– Nein, nein! sagte Mr. Browne.

– Doch wie dem auch sein mag, ich kann Sie heute abend nur bitten, den Willen für die Tat zu nehmen und mir für einige Augenblicke Ihre Aufmerksamkeit zu leihen, während ich mich bemühe, Ihnen in Worten auszudrücken, was ich bei diesem Anlaß empfinde.

– Meine Damen und Herren. Es ist dies nicht das erste Mal, daß wir uns unter diesem gastlichen Dach, um diese gastliche Tafel zusammengefunden haben. Es ist dies nicht das erste Mal, daß wir die Nutznießer – oder vielleicht sollte ich besser sagen: die Opfer – der Gastfreundschaft gewisser vortrefflicher Damen geworden sind.

Er beschrieb mit dem Arm einen Kreis in der Luft und hielt ein. Alle lachten oder lächelten Tante Kate und Tante Julia und Mary Jane zu, die vor Freude tief erröteten. Gabriel fuhr kühner fort:

– Mit jedem neuen Jahr empfinde ich lebhafter, daß

unser Land keine Tradition hat, die ihm so zur Ehre gereicht und die es so eifersüchtig hüten sollte wie die seiner Gastfreundlichkeit. Es ist eine Tradition, die unter den heutigen Völkern einmalig dasteht, soweit meine Erfahrung reicht (und ich bin an nicht wenigen Orten im Ausland gewesen). Vielleicht würde der eine oder andere sagen, daß sie bei uns eher eine Schwäche ist als etwas, dessen wir uns brüsten könnten. Doch selbst, wenn wir das einräumen, ist es meiner Meinung nach eine fürstliche Schwäche und eine, die unter uns hoffentlich noch recht lange gehegt und gepflegt wird. In einem Punkt zumindest bin ich sicher. Solange dieses eine Dach die oberwähnten vortrefflichen Damen beherbergt – und ich wünsche von Herzen, daß es das noch viele lange Jahre tun wird –, solange ist auch die Tradition der echten warmherzigen höflichen irischen Gastfreundlichkeit, die unsere Vorväter uns überliefert haben und die wir unsererseits unseren Nachkommen überliefern müssen, noch lebendig bei uns.

Ein herzhaftes Gemurmel der Zustimmung lief um den Tisch. Es schoß Gabriel durch den Kopf, daß Miss Ivors nicht da war und daß sie unhöflicherweise gegangen war: und er sagte mit Selbstvertrauen:

– Meine Damen und Herren.

– Eine neue Generation wächst in unserer Mitte heran, eine Generation, die von neuen Gedanken und neuen Prinzipien geleitet wird. Sie nimmt diese neuen Gedanken ernst und begeistert sich für sie, und ihre Begeisterung ist, wie ich glaube, selbst wo sie irregeleitet ist, im großen und ganzen aufrichtig. Doch wir leben in einer skeptischen und, wenn ich das Wort gebrauchen darf, einer gedankenzerquälten Zeit: und zuweilen habe ich die Befürchtung, daß dieser neuen Generation, gebildet oder übergebildet, wie sie ist, diese Qualitäten der Menschlichkeit, der Gastfreundschaft, des liebenswürdigen Humors, die einer älteren Epoche angehörten, abgehen werden. Als ich heute abend die Namen all jener großen Sänger der Vergangenheit hörte, da kam es mir vor, muß ich gestehen, als lebten wir in einer weniger weiträumigen Zeit. Jene Epoche könnte, ohne Übertreibung, eine weiträumige Epoche genannt werden: und wenn sie auch unwiderruflich dahin gegangen ist, so wollen wir doch wenigstens hoffen, daß wir bei einem Beisammensein wie diesem von ihr auch weiterhin mit Stolz und Liebe sprechen, daß wir im Herzen weiterhin das Gedächtnis an jene toten und von uns gegangenen Großen bewahren, deren Ruhm die Welt freiwillig nicht wird vergehen lassen.

– Bravo! sagte Mr. Browne laut.

– Dennoch, fuhr Gabriel fort und milderte den Ton seiner Stimme, kommen uns immer bei einem Beisammensein wie diesem traurigere Gedanken in den Sinn: Gedanken an die Vergangenheit, an die Jugend, an Veränderungen, an abwesende Gesichter, die wir heute abend hier vermissen. Unser Lebensweg ist mit vielen solchen traurigen Erinnerungen übersät: und grübelten wir ständig über sie nach, so fänden wir das Herz nicht, unerschrocken unter den Lebenden weiter zu wirken. Alle haben wir lebendige Pflichten und lebendige Neigungen, die unsere eifrigen Anstrengungen beanspruchen, und zwar zu Recht beanspruchen.

– Darum will ich nicht bei der Vergangenheit verweilen. Ich will nicht, daß düsteres Moralisieren sich uns hier heute abend aufdrängt. Hier sind wir für eine kurze Weile beisammen, fern von dem Gewühl und der Hetze unseres Alltags. Wir sind als Freunde hier zusammengekommen, im Geiste der Geselligkeit, in gewissem Maße auch als Kollegen, im echten Geist der *camaraderie,* und als Gäste der – wie soll ich sie nennen? – der Drei Grazien der musikalischen Welt von Dublin.

Die Tafel brach bei diesem Geistesblitz in Beifall und Lachen aus. Tante Julia bat in vergeblichem Bemühen der Reihe nach jeden ihrer Nachbarn, ihr zu verraten, was Gabriel gesagt habe.

– Er sagt, wir sind die Drei Grazien, Tante Julia, sagte Mary Jane.

Tante Julia begriff nicht, sah jedoch lächelnd zu Gabriel auf, der in der gleichen Art fortfuhr:

– Meine Damen und Herren.

– Ich will gar nicht erst den Versuch machen, heute abend die Rolle zu spielen, die Paris bei anderer Gelegenheit gespielt hat. Ich will gar nicht erst den Versuch machen, eine Wahl zwischen ihnen zu treffen. Es wäre ein anmaßendes Unterfangen, und es läge jenseits meiner bescheidenen Kräfte. Denn wenn ich sie mir so der Reihe nach ansehe, unsere Hauptgastgeberin selber, deren gutes Herz, deren allzu gutes Herz unter allen, die sie kennen, sprichwörtlich geworden ist, oder ihre Schwester, die mit ewiger Jugend gesegnet zu sein scheint und deren Gesang heute abend für uns alle eine Überraschung und eine Offenbarung gewesen sein muß, oder, *last but not least,* wenn ich unsere jüngste Gastgeberin bedenke, begabt, heiter, hart arbeitend und die beste Nichte, die man sich nur vorstellen kann, dann, meine Damen und Herren, muß ich gestehen, daß ich nicht wüßte, welcher von ihnen ich den Preis zuerkennen sollte.

Gabriel blickte zu seinen Tanten hinunter, und als er das breite Lächeln auf Tante Julias Gesicht bemerkte und die Tränen, die Tante Kate in die Augen gestiegen waren, beeilte er sich, zum Ende zu kommen. Galant hob er sein Glas Portwein, während alle übrigen Gäste erwartungsvoll an ihren Gläsern fingerten, und sagte laut:

– Trinken wir also auf alle drei zusammen. Trinken wir auf ihre Gesundheit, ihr Gedeihen, ein langes Leben, Glück und Wohlergehen, und daß sie lange die stolze Stellung bewahren, die sie sich in ihrem Berufe selbst errungen haben, und die Ehre und Liebe, die ihnen in unseren Herzen gehören.

Alle Gäste erhoben sich mit dem Glas in der Hand, wandten sich den drei Damen zu, die sitzengeblieben waren, und sangen einstimmig, unter der Leitung von Mr. Browne:

> *For they are jolly gay fellows,*
> *For they are jolly gay fellows,*
> *For they are jolly gay fellows,*
> *Which nobody can deny.*

Tante Kate machte freimütig Gebrauch von ihrem Taschentuch, und selbst Tante Julia schien bewegt. Freddy Malins schlug mit seiner Puddinggabel den Takt, und die Sänger wandten sich wie in einer melodischen Konferenz einander zu, während sie mit Nachdruck sangen:

Unless he tells a lie,
Unless he tells a lie.

Dann wandten sie sich erneut zu ihren Gastgeberinnen und sangen:

For they are jolly gay fellows,
For they are jolly gay fellows,
For they are jolly gay fellows,
Which nobody can deny.

Der folgende Beifall wurde jenseits der Eßzimmertür von vielen der anderen Gäste aufgenommen und hob immer wieder von neuem an, während Freddy Malins mit seiner hochgereckten Gabel als Obmann amtierte.

Die stechende Morgenluft drang in den Flur, wo sie standen, so daß Tante Kate sagte:
– Mach doch jemand die Tür zu. Mrs. Malins holt sich noch den Tod von der Kälte.
– Browne ist draußen, Tante Kate, sagte Mary Jane.
– Browne ist überall, sagte Tante Kate mit gesenkter Stimme.
Mary Jane lachte über ihren Ton.
– Aber er ist doch sehr aufmerksam, sagte sie schalkhaft.
– Er kommt einem ins Haus wie das Gas, sagte Tante Kate im gleichen Ton, die ganze Weihnachtszeit über.
Diesmal lachte sie selber gutmütig und fügte dann schnell hinzu:

- Aber sag ihm, er soll hereinkommen, Mary Jane, und mach die Tür zu. O Gott, hoffentlich hat er mich nicht gehört.

In diesem Augenblick wurde die Haustür weit geöffnet, Mr. Browne kam von der Vordertreppe herein und wollte sich kaputtlachen. Er hatte einen langen grünen Mantel mit Manschetten und Kragen aus einer Astrachan-Imitation an und eine ovale Pelzmütze auf dem Kopf. Er zeigte den verschneiten Quay hinunter, von wo der Klang schrillen anhaltenden Pfeifens hereingetragen wurde.

– Teddy bringt noch alle Dubliner Droschken in Trab, sagte er.

Gabriel trat aus der kleinen Vorratskammer hinter dem Büro, kämpfte sich in seinen Mantel, sah sich im Flur um und sagte:

– Ist Gretta noch nicht unten?

– Sie zieht sich gerade an, Gabriel, sagte Tante Kate.

– Wer spielt denn da oben? fragte Gabriel.

– Niemand. Sie sind alle weg.

– Nein, Tante Kate, sagte Mary Jane. Bartell D'Arcy und Miss O'Callaghan sind noch nicht weg.

– Jedenfalls klimpert jemand auf dem Flügel, sagte Gabriel.

Mary Jane warf einen Blick auf Gabriel und Mr. Browne und sagte fröstelnd:

– Mir wird kalt, wenn ich euch zwei Herren so eingemummelt sehe. Ich möchte eure Heimfahrt zu dieser Stunde nicht vor mir haben.

– Und mir, sagte Mr. Browne mannhaft, wäre im Augenblick nichts lieber als ein schöner munterer Spaziergang auf dem Land oder eine schnelle Wagenfahrt mit einem guten flinken Traber zwischen den Deichseln.

– Zu Hause hatten wir einen sehr guten Einspänner, sagte Tante Julia wehmütig.

– Der unvergeßliche Johnny, sagte Mary Jane lachend.

Auch Tante Kate und Gabriel lachten.

– Wieso, was war denn Besonderes an Johnny? fragte Mr. Browne.

– Der selige Patrick Morkan, unser Großvater, heißt das, erläuterte Gabriel, in fortgeschrittenen Jahren allgemein als der Alte Herr bekannt, war Leimsieder.

– Aber, aber, Gabriel, sagte Tante Kate lachend, er hatte eine Stärkemühle.

– Naja, Leim oder Stärke, sagte Gabriel, jedenfalls hatte der Alte Herr ein Pferd namens Johnny. Und Johnny arbeitete in der Mühle des Alten Herrn und lief immer im Kreis herum, um die Mühle zu treiben. Soweit schön und gut; aber jetzt kommt der tragische Teil über Johnny. Eines schönen Tages kam der Alte Herr auf den Gedanken, mit der vornehmen Welt zu einer Militärparade im Park auszufahren.

– Gott sei seiner Seele gnädig, sagte Tante Kate mitleidsvoll.

– Amen, sagte Gabriel. So schirrte der Alte Herr wie gesagt also Johnny an und setzte seinen allerbesten Zylinder auf und legte seinen allerbesten Stehkragen um und kutschierte in großem Stil aus dem Herrensitz seiner Ahnen irgendwo in der Nähe der Back Lane, glaub ich.

Alle, selbst Mrs. Malins, lachten über die Art, wie Gabriel das erzählte, und Tante Kate sagte:

– Aber, aber, Gabriel, er hat doch nun wirklich nicht in der Back Lane gewohnt. Da war nur die Mühle.

– Aus dem Herrensitz seiner Vorväter, fuhr Gabriel fort, lenkte er Johnny und sein Gespann. Und alles verlief prachtvoll, bis Johnny des Denkmals von König Billy ansichtig wurde: und ob er sich nun in das Pferd verliebte, auf dem König Billy sitzt, oder ob er meinte, er wäre wieder in der Mühle, jedenfalls begann er um das Denkmal herumzulaufen.

Gabriel schritt in seinen Galoschen unter dem Gelächter der anderen im Flur im Kreise herum.

– Ein ums andere Mal ging er im Kreis, sagte Gabriel, und der Alte Herr, der ein sehr großspuriger Alter Herr war, war höchlich erbost. *Weiter, Sir! Was soll das heißen, Sir? Johnny! Johnny! Höchst ungewöhnliches Verhalten! Begreife das Pferd nicht!*

Das schallende Gelächter, das Gabriels Wiedergabe des Vorfalls folgte, wurde von lautem Klopfen an der Haustür unterbrochen. Mary Jane lief schnell hin, um sie zu öffnen, und ließ Freddy Malins ein. Freddy Malins, den Hut weit zurückgeschoben und die Schultern vor Kälte hochgezogen, keuchte und dampfte nach seinen Anstrengungen.

– Ich konnte nur eine Droschke auftreiben, sagte er.

– Ach, wir finden schon irgendwo am Quay noch eine, sagte Gabriel.

– Ja, sagte Tante Kate. Besser, wir lassen Mrs. Malins nicht länger im Zug stehen.

Ihr Sohn und Mr. Browne halfen Mrs. Malins die Treppe vor dem Haus hinab und hievten sie nach vielen Manövern in die Droschke. Freddy Malins kletterte nach ihr hinein und verbrachte längere Zeit damit, sie auf ihrem Platz unterzubringen, während Mr. Browne ihm mit Rat zur Seite stand. Endlich war sie bequem untergebracht, und Freddy Malins bat Mr. Browne zu sich in die Droschke. Es gab eine Menge wirres Gerede, und dann stieg Mr. Browne in die Droschke. Der Droschkenkutscher legte sich seine Decke über die Knie und beugte sich herunter, um die Adresse zu erfahren. Die Verwirrung wurde größer, und der Kutscher erhielt verschiedene Anweisungen von Freddy Malins und Mr. Browne, die beide ihren Kopf aus anderen Fenstern der Droschke steckten. Die Schwierigkeit bestand darin, zu ermitteln, wo Mr. Browne unterwegs abgesetzt werden sollte, und Tante Kate, Tante Julia und Mary Jane halfen der Diskussion von der Türschwelle aus mit wechselseitigen Anweisungen und Widersprüchen und reichlichem Lachen nach. Freddy Malins hatte das Lachen der Sprache beraubt. Alle Augenblicke steckte er unter großer Gefahr für seinen Hut den Kopf aus dem Fenster und zog ihn wieder ein, um seine Mutter vom Fortgang der Diskussion zu unterrichten, bis Mr. Browne, das allgemeine Lachen überdröhnend, schließlich dem verdutzten Kutscher zurief:

– Kennen Sie Trinity College?

– Ja, Sir, sagte der Kutscher.

– Gut, fahren Sie knallhart ans Portal von Trinity College, sagte Mr. Browne, und dann sagen wir Ihnen, wie's weitergeht. Haben Sie jetzt kapiert?

– Jawohl, Sir, sagte der Kutscher.

– Also was das Zeug hält zum Trinity College.

– Jawohl, Sir, rief der Kutscher.

Die Peitsche setzte das Pferd in Trab, und zu einem Chor von Lachen und Abschiedsgrüßen rasselte die Droschke über den Quay davon.

Gabriel war nicht mit den anderen zur Tür gegangen. Er stand im dunklen Teil des Flurs und spähte die Treppe hinauf. Eine Frau stand etwas unterhalb des ersten Treppenabsatzes, auch sie im Schatten. Er konnte ihr Gesicht nicht sehen, aber er sah die terrakottafarbenen und lachsroten Applikationen auf ihrem Rock, die der Schatten schwarz und weiß wirken ließ. Es war seine Frau. Sie lehnte am Geländer und hörte auf etwas. Ihre Reglosigkeit erstaunte Gabriel, und er strengte sein Ohr an, um auch zu lauschen. Aber er konnte wenig hören, außer dem lauten Lachen und Disputieren vor der Haustür, ein paar Akkorden, die auf dem Flügel angeschlagen wurden, und ein paar Tönen, die eine Männerstimme sang.

Er stand reglos in der Düsternis des Flurs, versuchte das Lied zu erkennen, das die Stimme sang, und spähte zu seiner Frau hinauf. In ihrer Haltung lagen Anmut und Geheimnis, als sei sie ein Symbol für irgend etwas. Er fragte sich, wofür eine Frau, die im Schatten auf der Treppe steht und ferner Musik lauscht, wohl ein Symbol sei. Wäre er Maler, so würde er sie in dieser Haltung malen. Ihr blauer Filzhut würde die Bronze ihres Haars von der Dunkelheit abheben, und die dunklen Applikationen auf ihrem Rock würden die hellen abheben. *Ferne Musik* würde er das Bild nennen, wäre er Maler.

Die Haustür wurde geschlossen; und Tante Kate, Tante Julia und Mary Jane kamen, immer noch lachend, den Flur entlang.

– Ist Freddy nicht schrecklich? fragte Mary Jane. Er ist wirklich schrecklich.

Gabriel sagte nichts, sondern zeigte die Treppe hinauf dorthin, wo seine Frau stand. Jetzt, da die Haustür geschlossen war, konnte man Stimme und Flügel deutlicher hören. Gabriel hob die Hand, um um Ruhe zu bitten. Das Lied schien in der alten irischen Tonart gehalten, und der Sänger schien seiner Worte wie seiner Stimme unsicher zu sein. Die Stimme, von ihrer Ferne und der Heiserkeit des Sängers klagend gemacht, illuminierte schwach den Gang des Liedes zu Worten, die Kummer ausdrückten:

Ach, Regen fällt auf mein schweres Haar,
Und der Tau netzt meine Haut,
Mein Kind, es liegt so kalt ...

– Ach, rief Mary Jane. Bartell D'Arcy singt, und er wollte den ganzen Abend lang nicht. Ich werde ihn dazu kriegen, daß er noch ein Lied singt, ehe er geht.

– Ach bitte, Mary Jane, sagte Tante Kate.

Mary Jane eilte an den anderen vorbei und lief zur Treppe, doch bevor sie sie noch erreichte, hörte der Gesang auf, und der Flügel wurde jäh zugeklappt.

– Ach, wie schade! rief sie. Kommt er runter, Gretta?

Gabriel hörte seine Frau ja sagen und sah sie die Treppe herab auf sie zukommen. Einige Schritte hinter ihr kamen Mr. Bartell D'Arcy und Miss O'Callaghan.

– Ach, Mr. D'Arcy, rief Mary Jane, es ist richtig gemein von Ihnen, so abzubrechen, wo wir Ihnen doch gerade verzückt zugehört haben.

– Ich habe ihm den ganzen Abend über zugesetzt, sagte Miss O'Callaghan, und Mrs. Conroy auch, aber er hat gesagt, er hat eine fürchterliche Erkältung und kann nicht singen.

– Ach, Mr. D'Arcy, sagte Tante Kate, da haben Sie aber ganz schön geflunkert.

– Merken Sie denn nicht, daß ich krächze wie ein Rabe? sagte Mr. D'Arcy schroff.

Er ging schnell in die Kammer und zog sich den Mantel an. Die anderen, verblüfft über seine groben Worte, wußten nicht, was sie sagen sollten. Tante Kate runzelte die Stirn und bedeutete den anderen durch Zeichen, das Thema fallenzulassen. Mr. D'Arcy in der Kammer umwickelte sorgfältig seinen Hals und sah finster drein.

– Es ist das Wetter, sagte Tante Julia nach einer Pause.

– Ja, alle sind erkältet, sagte Tante Kate bereitwillig, alle.

– Es heißt, sagte Mary Jane, daß wir seit dreißig Jahren nicht mehr solchen Schnee gehabt haben; und heute früh habe ich in der Zeitung gelesen, daß es Schneefall in ganz Irland gibt.

– Ich sehe Schnee so gern, sagte Tante Julia wehmütig.

– Ich auch, sagte Miss O'Callaghan. Ich finde, Weihnachten ist nie Weihnachten, wenn kein Schnee liegt.

– Aber der arme Mr. D'Arcy hat nichts für Schnee übrig, sagte Tante Kate lächelnd.

Mr. D'Arcy kam fertig eingemummt und zugeknöpft aus der Kammer und erzählte ihnen in reuigem Ton die Geschichte seiner Erkältung. Alle gaben ihm

Ratschläge und sagten, es sei jammerschade, und drangen in ihn, mit seiner Kehle in der Nachtluft ja vorsichtig zu sein. Gabriel beobachtete seine Frau, die sich an dem Gespräch nicht beteiligte. Sie stand unmittelbar unter der staubigen Lünette, und die Gasflamme beleuchtete die satte Bronze ihres Haares, das er sie einige Tage zuvor am Feuer hatte trocknen sehen. Ihre Haltung war immer noch die gleiche, und sie schien der Unterhaltung um sich herum nicht gewahr zu sein. Schließlich wandte sie sich zu ihnen um, und Gabriel sah, daß auf ihren Wangen Farbe war und daß ihre Augen glänzten. Eine jähe Freudenflut sprang in seinem Herzen auf.

– Mr. D'Arcy, sagte sie, wie heißt das Lied, das Sie gesungen haben?

– Es heißt *Die Dirn von Aughrim*, sagte Mr. D'Arcy, aber es war mir nicht mehr richtig gegenwärtig. Wieso? Kennen Sie es?

– *Die Dirn von Aughrim*, wiederholte sie. Ich konnte mich nicht an den Titel erinnern.

– Es ist ein sehr hübsches Lied, sagte Mary Jane. Ich finde es schade, daß Sie heute abend nicht bei Stimme waren.

– Bitte, Mary Jane, sagte Tante Kate, belästige Mr. D'Arcy nicht. Ich will nicht, daß er belästigt wird.

Da sie sah, daß alle aufbruchsbereit waren, brachte sie sie an die Tür, wo man sich gute Nacht wünschte:

– Also gute Nacht, Tante Kate, und vielen Dank für den schönen Abend.

– Gute Nacht, Gabriel. Gute Nacht, Gretta!

– Gute Nacht, Tante Kate, und vielen vielen Dank. Gute Nacht, Tante Julia.

– Ach, gute Nacht, Gretta, ich hatte dich gar nicht gesehen.
– Gute Nacht, Mr. D'Arcy. Gute Nacht, Miss O'Callaghan.
– Gute Nacht, Miss Morkan.
– Nochmals gute Nacht.
– Gute Nacht allerseits. Gute Heimfahrt.
– Gute Nacht. Gute Nacht.

Der Morgen war noch dunkel. Ein stumpfes gelbes Licht brütete über den Häusern und dem Fluß; und der Himmel schien herabzusinken. Der Boden war matschig; und auf den Dächern, auf der Quay-Mauer und den Unterhofgittern lag nur streifen- und batzenweise Schnee. Die Lampen brannten noch rot in der dunkel verhangenen Luft, und jenseits des Flusses hob sich der Palast der Four Courts drohend von dem schweren Himmel ab.

Sie ging vor ihm her mit Mr. Bartell D'Arcy, ihre Schuhe in einem braunen Paket unter einen Arm geklemmt, und ihre Hände rafften ihren Rock vor dem Matsch hoch. Die Anmut ihrer Haltung war dahin, doch Gabriels Augen glänzten noch immer vor Glück. Das Blut jagte hämmernd durch seine Adern; und ein Aufruhr von Gedanken ging ihm durch den Kopf, stolz, freudig, zärtlich, beherzt.

Sie ging vor ihm her, so leicht und so aufrecht, daß es ihn verlangte, ihr lautlos nachzulaufen, sie an den Schultern zu fassen und ihr etwas Törichtes und Liebevolles ins Ohr zu sagen. Sie schien ihm so zerbrechlich, daß es ihn verlangte, sie gegen irgend etwas zu verteidigen und dann mit ihr allein zu sein. Augenblicke ihres geheimen gemeinsamen Lebens barsten wie

Sterne in seiner Erinnerung. Ein heliotropfarbener Briefumschlag lag neben seiner Frühstückstasse, und er streichelte ihn mit der Hand. Vögel zwitscherten im Efeu, und das sonnige Gewebe des Fenstervorhangs schimmerte auf dem Boden: er konnte nichts essen vor Glück. Sie standen auf dem vollen Bahnsteig, und er steckte ihr ein Billett in das warme Innere ihres Handschuhs. Er stand mit ihr in der Kälte, und sie schauten durch ein vergittertes Fenster einem Mann zu, der in einem dröhnenden Ofen Flaschen blies. Es war sehr kalt. Ihr Gesicht, duftend in der kalten Luft, war dem seinen ganz nah; und plötzlich rief sie dem Mann am Ofen zu:

– Ist das Feuer heiß, Sir?

Doch der Mann konnte sie bei dem Lärm des Ofens nicht hören. Es machte nichts. Vielleicht hätte er eine grobe Antwort gegeben.

Eine Woge noch zärtlicherer Freude entsprang seinem Herzen und schoß in warmer Flut durch seine Arterien. Wie das zärtliche Licht von Sternen leuchteten Augenblicke ihres gemeinsamen Lebens, von denen niemand wußte noch jemals wissen würde, in seiner Erinnerung auf und illuminierten sie. Es verlangte ihn, ihr diese Augenblicke ins Gedächtnis zu rufen, sie die Jahre ihres stumpfen gemeinsamen Lebens vergessen zu machen und sie sich nur an ihre Augenblicke der Ekstase erinnern zu lassen. Denn die Jahre, fühlte er, hatten seine und ihre Seele nicht ausgelöscht. Ihre Kinder, seine Schriftstellerei, ihre Haushaltssorgen hatten das zärtliche Feuer ihrer Seelen nicht ganz ausgelöscht. In einem Brief, den er ihr damals geschrieben hatte, hieß es: *Wie kommt es, daß*

Worte wie diese mir so stumpf und kalt erscheinen? Liegt es daran, daß es kein Wort gibt, welches zärtlich genug wäre, Dein Name zu sein?

Wie ferne Musik wurden ihm diese Worte, die er Jahre zuvor niedergeschrieben hatte, aus der Vergangenheit zugetragen. Es verlangte ihn, mit ihr allein zu sein. Wenn die anderen gegangen wären, wenn er und sie in ihrem Zimmer im Hotel wären, dann würden sie miteinander allein sein. Er würde ihr leise zurufen:

– Gretta!

Vielleicht würde sie nicht sogleich hören: sie würde beim Ausziehen sein. Dann würde etwas in seiner Stimme ihre Aufmerksamkeit erregen. Sie würde sich umwenden und ihn ansehen ...

An der Ecke Winetavern Street trafen sie auf eine Droschke. Er war froh über ihr Geratter, denn es ersparte ihm die Unterhaltung. Sie blickte aus dem Fenster und schien müde. Die anderen sprachen nur wenige Worte und zeigten bald auf ein Gebäude, bald auf eine Straße. Das Pferd galoppierte träge unter dem dunkel verhangenen Morgenhimmel dahin, zog seinen alten ratternden Karren hinter seinen Hufen her, und wieder war Gabriel in einer Droschke mit ihr, die dem Fährschiff, die ihren Flitterwochen entgegengaloppierte.

Als die Droschke über die O'Connell Bridge fuhr, sagte Miss O'Callaghan:

– Es heißt, man kann nicht über die O'Connell Bridge fahren, ohne ein weißes Pferd zu sehen.

– Diesmal sehe ich einen weißen Mann, sagte Gabriel.

– Wo? fragte Mr. Bartell D'Arcy.

Gabriel zeigte auf das Denkmal, auf dem Schneebatzen lagen. Dann nickte er ihm familiär zu und winkte mit der Hand.

– Gute Nacht, Dan, sagte er fröhlich.

Als die Droschke vor dem Hotel hielt, sprang Gabriel hinaus und bezahlte den Kutscher, Mr. Bartell D'Arcys Einspruch zum Trotz. Er gab dem Mann einen Shilling über den Fahrpreis. Der Mann grüßte und sagte:

– Ein glückliches Neues Jahr, Sir.

– Ihnen auch, sagte Gabriel herzlich.

Sie lehnte sich einen Augenblick auf seinen Arm, als sie aus der Droschke stieg und während sie am Bordstein stand und den anderen gute Nacht wünschte. Sie lehnte sich ganz leicht auf seinen Arm, so leicht wie einige Stunden zuvor, als sie mit ihm getanzt hatte. Er hatte sich da stolz und glücklich gefühlt, glücklich, daß sie ihm gehörte, stolz auf ihre Anmut und ihr frauliches Wesen. Doch jetzt, nachdem so viele Erinnerungen in ihm von neuem entzündet waren, durchfuhr ihn bei der ersten Berührung ihres Körpers, wie Musik und sonderbar und duftend, ein stechender Schmerz der Begier. Im Schutz ihres Schweigens drückte er ihren Arm fest an sich; und als sie an der Hoteltür standen, hatte er das Gefühl, daß sie ihrem Leben und ihren Pflichten entkommen waren, entkommen ihrem Heim und ihren Freunden, daß sie mit wilden und widerstrahlenden Herzen zu einem neuen Abenteuer davongelaufen waren.

Ein alter Mann döste auf einem großen Nachtwächterstuhl in der Halle. Er zündete in der Loge eine Kerze an und ging ihnen voran zur Treppe. Sie folgten ihm schweigend, und die mit dicken Teppichen belegten Treppen dämpften ihre Tritte. Sie stieg hinter dem Portier die Treppe hinauf, den Kopf vom Steigen gebeugt, die zerbrechlichen Schultern wie unter einer Last gekrümmt, den Rock eng gerafft. Er hätte die Arme um ihre Hüften schlingen und sie festhalten mögen, denn seine Arme zitterten vor Verlangen, sie zu packen, und nur, indem er seine Nägel in die Handflächen krallte, hielt er den wilden Impuls seines Körpers in Schach. Der Portier blieb auf der Treppe stehen, um seine tropfende Kerze zu richten. Auch sie blieben auf den Stufen unter ihm stehen. In der Stille konnte Gabriel das geschmolzene Wachs auf den Teller fallen und das eigene Herz gegen die Rippen hämmern hören.

Der Portier führte sie einen Korridor entlang und öffnete eine Tür. Dann stellte er seine wacklige Kerze auf einen Toilettentisch und fragte, um welche Zeit sie geweckt werden wollten.

– Acht, sagte Gabriel.

Der Portier zeigte auf den elektrischen Lichtschalter und begann eine Entschuldigung zu stammeln, doch Gabriel unterbrach ihn.

– Wir brauchen kein Licht. Von der Straße kommt Licht genug für uns. Und übrigens, fügte er hinzu und zeigte auf die Kerze, dieses hübsche Ding da könnten Sie auch wieder mitnehmen, seien Sie so gut.

Der Portier nahm seine Kerze wieder, aber langsam, denn der ungewohnte Einfall erstaunte ihn. Dann murmelte er gute Nacht und ging hinaus. Gabriel verriegelte die Tür.

Ein langer Streif geisterhaften Lichts von der Straßenlaterne zog sich von einem Fenster zur Tür. Gabriel warf Mantel und Hut auf eine Couch und ging quer durchs Zimmer zum Fenster hinüber. Er schaute auf die Straße hinab, um seine Erregung etwas abklingen zu lassen. Dann drehte er sich um und lehnte sich mit dem Rücken zum Licht an eine Kommode. Sie hatte Hut und Cape abgelegt, stand vor einem großen Drehspiegel und hakte ihr Mieder auf. Gabriel verhielt sich eine Weile still, während er ihr zusah, und sagte dann:

– Gretta!

Sie wandte sich langsam vom Spiegel fort und kam den Lichtstreif entlang auf ihn zu. Ihr Gesicht sah so ernst und abgespannt aus, daß Gabriel die Worte nicht über die Lippen kamen. Nein, es war noch nicht der Augenblick.

– Du sahst müde aus, sagte er.
– Ich bin es auch ein wenig, antwortete sie.
– Du fühlst dich doch nicht krank oder schwach?
– Nein, müde; sonst nichts.

Sie ging weiter zum Fenster, blieb dort stehen und sah hinaus. Gabriel wartete wieder, und dann, da er fürchtete, daß Verzagtheit ihn überkommen würde, sagte er unvermittelt:

– Übrigens, Gretta!
– Was ist?
– Du kennst doch diesen armen Malins? sagte er rasch.
– Ja. Was ist mit ihm?
– Tja, der Arme, er ist doch ein anständiger Kerl, fuhr Gabriel mit verstellter Stimme fort. Er hat mir den Sovereign zurückgegeben, den ich ihm geliehen

hatte, ich hatte wirklich nicht damit gerechnet. Schade, daß er diesem Browne nicht von der Seite gewichen ist, denn im Grund seines Herzens ist er gar kein übler Kerl.

Er zitterte jetzt vor Ärger. Warum wirkte sie so geistesabwesend? Er wußte nicht, wie er beginnen sollte. War auch sie wegen irgendetwas verärgert? Wenn sie sich nur zu ihm hinwenden oder von sich aus zu ihm herüberkommen würde! Sie zu nehmen, wie sie war, wäre brutal. Nein, erst mußte er etwas Feuer in ihren Augen sehen. Es verlangte ihn, Herr ihrer sonderbaren Stimmung zu sein.

– Wann hast du ihm das Pfund geliehen? fragte sie nach einer Weile.

Gabriel bemühte sich, nicht in brutale Worte über den albernen Malins und sein Pfund auszubrechen. Es verlangte ihn, sie aus seiner Seele anzurufen, ihren Körper gegen seinen zu pressen, sie zu überwältigen. Doch er sagte:

– Ach, Weihnachten, als er diesen kleinen Weihnachtskartenladen in der Henry Street aufgemacht hat.

Er befand sich in einem solchen Fieber der Wut und Begierde, daß er nicht hörte, wie sie vom Fenster herbeikam. Sie stand einen kurzen Augenblick vor ihm und sah ihn sonderbar an. Dann reckte sie sich plötzlich auf Zehenspitzen, legte ihre Hände leicht auf seine Schultern und küßte ihn.

– Du bist ein sehr großmütiger Mensch, Gabriel, sagte sie.

Gabriel zitterte vor Freude über ihren plötzlichen Kuß und über die Absonderlichkeit ihres Satzes, legte ihr seine Hände aufs Haar und begann es zurückzustreichen, fast ohne es mit den Fingern zu berühren. Das Waschen hatte es fein und glänzend gemacht. Sein Herz floß über vor Glück. Genau, als er es sich wünschte, war sie von sich aus zu ihm gekommen. Vielleicht waren ihre Gedanken mit den seinen gleichgelaufen. Vielleicht hatte sie das ungestüme Begehren gespürt, das in ihm war, und nun war sie in der Stimmung, nachzugeben. Jetzt, da sie ihm so leicht zugefallen war, fragte er sich, warum er so verzagt gewesen war.

Er stand da und hielt ihren Kopf zwischen seinen Händen. Dann legte er rasch einen Arm um ihren Leib und sagte, während er sie an sich heranzog, sacht:

– Gretta, Liebes, woran denkst du?

Sie antwortete nicht, doch gab sie seinem Arm völlig nach. Er sagte noch einmal sacht:

– Sag mir, woran, Gretta. Ich glaube, ich weiß, was los ist. Weiß ich es?

Sie antwortete nicht gleich. Dann brach sie in Tränen aus und sagte:

– Ach, ich denke an dieses Lied, *Die Dirn von Aughrim.*

Sie riß sich von ihm los, lief zum Bett, warf ihre Arme über die Bettkante und verbarg ihr Gesicht. Gabriel blieb vor Erstaunen einen Augenblick reglos stehen und folgte ihr dann. Als er am Drehspiegel vorbeikam, erblickte er sich selber in ganzer Größe, seine breite, wohlgefüllte Hemdbrust, das Gesicht, dessen Ausdruck ihn immer verwirrte, wenn er ihn in einem Spiegel sah, und seine schimmernde goldgefaßte Brille. Er blieb einige Schritte vor ihr stehen und sagte:

– Was ist mit dem Lied? Warum bringt es dich zum Weinen?

Sie hob den Kopf aus ihren Armen und trocknete wie ein Kind mit dem Handrücken die Augen. Ein freundlicherer Ton, als er beabsichtigt hatte, kam in seine Stimme.

– Warum, Gretta? fragte er.

– Ich denke an jemand von früher, der dieses Lied oft gesungen hat.

– Und wer war dieser Jemand von früher? fragte Gabriel lächelnd.

– Es war jemand, mit dem ich in Galway bekannt war, als ich bei meiner Großmutter wohnte, sagte sie.

Das Lächeln wich aus Gabriels Gesicht. Von neuem sammelte sich dumpfer Zorn verstohlen in ihm, und die dumpfen Feuer seiner Begier begannen zornig in seinen Adern zu glühen.

– Jemand, in den du verliebt warst? fragte er ironisch.

– Es war ein Junge, mit dem ich bekannt war, antwortete sie, er hieß Michael Furey. Er hat dieses Lied oft gesungen, *Die Dirn von Aughrim*. Er war sehr zart.

Gabriel schwieg. Er wollte nicht, daß sie meine, er interessiere sich für diesen zarten Jungen.

– Ich sehe ihn so deutlich vor mir, sagte sie nach einer kurzen Weile. Was hatte er für Augen: große dunkle Augen! Und was für ein Ausdruck war in ihnen – ein Ausdruck!

– Also dann warst du in ihn verliebt? fragte Gabriel.

– Ich bin oft mit ihm spazieren gegangen, sagte sie, als ich in Galway wohnte.

Ein Gedanke schoß Gabriel durch den Kopf.

– Vielleicht wolltest du darum mit diesem Mädchen, mit Miss Ivors, nach Galway fahren? sagte er kalt.

Sie sah ihn an und fragte überrascht:

– Wozu?

Unter ihren Blicken fühlte sich Gabriel verlegen werden. Er zuckte die Achseln und sagte:

– Was weiß ich? Vielleicht um ihn zu sehen.

Sie blickte schweigend von ihm fort den Lichtstreif entlang zum Fenster.

– Er ist tot, sagte sie schließlich. Er starb, als er erst siebzehn war. Ist es nicht furchtbar, so jung zu sterben?

– Was war er? fragte Gabriel, immer noch ironisch.

– Er hat im Gaswerk gearbeitet, sagte sie.

Gabriel fühlte sich gedemütigt durch den Mißerfolg seiner Ironie und durch die Beschwörung dieser Gestalt von den Toten, eines Jungen im Gaswerk. Während er voll gewesen war von Erinnerungen an ihr geheimes gemeinsames Leben, voll von Zärtlichkeit und Freude und Begehren, hatte sie ihn in Gedanken mit einem anderen verglichen. Scham über sich selber überfiel ihn. Er sah sich als eine lächerliche Gestalt, die seinen Tanten wie ein Laufbursche zur Hand ging, einen nervösen wohlmeinenden Sentimentalen, der vulgärem Volk Reden hielt und seine eigenen tolpatschigen Begierden idealisierte, den jämmerlichen einfältigen Kerl, den er im Spiegel einen Moment lang erblickt hatte. Instinktiv drehte er den Rücken mehr zum Licht, damit sie nicht die Scham sähe, die auf seiner Stirn brannte.

Er versuchte, den kalten Verhörston beizubehalten,

doch seine Stimme, als er sprach, war bescheiden und gleichmütig.

– Du warst wohl in diesen Michael Furey verliebt, Gretta, sagte er.

– Ich hab mir damals viel aus ihm gemacht, sagte sie.

Ihre Stimme war verschleiert und traurig. Gabriel, der jetzt merkte, wie vergeblich jeder Versuch wäre, sie dorthin zu führen, wohin er sie hatte führen wollen, streichelte eine ihrer Hände und sagte, gleichfalls traurig:

– Und woran ist er so jung gestorben, Gretta? Schwindsucht, ja?

– Ich glaube, er ist meinetwegen gestorben, antwortete sie.

Ein unbestimmter Schrecken überkam Gabriel bei dieser Antwort, als träte in dieser Stunde, da er zu triumphieren gehofft hatte, ein ungreifbares und rachsüchtiges Wesen gegen ihn auf und sammelte in seiner unbestimmten Welt Kräfte gegen ihn. Doch er machte sich mit einer Anstrengung der Vernunft frei davon, schüttelte es ab und streichelte weiter ihre Hand. Er stellte ihr keine Frage mehr, denn er spürte, daß sie ihm von sich aus erzählen würde. Ihre Hand war warm und feucht: sie reagierte nicht auf seine Berührung, aber er streichelte sie weiter, genau wie er an jenem Frühlingsmorgen ihren ersten Brief an ihn gestreichelt hatte.

– Es war im Winter, sagte sie, etwa am Anfang des Winters, in dem ich von meiner Großmutter wegging und hierher ins Kloster kam. Und zu der Zeit war er krank in seinem Mietszimmer in Galway und durfte nicht hinaus, und seine Angehörigen in Oughterard wurden benachrichtigt. Es ginge mit ihm zu Ende, sagten sie, oder so ähnlich. Ich habe es nie genau gewußt.

Sie hielt für einen Augenblick inne und seufzte.

– Der arme Kerl, sagte sie. Er mochte mich sehr gern, und er war so ein sanfter Junge. Wir gingen oft zusammen spazieren, weißt du, Gabriel, wie man das auf dem Land so macht. Er hätte Gesang studiert, wenn er gesund gewesen wäre. Er hatte eine sehr gute Stimme, der arme Michael Furey.

– Ja und dann? fragte Gabriel.

– Und dann, als es für mich Zeit wurde, aus Galway wegzugehen und hierher ins Kloster zu kommen, ging es ihm viel schlechter, und man ließ mich nicht zu ihm, und so schrieb ich ihm, daß ich nach Dublin fahre und im Sommer zurück wäre und hoffte, es würde ihm dann besser gehen.

Sie hielt einen Augenblick inne, um ihre Stimme wieder in die Gewalt zu bekommen, und fuhr dann fort:

– Dann, am Abend vor meiner Abreise, war ich im Haus meiner Großmutter in Nuns' Island beim Packen, und da hörte ich, wie Steinchen gegen das Fenster geworfen wurden. Das Fenster war so naß, daß ich nichts sehen konnte, darum rannte ich so, wie ich war, nach unten und schlüpfte durch die Hintertür in den Garten hinaus, und da stand der arme Kerl hinten im Garten und zitterte vor Kälte.

– Und hast du ihn denn nicht nach Hause geschickt? fragte Gabriel.

– Ich flehte ihn an, sofort nach Hause zu gehen, und sagte ihm, er würde sich im Regen den Tod holen.

Aber er sagte, er wolle gar nicht leben. Ich sehe seine Augen ganz, ganz deutlich vor mir! Er stand am Ende der Mauer, wo ein Baum war.

– Und ist er nach Hause gegangen? fragte Gabriel.

– Ja, er ist nach Hause gegangen. Und als ich grade eine Woche im Kloster war, starb er und wurde in Oughterard begraben, wo seine Familie herkam. Ach, der Tag, an dem ich das hörte, daß er tot war!

Sie brach ab, da Weinen ihr die Kehle zuschnürte, und überwältigt von Gefühlen warf sie sich mit dem Gesicht nach unten auf das Bett und schluchzte in die Bettdecke hinein. Gabriel hielt ihre Hand unentschlossen noch einen Augenblick länger, und dann, da er sich scheute, in ihren Schmerz einzudringen, ließ er sie sanft fallen und ging leise zum Fenster.

Sie schlief fest.

Gabriel, auf den Ellbogen gestützt, schaute für eine kurze Weile ohne Groll auf ihr wirres Haar und ihren halboffenen Mund und lauschte ihren tiefen Atemzügen. Diese Romanze also hatte es in ihrem Leben gegeben: ein Mann war um ihretwillen gestorben. Es verursachte ihm jetzt kaum noch Schmerz, daran zu denken, eine wie armselige Rolle er, ihr Mann, in ihrem Leben gespielt hatte. Er betrachtete sie im Schlaf, als hätten er und sie niemals als Mann und Frau zusammengelebt. Seine wißbegierigen Augen ruhten auf ihrem Gesicht und auf ihrem Haar: und als er sich vorstellte, wie sie damals gewesen sein mußte, in jener Zeit ihrer ersten mädchenhaften Schönheit, zog ein sonderbares freundliches Mitleid mit ihr in seine Seele ein. Er gestand nicht einmal sich selbst gerne ein, daß ihr Gesicht nicht mehr schön war, doch er wußte, daß dies nicht mehr das Gesicht war, für das Michael Furey dem Tode getrotzt hatte.

Vielleicht hatte sie ihm nicht die ganze Geschichte erzählt. Seine Augen wanderten zu dem Stuhl, über den sie einige ihrer Kleider geworfen hatte. Vom Unterrock baumelte ein Band auf den Boden. Ein Stiefel stand aufrecht, sein schlaffes Oberteil war umgefallen: sein Kamerad lag auf der Seite. Er wunderte sich über den Aufruhr seiner Gefühle eine Stunde zuvor. Wovon war er ausgegangen? Vom Abendessen bei seinen Tanten, von seiner eigenen törichten Rede, von dem Wein und dem Tanz, der Ausgelassenheit, mit der man sich im Flur gute Nacht gesagt hatte, dem Vergnügen des Spaziergangs den Fluß entlang im Schnee. Die arme Tante Julia! Auch sie wäre bald ein Schatten mit dem Schatten Patrick Morkans und seines Pferds. Er hatte für einen Augenblick den eingefallenen Ausdruck ihres Gesichtes bemerkt, als sie *Bräutlich geschmückt* gesungen hatte. Bald, vielleicht, würde er im nämlichen Salon sitzen, in Schwarz gekleidet, den Zylinder auf den Knien. Die Rouleaus wären herabgezogen, und Tante Kate würde neben ihm sitzen, würde weinen und die Nase schneuzen und ihm erzählen, wie Julia gestorben war. Er würde im Geist nach ein paar Worten suchen, die sie trösten könnten, und würde nur lahme und nutzlose finden. Ja, ja: sehr bald schon käme es so.

Die Luft im Zimmer ließ ihn an den Schultern frösteln. Er streckte sich vorsichtig unter die Bettücher und legte sich neben seine Frau. Einer nach dem anderen wurden sie alle zu Schatten. Es war besser, kühn in jene andere Welt hinüberzugehen, in der ganzen Glorie einer Leidenschaft, als kläglich vor Alter zu schwinden und zu verwelken. Er dachte daran, wie sie, die neben ihm lag, so viele Jahre lang das Bild der Augen ihres Liebhabers in ihrem Herzen verschlossen hatte, als er ihr gesagt hatte, daß er nicht mehr leben wolle.

Großmütige Tränen füllten Gabriels Augen. Er hatte keiner Frau gegenüber je Ähnliches empfunden, aber er wußte, daß solch ein Gefühl Liebe sein mußte. Die Tränen strömten ihm dichter in die Augen, und in der teilweisen Dunkelheit glaubte er die Gestalt eines jungen Mannes unter einem triefenden Baum zu sehen. Andere Umrisse waren nahe. Seine Seele hatte sich jener Region genähert, wo die unermeßlichen Heerscharen der Toten ihre Wohnung haben. Er war sich ihrer unsteten und flackernden Existenz bewußt, aber er konnte sie nicht fassen. Seine eigene Identität entschwand in eine graue ungreifbare Welt: die kompakte Welt selbst, die sich diese Toten einstmals erbaut und in der sie gelebt hatten, löste sich auf und verging.

Es pochte ein paarmal leise an die Scheibe, und er wandte sich zum Fenster um. Es hatte wieder zu schneien begonnen. Er beobachtete schläfrig die Flocken, silbern und dunkel, die schräg zum Lampenlicht fielen. Die Zeit war für ihn gekommen, seine Reise gen Westen anzutreten. Ja, die Zeitungen hatten recht: Schneefall in ganz Irland. Schnee fiel überall auf die dunkle Zentralebene, auf die baumlosen Hügel, fiel sacht auf den Bog of Allen, und, weiter gen Westen, fiel er sacht in die dunklen aufrührerischen Wellen des Shannon. Er fiel auch überall auf den einsamen Friedhof oben auf dem Hügel, wo Michael Furey begraben lag. Er lag in dichten Wehen auf den krummen Kreuzen und Grabsteinen, auf den Speeren des kleinen Tors, auf den welken Dornen. Langsam schwand seine Seele, während er den Schnee still durch das All fallen hörte, und still fiel er, der Herabkunft ihrer letzten Stunde gleich, auf alle Lebenden und Toten.

Das Weihnachtsmahl

EIN GROSSES FEUER, hoch aufgeschichtet und rot, flammte im Kamin, und unter den efeuumwundenen Armen des Leuchters war die Weihnachtstafel gedeckt. Sie waren ein wenig spät nach Hause gekommen und doch war das Mahl noch nicht fertig: aber es wäre im Nu fertig, hatte seine Mutter gesagt. Sie warteten, daß die Tür aufging und die Mädchen die großen, mit schweren Metalldeckeln zugedeckten Platten hereintrugen.

Alle warteten: Onkel Charles, der weit abseits im Schatten des Fensters saß, Dante und Mr. Casey, die in den Lehnstühlen links und rechts vom Feuer saßen, Stephen zwischen ihnen auf einem Stuhl, die Füße auf das Fußbänkchen mit den Ohren gestreckt. Mr. Dedalus betrachtete sich in dem Wandspiegel über dem Sims, zwirbelte seine Schnurrbartspitzen und stand dann, die Rockschöße zerteilend, mit dem Rücken zum glühenden Feuer: und immer wieder nahm er von Zeit zu Zeit eine Hand von dem Rockschoß, um eine der Schnurrbartspitzen zu zwirbeln. Mr. Casey legte den Kopf auf die Seite und klopfte lächelnd mit den Fingern auf seine Halsdrüse. Und Stephen lächelte auch, denn er wußte jetzt, daß es nicht wahr war, daß Mr. Casey eine Silberbörse in der Kehle hatte. Er lächelte, als er daran dachte, wie das silberhelle Geräusch, das Mr. Casey immer machte, ihn getäuscht hatte. Und als er versucht hatte, Mr. Caseys Hand aufzumachen, um nachzusehen, ob die Silberbörse dort versteckt wäre, hatte er gesehen, daß sich die Finger nicht gerade strecken ließen: und Mr. Casey hatte ihm gesagt, er hätte diese drei verkrümmten Finger gekriegt, als er für die Königin Viktoria ein Geburtstagsgeschenk gemacht habe.

Mr. Casey klopfte auf seine Halsdrüse und lächelte mit schläfrigen Augen Stephen an: und Mr. Dedalus sagte zu ihm:

– Ja. So ist das nun einmal. Wir haben doch einen schönen Spaziergang gemacht, was, John? Ja... Ich wüßte nur gerne, ob wir heute abend doch noch etwas zu essen kriegen. Ja... Na, wir haben doch eine schöne Brise Ozon am Head heute abgekriegt. Wahr und wahrhaftig.

Er wandte sich zu Dante und sagte:

– Sie haben sich überhaupt nicht bewegt, Mrs. Riordan?

Dante runzelte die Stirn und sagte kurz:

– Nein.

Mr. Dedalus ließ die Rockschöße los und ging zur Kredenz hinüber. Er holte einen großen Steinkrug Whisky aus der Tür und füllte langsam die Karaffe, wobei er sich dann und wann niederbeugte, um zu sehen, wieviel er hineingegossen hatte. Dann stellte er den Krug in die Tür zurück und goß ein wenig von dem Whisky in zwei Gläser, tat ein wenig Wasser hinzu und kam mit ihnen wieder zum Kamin.

– Ein Fingerhut, John, sagte er, nur zum Appetitanregen.

Mr. Casey nahm das Glas, trank und stellte es neben sich auf den Sims. Dann sagte er:

– Dabei fällt mir unser Freund Christopher ein, wie er diesen Schampus ...

Er bekam einen Lach- und Hustenanfall und fuhr fort:

– ... den Schampus für diese Brüder herstellt.

Mr. Dedalus lachte laut.

– Der Christy? sagte er. In einer einzigen Warze auf seiner Glatze ist der gerissener als ein ganzes Rudel Füchse zusammengenommen.

Er neigte den Kopf, schloß die Augen und begann, sich die Lippen ausgiebig leckend, mit der Stimme des Hoteliers zu sprechen.

– Und er hat ein solches Honigmündchen, wenn er mit dir spricht, nicht wahr nicht. Und so naß und wäßrig ist er um die Wamme, Gott sei ihm gnädig.

Mr. Casey kämpfte immer noch mit seinem Husten- und Lachanfall. Stephen, der den Hotelier durch Gesicht und Stimme seines Vaters hindurchsah und hörte, lachte.

Mr. Dedalus klemmte sein Augenglas ein, schaute zu ihm herunter und sagte ruhig und freundlich:

– Worüber lachst du denn, du junge Brut du?

Die Mädchen traten herein und stellten die Platten auf den Tisch. Mrs. Dedalus kam hinterher und die Plätze wurden verteilt.

– Nehmt Platz, sagte sie.

Mr. Dedalus ging zum Kopfende der Tafel und sagte:

– Nehmen Sie doch Platz, Mrs. Riordan. John, setz dich, mein Lieber.

Er schaute hinüber, wo Onkel Charles saß, und sagte:

– Na denn, Sir, hier ist ein Vögelchen, das auf euch wartet.

Als alle sich gesetzt hatten, legte er seine Hand auf den Deckel und sagte dann rasch, indem er sie wieder zurückzog:

– Nun, Stephen.

Stephen stand auf, wo er saß, um das Tischgebet zu sprechen:

Segne, o Herr, uns und diese Deine Gaben, die wir von Deiner Güte empfangen werden, durch Christus, unsern Herrn. Amen.

Alle bekreuzigten sich und Mr. Dedalus hob mit vergnüglichem Seufzen von der Platte den schweren Deckel, um dessen Rand herum glänzende Tropfen perlten.

Stephen schaute auf den feinsten Puter, der, geschnürt und gespeilert, auf dem Küchentisch gelegen hatte. Er wußte, daß sein Vater bei Dunn in D'Olier Street eine Guinee dafür bezahlt hatte und daß der Mann ihn oft aufs Brustbein gepiekt hatte, um zu zeigen, wie gut er wäre: und er erinnerte sich an die Stimme des Mannes, als er gesagt hatte:

– Nehmen Sie den, Sir. Der ist bongfortionös.

Warum nannte Mr. Barrett in Clongowes seinen Bakel einen Puter? Aber Clongowes war weit weg: und der warme schwere Geruch nach Puter und Schinken und Sellerie stieg von den Tellern und Platten auf und das große Feuer war hoch aufgeschichtet und rot im Kamin und der grüne Efeu und die roten Stechpalmen machten einen so glücklich und wenn das Mahl zu Ende wäre, käme der große Plumpudding herein, mit geschälten Mandeln und Stechpalmenreisern besteckt, mit bläulichem Feuer, das um ihn herumlief, und einem kleinen grünen Fähnchen, das von der Spitze wehte.

Es war sein erstes Weihnachtsmahl und er dachte an seine kleinen Brüder und Schwestern, die im Kinderzimmer warteten, wie er so oft gewartet hatte, daß der Pudding käme. In dem breiten flachen Kragen und dem Eton-Jacket fühlte er sich komisch und ältlich: und als diesen Morgen seine Mutter mit ihm ins Wohnzimmer hinuntergekommen war, angezogen für die Messe, hatte sein Vater geweint. Das war darum, weil er an seinen eigenen Vater dachte. Und Onkel Charles hatte das auch gesagt.

Mr. Dedalus deckte die Platte zu und begann hungrig zu essen. Dann sagte er:

– Der arme Christy, vor lauter Gaunereien kriegt der bald das Übergewicht.

– Simon, sagte Mrs. Dedalus, du hast Mrs. Riordan keine Sauce gegeben.

Mr. Dedalus ergriff die Sauciere.

– Hab ich das nicht? rief er. Mrs. Riordan, Erbarmen mit einem armen Blinden.

Dante bedeckte ihren Teller mit den Händen und sagte:

– Nein, danke.

Mr. Dedalus wandte sich zu Onkel Charles.

– Wie bist du gefahren, Sir?

– Sicher wie die Post, Simon.

– Du, John?

– Ich hab alles. Nimm dir nur selbst.

– Mary? Hier, Stephen, hier hast du was, da stehn dir die Haare zu Berge.

Er goß reichlich Sauce über Stephens Teller und setzte die Sauciere wieder auf den Tisch. Dann fragte er Onkel Charles, ob es zart wäre. Onkel Charles konnte nicht sprechen, weil sein Mund voll war, aber er nickte: ja.

– Das war doch eine gute Antwort, die unser Freund da dem Kanonikus gegeben hat. Was? sagte Mr. Dedalus.

– Ich hätte nie gedacht, daß er den Mumm hat, sagte Mr. Casey.

– *Ich gebe euch, was euch gebührt, Pater, wenn ihr aufhört, das Haus Gottes in ein Wahllokal zu verwandeln.*

– Eine schöne Antwort, sagte Dante, von einem, der katholisch sein will, seinem Priester gegenüber.

– Da sind sie ganz allein daran schuld, sagte Mr. Dedalus milde. Wenn sie auf den Rat eines Narren hörten, würden sie ihre Bemühungen auf die Religion beschränken.

– Es ist Religion, sagte Dante. Sie tuen ihre Pflicht, wenn sie das Volk warnen.

– Wir gehen ins Gotteshaus, sagte Mr. Casey, in aller Demut, um zu unserem Schöpfer zu beten und nicht um uns Wahlreden anzuhören.

– Es ist Religion, sagte Dante wieder. Sie haben recht. Sie müssen ihre Herde leiten.

– Und dabei vom Altar herunter Politik predigen, ja? fragte Mr. Dedalus.

– Doch freilich, sagte Dante. Das ist eine Frage der allgemeinen Moral. Ein Priester wäre kein Priester, wenn er seiner Herde nicht sagen würde, was recht ist und was unrecht.

Mrs. Dedalus legte Messer und Gabel hin und sagte:
— Um alles und nochmal alles in der Welt, wir wollen uns doch nicht ausgerechnet an diesem einen Tag im Jahr um die Politik streiten.

— Ganz recht, meine Verehrte, sagte Onkel Charles. Nun, Simon, es ist jetzt wirklich genug. Kein Wort jetzt mehr darüber.

— Ja, ja, sagte Mr. Dedalus rasch.

Beherzt deckte er die Platte auf und sagte:

— Na denn, wer will noch etwas Puter?

Keiner antwortete. Dante sagte:

— Schöne Ausdrucksweise für einen Katholiken!

— Mrs. Riordan, ich bitte Sie inständig, sagte Mrs. Dedalus, hören Sie doch jetzt auf damit.

Dante kehrte sich gegen sie und sagte:

— Und soll ich hier sitzen und mir anhören, wie die Oberhirten meiner Kirche gehöhnt werden?

— Keiner sagt auch nur ein Wort gegen sie, sagte Mr. Dedalus, solange sie sich nicht in die Politik dreinmischen.

— Die Bischöfe und Priester Irlands haben gesprochen, sagte Dante, und ihnen ist zu gehorchen.

— Sie sollen die Politik sein lassen, sagte Mr. Casey, sonst läßt das Volk vielleicht einmal ihre Kirche sein.

— Hören Sie das? sagte Dante zu Mrs. Dedalus gewandt.

— Mr. Casey! Simon! sagte Mrs. Dedalus. Es ist genug jetzt.

— Schlimm! Schlimm! sagte Onkel Charles.

— Was? rief Mr. Dedalus. Hätten wir ihn im Stich lassen sollen, auf Geheiß des englischen Volkes?

– Er war nicht länger würdig, Führer zu sein, sagte Dante. Er war ein Sünder vor aller Augen.

– Wir sind alle Sünder und schwere Sünder, sagte Mr. Casey kalt.

– *Weh dem Menschen, durch den das Ärgernis kommt!* sagte Mrs. Riordan. *Besser wäre es dem, daß ein Mühlstein an seinen Hals gehängt und er in die Tiefe des Meeres versenkt würde, als daß er einem von diesen Kleinen Ärgernis gebe.* Das ist die Sprache des Heiligen Geistes.

– Und eine sehr schlechte Sprache, wenn Sie mich fragen, sagte Mr. Dedalus kühl.

– Simon! Simon! sagte Onkel Charles. Der Junge.

– Ja, ja, sagte Mr. Dedalus. Ich habe gemeint die ... Ich dachte da grade an die schlechte Sprache dieses Gepäckträgers. Nun ja, so ist das nun einmal. Hier, Stephen, reich mir mal deinen Teller, alter Freund. Iß nur ordentlich. Hier.

Er häufte das Essen auf Stephens Teller und legte Onkel Charles und Mr. Casey große Stücke Puter vor und schwemmte Sauce darüber. Mrs. Dedalus aß wenig und Dante saß mit den Händen im Schoß da. Sie war rot im Gesicht. Mr. Dedalus wühlte mit dem Tranchierbesteck an einem Ende der Platte und sagte:

– Hier habe ich ein leckeres Stückchen: des Papstes Nase, *vulgo* der Bürzel. Wenn einer der Herrschaften ...

Er hielt ein Stück Geflügel am Zinken der Tranchiergabel hoch. Keiner sprach. Er legte es auf seinen eigenen Teller und sagte:

– Nun, ihr könnt nachher nicht sagen, daß ihr nicht gefragt worden seid. Ich esse es wohl lieber selber, denn mit meiner Gesundheit stand es letzthin nicht zum besten.

Er zwinkerte Stephen zu und begann erneut zu essen, nachdem er den Deckel wieder auf die Platte gelegt hatte.

Es war still, während er aß. Dann sagte er:

— Na denn, das Wetter hat sich heute ja doch noch gehalten. Es waren außerdem viele Fremde herunten.

Keiner sprach. Er sagte wieder:

— Ich glaube, es waren mehr Fremde herunten als letzte Weihnachten.

Er blickte in die Runde der anderen, deren Gesichter den Tellern zugekehrt waren, und da er keine Antwort bekam, wartete er einen Augenblick und sagte bitter:

— Nun, mein Weihnachtsmahl ist mir jedenfalls verdorben.

— Es konnte nicht Glück noch Gnade sein, sagte Dante, in einem Haus, wo es an Achtung vor den Oberhirten der Kirche gebricht.

Mr. Dedalus warf Messer und Gabel geräuschvoll auf seinen Teller.

— Achtung! sagte er. Vor Billy mit der Lippe etwa oder vor dem Fettwanst oben in Armagh? Achtung!

— Kirchenfürsten, sagte Mr. Casey mit gedehntem Hohn.

— Lord Leitrims Kutscher, ja, sagte Mr. Dedalus.

— Es sind die Gesalbten des Herrn, sagte Dante. Sie sind der Stolz ihres Vaterlandes.

— Fettwanst, sagte Mr. Dedalus derb. Er hat 'n hübsches Gesicht, wenn er schläft, immerhin. Den Burschen müßtet ihr mal sehn, wie er an 'nem kalten Wintertag sein Kohlgemüse mit Speck runterschlürft. Liebe Zeit!

Er verdrehte sein Gesicht zu einer ausgesprochen tierischen Grimasse und machte ein Schlürfgeräusch mit den Lippen.

– Wirklich, Simon, sagte Mrs. Dedalus, so darfst du nicht vor Stephen sprechen. Es ist nicht recht.

– O, er wird sich an all das erinnern, wenn er groß ist, sagte Dante hitzig – die Sprache, die er gegen Gott und die Religion und die Priester in seinem eigenen Elternhaus hören mußte.

– Dann soll er sich auch erinnern, rief Mr. Casey ihr quer über den Tisch zu, mit welcher Sprache die Priester und ihre Helfershelfer Parnell das Herz gebrochen und ihn in sein Grab gehetzt haben. Dann soll er sich auch daran erinnern, wenn er groß ist.

– Hurengezücht! rief Mr. Dedalus. Als er am Boden lag, hat sich die Meute auf ihn gestürzt und ihn verraten und zerrissen wie Ratten in der Gosse. Niederträchtige Hunde! Und man siehts ihnen an! Bei Gott, man siehts ihnen an!

– Sie haben recht gehandelt, rief Dante. Sie haben ihren Bischöfen und Priestern gehorcht. Ehr und Preis gebührt ihnen!

– Es ist doch wirklich fürchterlich, daß nicht ein einziger Tag im Jahr, sagte Mrs. Dedalus, ohne diese fürchterlichen Dispute vergeht!

Onkel Charles hob seine Hände sanft und sagte:

– Kommt doch, kommt doch, kommt doch! Können wir nicht unsere Meinung sagen, egal wie sie ist, aber ohne diese schlimmen Ausbrüche und diese schlimme Sprache? Eine schlimme Geschichte, wahrhaftig.

Mrs. Dedalus redete leise auf Dante ein, aber Dante sagte laut:

– Ich will nicht aufhören. Ich will meine Kirche und meine Religion verteidigen, wenn sie von abtrünnigen Katholiken beleidigt und bespuckt werden.

Mr. Casey stieß seinen Teller rüd in die Mitte der Tafel und sagte, die Ellbogen vor sich aufgestützt, mit leiser Stimme zu seinem Gastgeber:

– Sag mal, hab ich dir eigentlich diese berühmte Spuckgeschichte erzählt?

– Das hast du nicht, John, sagte Mr. Dedalus.

– Nun, sagte Mr. Casey, es ist eine äußerst lehrreiche Geschichte. Sie passierte vor noch nicht langer Zeit in der Grafschaft Wicklow, hier bei uns.

Er brach ab und sagte, zu Dante gewandt, mit leisem Unmut:

– Und ich darf Ihnen sagen, gnä' Frau, daß ich, wenn Sie mich meinen, kein abtrünniger Katholik bin. Ich bin ein Katholik wie mein Vater einer war und sein Vater vor ihm und sein Vater wieder vor ihm und wir hätten eher unser Leben hingegeben, als unseren Glauben verkauft.

– Umso schändlicher ist es jetzt, sagte Dante, daß Sie so sprechen.

– Die Geschichte, John, sagte Mr. Dedalus lächelnd. Nun erzähl uns doch schon die Geschichte.

– Katholik, jaha! wiederholte Dante ironisch. Der schwärzeste Protestant im Land würde nicht die Sprache führen, die ich heute abend gehört habe.

Mr. Dedalus schwenkte seinen Kopf von einer Seite auf die andere und summte dazu wie ein Dorfsänger.

– Ich bin kein Protestant, ich sags Ihnen nochmals, sagte Mr. Casey und wurde rot.

Mr. Dedalus, der immer noch summte und den Kopf schwenkte, begann mit brummelnd-näselnder Stimme zu singen:

O kommt all ihr Katholiken,
Die ihr nie zur Messe wart.

Er nahm Messer und Gabel wieder gutgelaunt in die Hände, machte sich ans Weiteressen und sagte zu Mr. Casey:

– Nun erzähl uns die Geschichte, John. Das fördert die Verdauung.

Stephen schaute hingegeben in Mr. Caseys Gesicht, das, über seine verschränkten Hände hinweg, über den Tisch starrte. Er saß gerne in seiner Nähe am Feuer und schaute hoch in sein dunkles grimmiges Gesicht. Aber seine dunklen Augen waren nie grimmig und seiner langsamen Stimme hörte sich's gut zu. Aber warum war er denn gegen die Priester? Dante mußte ja dann recht haben. Aber er hatte seinen Vater sagen hören, sie wäre eine verkrachte Nonne und sei aus dem Kloster in den Alleghany-Bergen weggegangen, als ihr Bruder das Geld von den Wilden für die Kettchen und Glasperlen gekriegt hätte. Vielleicht war sie deshalb so streng gegen Parnell. Und sie hatte es nicht gerne, daß er mit Eileen spielte, denn Eileen war protestantisch, und als sie jung war, kannte sie Kinder, die immer mit Protestanten spielten, und die Protestanten machten sich immer über die Litanei von der Heiligen Jungfrau lustig. *Du Elfenbeinturm*, sagten die immer,

Du goldenes Haus! Wie konnte denn eine Frau ein Elfenbeinturm sein oder ein goldenes Haus? Wer hatte da recht? Und er erinnerte sich an den Abend im Infirmarium in Clongowes, die dunklen Wasser, das Licht am Ende der Mole und das Wehklagen der Menschen, als sie es vernommen hatten.

Eileen hatte lange weiße Hände. Als sie einmal abends Versteck spielten, hatte sie ihm ihre Hände über die Augen gelegt: lang und weiß und dünn und kalt und sanft. Das war Elfenbein: etwas Kaltes Weißes. Das war die Bedeutung von *Elfenbeinturm.*

– Die Geschichte ist sehr kurz und hübsch, sagte Mr. Casey. Es war an einem Tag unten in Arklow, einem bitterkalten Tag, nicht lang bevor der Chief starb. Gott sei ihm gnädig!

Er schloß erschöpft seine Augen und machte eine Pause. Mr. Dedalus griff sich einen Knochen von seinem Teller und riß mit den Zähnen etwas Fleisch davon herunter, wobei er sagte:

– Bevor er umgebracht wurde, meinst du.

Mr. Casey öffnete die Augen, seufzte und fuhr fort:

– Es war unten in Arklow also. Wir hatten da unten eine Versammlung und nach der Versammlung mußten wir uns unseren Weg zum Bahnhof durch die Menge kämpfen. So ein Gebuh und Gebäh, Mann, hast du noch nie gehört. Sie schütteten alle Schimpfnamen der Welt über uns aus. Na und da war eine alte Dame, das war eine betrunkene alte Vettel, kann ich euch sagen, und die hatt es ausschließlich auf mich abgesehn gehabt. Die ganze Zeit ist sie neben mir her getanzt im Dreck und hat mir ins Gesicht gekeift und gekrischen:

Priesterjäger! Der Pariser Fonds! Mr. Fox! Kitty O'Shea!

– Und was hast du gemacht, John? fragte Mr. Dedalus.

– Ich hab sie ruhig keifen lassen, sagte Mr. Casey. Es war ein kalter Tag, und um Leib und Seele zusammenzuhalten hatte ich (mit Verlaub, gnä' Frau) ein Priemchen Tullamore im Mund und hätte sowieso kein Wort sagen können, weil mein Mund voll Tabaksaft war.

– Ja und, John?

– Ja. Ich hab sie nach Herzenslust keifen lassen, *Kitty O'Shea* und was nicht alles, bis sie schließlich diese Dame mit einem Wort beschimpfte, mit dem ich die Weihnachtstafel hier und Ihre Ohren, gnä' Frau, und meine eignen Lippen besudeln würde, wenn ichs wiederholte.

Er machte eine Pause. Mr. Dedalus hob den Kopf von seinem Knochen und fragte:

– Und was hast du gemacht, John?

– Gemacht! sagte Mr. Casey. Sie streckte mir ihr häßliches altes Gesicht entgegen, als sie das sagte, und ich hatte meinen Mund voll Tabaksaft. Ich hab mich runter zu ihr gebeugt und *Phss!* sag ich zu ihr, ganz einfach.

Er wandte sich zur Seite und machte ein Spuckgeräusch.

– *Phss!* sag ich zu ihr, ganz einfach, direkt ihr ins Auge.

Er klatschte sich eine Hand aufs Auge und gab einen heiseren Schmerzensschrei von sich.

O Jesus, Maria und Joseph! sagt die. *Ich bin verblind't! Ich bin verblind't und versäuft!*

Er brach in einem Husten- und Lachanfall ab, wobei er wiederholte:

– *Ich bin ganz verblind't!*

Mr. Dedalus lachte laut und lehnte sich auf seinem Stuhl zurück, während Onkel Charles seinen Kopf von einer Seite auf die andere schwenkte.

Dante schaute schrecklich zornig drein und sagte wiederholt, während die anderen lachten:

– Sehr schön! Ha! Sehr schön!

Das war nicht schön, mit der Spucke ins Auge von der Frau. Aber was war das Wort, mit dem die Frau Kitty O'Shea beschimpft hatte und das Mr. Casey nicht wiederholen wollte? Er stellte sich vor, wie Mr. Casey durch die Menschenmenge ging und von einem offenen Wagen herunter Reden hielt. Deshalb war er im Gefängnis gewesen, und er erinnerte sich, daß Sergeant O'Neill eines Abends ins Haus gekommen war und im Flur gestanden hatte, leise sprach er dabei mit seinem Vater und kaute nervös am Kinnriemen seines Helms. Und an diesem Abend war Mr. Casey nicht mit dem Zug nach Dublin gefahren, sondern es war ein Wagen vor die Tür gekommen und er hatte seinen Vater etwas über die Cabinteely Road sagen hören.

Er war für Irland und Parnell und sein Vater auch: und Dante eigentlich auch, denn eines Abends beim Konzert auf der Esplanade hatte sie einem Herrn ihren Schirm auf den Kopf geschlagen, weil er seinen Hut abgenommen hatte, als die Kapelle am Schluß *God save the Queen* spielte.

Mr. Dedalus schnaubte verächtlich.

– Ach John, sagte er. Es ist ja richtig. Wir sind ein

unglückseliges pfaffengeknechtetes Volk und warens immer und werdens immer sein bis zum bittren Ende.

Onkel Charles schüttelte den Kopf und sagte:

– Eine schlimme Sache! Eine schlimme Sache!

Mr. Dedalus wiederholte:

– Ein pfaffengeknechtetes gottverlassenes Volk!

Er wies auf das Porträt seines Großvaters an der Wand zu seiner Rechten.

– Siehst du den alten Burschen da oben, John? sagte er. Der war schon ein guter Ire, als mit dem Geschäft noch nichts zu verdienen war. Der ist als Whiteboy zum Tode verurteilt worden. Aber er hatte so eine Redensart über unsere Freunde vom Klerus, daß ihm keiner von denen je seine zwei Füße unter seinen Mahagoni stellen würde.

Dante platzte zornig heraus:

– Wenn wir wirklich ein pfaffengeknechtetes Volk sind, können wir stolz darauf sein! Sie sind Gottes Augapfel. *Rührt sie nicht an,* spricht Christus, *denn sie sind Mein Augapfel.*

– Und unser Land dürfen wir wohl nicht lieben? fragte Mr. Casey. Wir sollen dem Mann nicht folgen, der geboren ward, uns zu führen?

– Ein Verräter an seinem Land! erwiderte Dante. Ein Verräter, ein Ehebrecher! Die Priester taten recht daran, ihn fallenzulassen. Die Priester waren stets die wahren Freunde Irlands.

– Ach ja, wahrhaftig? sagte Mr. Casey.

Er knallte die Faust auf den Tisch und streckte, zornig die Stirn runzelnd, einen Finger nach dem andern vor.

– Haben die Bischöfe von Irland uns nicht zur Zeit

der Union verraten, als Bischof Lanigan dem Marquess Cornwallis eine Loyalitätsadresse überreichte? Haben die Bischöfe und Priester nicht 1829 das Sinnen und Trachten ihres Landes verkauft, als Entgelt für katholische Emanzipation? Haben sie nicht die Fenier-Bewegung verurteilt, von der Kanzel herab und im Beichtstuhl? Und haben sie nicht die Asche von Terence Bellew MacManus entehrt?

Sein Gesicht glühte vor Zorn und Stephen spürte, wie ihm das Glühen in die eigenen Wangen stieg, während die gesprochenen Worte ihn schüttelten. Mr. Dedalus gab eine Lache derber Verachtung von sich.

– O, du lieber Gott, rief er, ich habe den kleinen alten Paul Cullen vergessen! Noch ein Augapfel Gottes!

Dante beugte sich über den Tisch und schrie Mr. Casey an:

– Recht! Recht! Sie hatten immer recht! Gott und Sittlichkeit und Religion kommen zuerst.

Mrs. Dedalus, die ihre Erregung sah, sagte zu ihr:

– Mrs. Riordan, regen Sie sich doch nicht auf, wenn Sie denen antworten.

– Gott und Religion kommen zuerst! schrie Dante. Gott und Religion kommen vor der Welt!

Mr. Casey erhob seine geballte Faust und ließ sie mit einem Krach auf den Tisch niedergehen.

– Also gut, brüllte er heiser, wenn es so steht, dann keinen Gott für Irland!

– John! John! rief Mr. Dedalus und packte seinen Gast beim Rockärmel.

Dante starrte über den Tisch, die Wangen bebten ihr. Mr. Casey kämpfte sich von seinem Stuhl hoch und beugte sich zu ihr hin über den Tisch, wobei er die Luft vor seinen Augen wegwischte, als streiche er ein Spinnweb beiseite.

– Dann keinen Gott für Irland! schrie er. Wir haben zu viel Gott in Irland gehabt. Hinweg mit Gott!

– Lästerer! Teufel! kreischte Dante, sprang auf und spuckte ihm fast ins Gesicht.

Onkel Charles und Mr. Dedalus zogen Mr. Casey wieder auf seinen Stuhl und redeten von beiden Seiten aus vernünftig auf ihn ein. Er starrte aus seinen dunklen flammenden Augen vor sich hin und wiederholte:

– Hinweg mit Gott, sage ich!

Dante ruckte ihren Stuhl ungestüm beiseite und ging vom Tisch, wobei sie ihren Serviettenring hinunterwarf, der langsam den Teppich entlangrollte und an einem Sesselbein zur Ruhe kam. Mrs. Dedalus stand rasch auf und folgte ihr zur Tür. An der Tür drehte Dante sich ungestüm um und brüllte, die Wangen gerötet und zuckend vor Wut, ins Zimmer:

– Teufel aus der Hölle! Wir haben gewonnen! Wir haben ihn zertreten! Unhold!

Die Tür knallte hinter ihr zu.

Mr. Casey, der seine Arme von denen, die ihn hielten, befreite, senkte plötzlich schmerzschluchzend den Kopf auf seine Hände.

– Armer Parnell! rief er laut. Mein toter König!

Er schluchzte laut und bitterlich.

Stephen erhob sein erschrecktes Gesicht und sah, daß seines Vaters Augen voller Tränen waren.

Gespräch mit Cranly

– Cranly, ich hab dir gesagt, ich muß mit dir sprechen. Komm mit weg.

Cranly sah ihn einige Augenblicke an und fragte:
– Jetzt?
– Ja, jetzt, sagte Stephen. Hier können wir nicht reden. Komm mit weg.

Sie überquerten zusammen das Geviert ohne zu sprechen. Das Waldvogelmotiv aus dem *Siegfried*, schmelzend gepfiffen, folgte ihnen von den Stufen des Portals. Cranly drehte sich um: und Dixon, der gepfiffen hatte, rief:

– Wo lauft ihr Kerle denn hin? Was wird aus unserer Partie, Cranly?

Sie unterhandelten in Brüllern quer durch die stille Luft wegen einer Partie Billard im Adelphi-Hotel. Stephen ging allein weiter und trat hinaus auf die ruhige Kildare Street. Gegenüber Maple's Hotel stellte er sich hin um zu warten, wieder geduldig. Der Name des Hotels, ein farbloses poliertes Holz, und seine farblose stille Front gaben ihm einen Stich wie ein Blick vornehmer Verachtung. Er schaute zornig auf den sanft erleuchteten Salon des Hotels, in dem er sich das aalglatt glänzende Leben der irischen Patrizier vorstellte, geruhsam behaust. Sie dachten an Offizierspatente und Gutsverpächter: Bauern grüßten sie an den Chausseen auf dem Land: sie kannten die Namen bestimmter französischer Gerichte und gaben Mietskutschern Befehle in spitzen nervösen Provinzlerstimmen, die wie Nadeln durch ihre hautengen Akzente stachen.

Wie konnte er ihr Gewissen erschüttern oder wie seinen Schatten über die Imagination ihrer Töchter werfen, ehe ihre Junker sie begatteten, daß sie ein Volk gebaren, das weniger unedel war als ihr eigenes? Und unter der schwarz gewordenen Dämmerung spürte er die Gedanken und Wünsche des Volkes, dem er zugehörte, wie Fledermäuse huschen, über die dunklen Wege im Land, unter den Bäumen an den Ufern der Bäche und bei den tümpelgesprenkelten Sümpfen. Eine Frau hatte gewartet in der Tür, als Davin vorübergekommen war in der Nacht, sie hatte ihm eine Tasse Milch geboten und ihn freiend fast an ihr Bett gebeten; denn Davin hatte die milden Augen eines, der Heimliches zu wahren wußte. Aber ihn hatten keiner Frau Augen freiend umworben.

Sein Arm wurde in einen festen Griff genommen und Cranlys Stimme sagte:

– Gehn wir hintan.

Schweigend gingen sie nach Süden. Dann sagte Cranly:

– Dieser blödsinnige Idiot von Temple! Ich schwöre bei Moses, kannst du glauben, daß ich den Kerl noch mal eines Tages kalt mache.

Aber seine Stimme war nicht länger zornig und Stephen fragte sich, ob er an den Gruß dächte, unterm Portal.

Sie wandten sich nach links und liefen weiter wie vorher. Als sie einige Zeit so gegangen waren, sagte Stephen:

– Cranly, ich hab heut nachmittag einen unangenehmen Krach gehabt.

– Mit deinen Leuten? fragte Cranly.

– Mit meiner Mutter.

– Über Religiöses?

– Ja, antwortete Stephen.

Nach einer Pause fragte Cranly:

– Wie alt ist deine Mutter?

– Nicht alt, sagte Stephen. Sie will, daß ich meiner österlichen Pflicht nachkomme.

– Und willst du?

– Ich will nicht, sagte Stephen.

– Warum nicht? sagte Cranly.

– Ich will nicht dienen, antwortete Stephen.

– Die Bemerkung ist schon einmal früher gemacht worden, sagte Cranly ruhig.

– Dann wird sie jetzt noch einmal hinterher gemacht, sagte Stephen hitzig.

Cranly drückte Stephens Arm und sagte:

– Ruhig Blut, mein lieber Herr. Du bist ein reizbarer Scheißkerl, kannst du glauben.

Er lachte nervös beim Sprechen und sagte, indem er mit gerührten und freundlichen Augen Stephen ins Gesicht sah:

– Weißt du, daß du ein reizbarer Kerl bist?

– Weiß Gott, sagte Stephen und lachte auch.

Ihre Gemüter, in jüngster Zeit entfremdet, schienen auf einmal wieder näher aneinander gerückt zu sein.

– Glaubst du an die Eucharistie? fragte Cranly.

– Nein, sagte Stephen.

– Du glaubst also nicht an sie?

– Weder glaube ich an sie noch glaube ich nicht an sie, antwortete Stephen.

– Viele Menschen haben Zweifel, sogar religiöse Menschen, doch sie überwinden sie oder schieben sie beiseite, sagte Cranly. Sind deine Zweifel in diesem Punkt zu stark?

– Ich will sie gar nicht überwinden, antwortete Stephen.

Cranly, einen Augenblick in Verlegenheit, nahm wieder eine Feige aus seiner Tasche und wollte sie gerade essen, als Stephen sagte:

– Bitte nicht. Du kannst die Frage nicht mit mir besprechen, wenn dein Mund voll von zerkauten Feigen ist.

Cranly untersuchte die Feige im Licht einer Lampe, unter der er stehenblieb. Dann roch er daran, mit beiden Nasenlöchern, biß ein winziges Stück ab, spuckte es aus und warf die Feige rüd in die Gosse. Alsdann sprach er zu ihr wie sie da lag:

– Gehe hin von mir, du Verfluchte, in das ewige Feuer!

Dann nahm er Stephens Arm, ging wieder weiter und sagte:

– Hast du nicht Angst, daß diese Worte zu dir gesprochen werden, am Tage des Gerichts?

– Was wird mir auf der anderen Seite geboten? fragte Stephen. Eine ewige Seligkeit in Gesellschaft des Studiendekans?

– Denk dran, sagte Cranly, daß er vorher verklärt wird.

– Jawohl, sagte Stephen mit bitterem Unterton, zu Klarheit, Beweglichkeit, Leidensunfähigkeit und, vor allem, Feinheit.

– Es ist schon komisch, kannst du glauben, sagte Cranly sachlich, wie übersättigt dein Geist von der Religion ist, an die du nicht zu glauben behauptest. Hast du dran geglaubt, als du in der Schule gewesen bist? Ich könnt schwören.

– Ja, antwortete Stephen.

– Und bist du damals glücklicher gewesen? fragte Cranly sanft. Glücklicher als du jetzt bist, zum Beispiel?

– Oft glücklich, sagte Stephen, und oft unglücklich. Ich war damals ein anderer.

– Wie ein anderer? Was meinst du mit dieser Behauptung?

– Ich meine, sagte Stephen, daß ich nicht ich war wie ich jetzt bin, wie ich werden mußte.

– Nicht, wie du jetzt bist, nicht wie du werden mußtest, wiederholte Cranly. Laß mich etwas fragen. Liebst du deine Mutter?

Stephen schüttelte langsam den Kopf.

– Ich weiß nicht was deine Worte bedeuten, sagte er einfach.

– Hast du nie jemand geliebt? fragte Cranly.

– Meinst du Frauen?

– Davon spreche ich nicht, sagte Cranly in kühlerem Ton. Ich frage dich, ob du je für jemanden oder etwas Liebe empfunden hast.

Stephen lief neben seinem Freund daher und starrte düster auf das Trottoir.

– Ich habe versucht, Gott zu lieben, sagte er endlich. Es scheint jetzt, daß ich versagt habe. Es ist sehr schwer. Ich habe versucht, meinen Willen mit dem Willen Gottes zu vereinen, Augenblick um Augenblick.

Darin habe ich nicht immer versagt. Das könnte ich vielleicht immer noch...

Cranly schnitt ihm das Wort ab mit der Frage:

– Hat deine Mutter ein glückliches Leben gehabt?

– Wie soll ich das wissen? sagte Stephen.

– Wieviele Kinder hat sie gehabt?

– Neun oder zehn, antwortete Stephen. Ein paar sind gestorben.

– War dein Vater... Cranly unterbrach sich einen Augenblick: und sagte dann: Ich will meine Nase nicht in deine Familienangelegenheiten stecken. Aber war dein Vater, was man wohlsituiert nennt? Ich meine, wie du groß geworden bist?

– Ja, sagte Stephen.

– Was war er? fragte Cranly nach einer Pause.

Stephen begann zungenfertig die Attribute seines Vaters herzuzählen:

– Medizinstudent, Ruderer, Tenor, Amateur-Schauspieler, brüllender Politiker, kleiner Aktionär, Trinker, guter Kerl, Geschichtenerzähler, Sekretär von jemand, irgendwas in einer Brennerei, Steuereinnehmer, Bankrotteur und augenblicklich Verherrlicher seiner eigenen Vergangenheit.

Cranly lachte, nahm Stephens Arm in festeren Griff und sagte:

– Brennerei ist verdammt gut.

– Willst du sonst noch etwas wissen? fragte Stephen.

– Lebt ihr augenblicklich in guten Verhältnissen?

– Seh ich so aus? fragte Stephen barsch.

– So bist du denn, fuhr Cranly sinnend fort, auf Rosen gebettet zur Welt gekommen.

Er sprach den Ausdruck breit und laut aus, wie er es

oft bei Fachbegriffen tat, als wolle er seinem Hörer zu verstehen geben, daß er sie ohne Überzeugung verwende.

– Deine Mutter muß viel Schweres durchgemacht haben, sagte er dann. Willst du nicht versuchen, ihr noch mehr Schweres zu ersparen, selbst wenn ... oder nicht?

– Wenn ich könnte, sagte Stephen. Das würde mich sehr wenig kosten.

– Dann tus, sagte Cranly. Tu was sie von dir will. Was macht das dir denn aus? Du glaubst nicht dran. Es ist eine Form: sonst nichts. Und sie ist beruhigt.

Er unterbrach sich und, da Stephen nicht antwortete, blieb still. Dann sagte er, so als dächte er nur laut:

– Was auch immer unsicher ist auf diesem stinkigen Misthaufen von einer Welt, die Mutterliebe ist es nicht. Deine Mutter bringt dich auf die Welt, trägt dich erst in ihrem Leib. Was wissen wir davon, was sie fühlt? Aber was sie auch immer fühlt, das, wenigstens, muß wirklich sein. Es muß es sein. Was sind unsere Ideen oder Ambitionen? Spiel. Ideen! Der scheißige blökende Ziegenbock Temple hat auch Ideen. MacCann hat Ideen. Jeder Esel der die Straße runterläuft denkt er hat Ideen.

Stephen, der das Unausgesprochene hinter den Wörtern herausgehört hatte, sagte mit gespieltem Gleichmut:

– Pascal, wenn ich mich recht entsinne, wollte sich von seiner Mutter nicht küssen lassen, da er die Berührung ihres Geschlechts fürchtete.

– Pascal war ein Schwein, sagte Cranly.

– Aloysius Gonzaga war, glaube ich, derselben Meinung, sagte Stephen.

– Dann war er auch ein Schwein, sagte Cranly.

– Die Kirche nennt ihn einen Heiligen, wandte Stephen ein.

– Ich scher mich einen feuchten Kehricht drum wie einer ihn nennt, sagte Cranly rüd und breit. Ich nenn ihn ein Schwein.

Stephen legte sich seine Worte genau zurecht und fuhr fort:

– Auch Jesus scheint seine Mutter mit mangelhafter Höflichkeit in der Öffentlichkeit behandelt zu haben, aber Suarez, ein jesuitischer Theologe und spanischer Edelmann, hat ihn verteidigt.

– Ist dir je die Idee gekommen, fragte Cranly, daß Jesus nicht war, was er zu sein vorgab?

– Der erste Mensch, dem diese Idee kam, antwortete Stephen, war Jesus selber.

– Ich meine, sagte Cranly, härter jetzt im Ton, ist dir je die Idee gekommen, daß er selbst ein bewußter Heuchler war, das was er die Juden seiner Zeit nannte, ein übertünchtes Grab? Oder, deutlicher gesagt, daß er ein Halunke war?

– Die Idee ist mir nie gekommen, antwortete Stephen. Aber ich möchte gern wissen, willst du mich eigentlich konvertieren oder dich pervertieren?

Er blickte seinem Freund ins Gesicht und sah dort ein grobes Lächeln, welchem durch eine Willensanstrengung feinsinnige Bedeutungsschwere verliehen werden sollte.

Cranley fragte plötzlich in normalem vernünftigem Ton:

– Sag mir die Wahrheit. Hat dich das etwas schockiert, was ich gesagt habe?

— Ein bißchen, sagte Stephen.

— Und warum hat dich das schockiert, insistierte Cranly im selben Ton, wenn du sicher bist, daß unsere Religion falsch ist und daß Jesus nicht der Sohn Gottes war?

— Darüber bin ich mir überhaupt nicht sicher, sagte Stephen. Er ist eher ein Sohn Gottes als ein Sohn Mariens.

— Und willst du deshalb nicht zur Kommunion gehen, fragte Cranly, weil du dir auch darüber nicht sicher bist, weil du spürst, daß die Hostie der Leib und das Blut des Gottessohns sein könnte und nicht bloß eine Oblate aus Brot? Und weil du fürchtest, es könnte so sein?

— Ja, sagte Stephen ruhig. Ich spüre das und ich fürchte es auch.

— Ich verstehe, sagte Cranly.

Stephen, getroffen durch diesen abschließenden Ton, begann das Gespräch sofort von neuem, indem er sagte:

— Ich fürchte vieles: Hunde, Pferde, Schußwaffen, das Meer, Gewitter, Maschinen, nächtliche Landstraßen.

— Aber warum fürchtest du ein Stückchen Brot?

— Ich stell mir vor, sagte Stephen, daß es eine unheilvolle Realität gibt hinter den Dingen von denen ich sage ich fürchte sie.

— Fürchtest du also, fragte Cranly, der Gott der römischen Katholiken würde dich erschlagen und verdammen, wenn du als Frevler zur Kommunion gehst?

— Der Gott der römischen Katholiken könnte das auch jetzt tun, sagte Stephen. Mehr als das fürchte ich den Chemismus, der in meiner Seele entstünde durch lügnerische Huldigung vor einem Symbol, hinter dem sich zwanzig Jahrhunderte Autorität und Ehrfurcht ballen.

– Würdest du, fragte Cranly, in höchster Gefahr dieses spezielle Sakrileg begehen? Zum Beispiel, wenn du zur Zeit der Strafgesetze gelebt hättest?

– Für die Vergangenheit kann ich keine Antwort geben, erwiderte Stephen. Möglicherweise nicht.

– Dann, sagte Cranly, hast du doch wohl nicht vor, Protestant zu werden?

– Ich habe gesagt, daß ich den Glauben verloren hätte, antwortete Stephen, aber nicht die Selbstachtung. Was für eine Befreiung wäre das, eine Absurdität, die logisch und kohärent ist, aufzugeben und sich in die Arme von einer anderen zu stürzen, die unlogisch und inkohärent ist?

Sie waren bis zum Pembroker Distrikt gelaufen und jetzt, als sie langsam weitergingen durch die Alleen, besänftigen die Bäume und die verstreuten Lichter in den Villen ihnen die Gemüter. Die Luft aus Wohlhabenheit und Geruhsamkeit, die um sie war, schien ihnen ihre Not zu erleichtern. Hinter einer Lorbeerhecke schimmerte ein Licht im Fenster einer Küche und man hörte die Stimme eines Dienstmädchens, das beim Messerschleifen sang. Sie sang, in kurzen brüchigen Takten, *Rosie O'Grady*.

Cranly blieb stehen um zuzuhören und sagte:

– *Mulier cantat.*

Die sanfte Schönheit des lateinischen Wortes rührte voll entzückenden Zaubers ans Abenddunkel, rührte heimlicher und betörender daran, als die Berührung durch Musik oder die Hand einer Frau es sein konnten. Der Zwist ihrer Geister war erstickt. Die Gestalt der

Frau, wie sie in der Liturgie der Kirche erscheint, glitt schweigend durch das Dunkel: eine weißgekleidete Gestalt, klein und schlank wie ein Knabe und mit sich lösendem Gürtel. Ihre Stimme, zerbrechlich und hoch wie die eines Knaben, erklang aus fernem Chor, wie sie die ersten Worte einer Frau intonierte, die durch das Düster und das Klagen des ersten Passionsliedes dringen:

– *Et tu cum Jesu Galilaeo eras.*

Und alle Herzen waren angerührt und wendeten sich nach ihrer Stimme um, die wie ein junger Stern schien, und heller schien, als die Stimme das Proparoxyton intonierte, und schwächer, heimlicher, als die Kadenz erstarb.

Das Singen hörte auf. Sie gingen zusammen weiter und Cranly sang, den Rhythmus stark akzentuierend, das Ende des Refrains nach:

> *Und sind wir dann erst vereint,*
> *Ach wie glücklich bist du und bin ich,*
> *Denn ich lieb süß Rosie O'Grady,*
> *Und Rosie O'Grady liebt mich.*

– Da hast du wahre Poesie, sagte er. Das ist wahre Liebe.

Er sah Stephen mit einem seltsamen Lächeln von der Seite an und sagte:

– Würdest du das Poesie nennen? Oder weißt du, was die Worte bedeuten?

– Dazu möcht ich Rosie zuerst sehen, sagte Stephen.

– Das ist leicht zu machen, sagte Cranly.

Sein Hut war ihm in die Stirn gerutscht. Er schob

ihn zurück: und im Schatten der Bäume sah Stephen sein bleiches, vom Dunkel gerahmtes Gesicht und seine großen dunklen Augen. Ja. Sein Gesicht war hübsch: und sein Körper war stark und kräftig. Er hatte von Mutterliebe gesprochen. Er hatte also ein Gefühl für die Leiden der Frauen, die Schwächen ihrer Körper und Seelen: und würde sie schützen mit starkem und energischem Arm und seinen Geist vor ihnen beugen.

Fort also: es ist Zeit zu gehen. Eine Stimme sprach leis zu Stephens einsamem Herzen, hieß ihn gehen und sagte ihm, seine Freundschaft wär nun am End. Ja; er würde gehn. Er konnte nicht gegen einen andern ankämpfen. Er kannte seine Rolle.

– Wahrscheinlich werde ich weggehn, sagte er.

– Wohin? fragte Cranly.

– Wohin ich kann, sagte Stephen.

– Ja, sagte Cranly. Es könnte für dich jetzt schwer sein, hier zu leben. Aber willst du deshalb gehen?

– Ich muß, antwortete Stephen.

– Denn, fuhr Cranly fort, du mußt dich nicht für einen Vertriebenen halten, wenn du nicht wirklich selber gehen willst, oder einen Ketzer oder einen Vogelfreien. Es gibt viele gute Gläubige, die denken wie du. Überrascht dich das? Die Kirche ist nicht das Steingebäude, nicht einmal der Klerus und seine Dogmen. Sie ist die ganze Masse derer, die in sie hineingeboren sind. Ich weiß nicht, was du vorhast im Leben. Ist es das, was du mir an dem Abend erzählt hast, als wir vor Harcourt Street Station standen?

– Ja, sagte Stephen, und mußte unwillkürlich über Cranlys Eigenart lächeln, sich an Gedanken in Verbindung mit Örtlichkeiten zu erinnern. Der Abend, an dem du dich eine halbe Stunde mit Doherty rumgebalgt hast, welches der kürzeste Weg von Sallygap nach Larras wäre.

– Schafskopf! sagte Cranly gelassen verächtlich. Was weiß denn der über den Weg von Sallygap nach Larras? Was weiß der überhaupt? Mit seiner geifernden Riesenwaschbütte von einem Kopf!

Er brach in ein lautes langes Gelächter aus.

– Nun? sagte Stephen. Erinnerst du dich an das übrige?

– Was du gesagt hast, was? fragte Cranly. Ja, ich erinnere mich daran. Die Art Leben oder Kunst entdecken, durch die dein Geist sich in unumschränkter Freiheit ausdrücken könnte.

Stephen zog dankend-bestätigend den Hut.

– Freiheit! wiederholte Cranly. Aber noch bist du nicht frei genug, ein Sakrileg zu begehen. Sag mir, würdest du stehlen?

– Erst würde ich betteln, sagte Stephen.

– Und wenn du da nichts bekämst, würdest du stehlen?

– Du willst von mir hören, antwortete Stephen, daß das Recht auf Eigentum provisorisch ist und daß es unter gewissen Umständen nicht ungesetzlich ist zu stehlen. Jeder würde in diesem Glauben handeln. Darum will ich dir diese Antwort nicht geben. Schlag bei dem jesuitischen Theologen Juan Mariana de Talavera nach, der dir auch erklären wird, unter welchen Umständen du von Rechts wegen deinen König ermorden darfst und ob du ihm sein Gift lieber in einem Becher reichst oder es ihm auf sein Gewand oder seinen Sattelbaum streichst. Frag mich lieber, ob ich mich von anderen bestehlen ließe, oder, wenn es geschähe, ob ich sie dem ausliefern würde, was man glaube ich Bestrafung durch den Arm des weltlichen Gesetzes nennt.

– Und tätest du das?

– Ich glaube, sagte Stephen, es täte mir ebenso weh, wie bestohlen zu werden.

– Ich verstehe, sagte Cranly.

Er zog sein Streichholz heraus und begann den Raum zwischen zwei Zähnen zu säubern. Dann sagte er obenhin:

– Sag mir, zum Beispiel, würdest du eine Jungfrau deflorieren?

– Entschuldige, sagte Stephen höflich, aber ist das nicht der Ehrgeiz der meisten jungen Herren?

– Und was ist dein Standpunkt? fragte Cranly.

Sein letzter Satz, der säuerlich roch wie Holzkohlenrauch und wenig ermutigend war, erregte Stephens Hirn, über dem seine Dünste zu schweben schienen.

– Schau mal, Cranly, sagte er. Du hast mich gefragt, was ich tun und was ich nicht tun würde. Ich will dir sagen, was ich tun und was ich nicht tun will. Ich will nicht dem dienen, an das ich nicht länger glaube, ob es sich mein Zuhause nennt, mein Vaterland oder meine Kirche: und ich will versuchen, mich in irgendeiner Art Leben oder Kunst so frei auszudrücken wie ich kann, und so vollständig wie ich kann, und zu meiner Verteidigung nur die Waffen benutzen, die ich mir selbst gestatte – Schweigen, Verbannung und List.

Cranly packte ihn am Arm und steuerte ihn herum, damit sie in Richtung Leeson Park zurückgingen. Er lachte beinah hinterhältig und drückte Stephens Arm mit der Begütigung eines Älteren.

– List, wahrhaftig! sagte er. Bist das du? Du armer Poet du!

– Und du hast mich dir beichten lassen, sagte Stephen, den diese Berührung schauern ließ, wie ich dir so vieles andere auch schon gebeichtet habe, nicht wahr?

– Ja, mein Kind, sagte Cranly, immer noch heiter.

– Du hast mich dir beichten lassen, wovor ich mich alles fürchte. Aber ich will dir auch sagen, was ich nicht fürchte. Ich fürchte nicht, allein zu sein oder um eines andern willen verstoßen zu werden oder alles zu verlassen, was ich verlassen muß. Und ich habe keine Angst, einen Fehler zu machen, sogar einen großen Fehler, einen lebenslangen Fehler, und vielleicht einen, der so lang dauert wie die Ewigkeit.

Cranly, jetzt wieder ernsthaft, verlangsamte seinen Schritt und sagte:

– Allein, ganz und gar allein. Davor hast du keine Angst. Und du weißt, was das Wort bedeutet? Nicht nur von allen anderen getrennt sein, sondern auch nicht einen einzigen Freund haben.

– Ich trage das Risiko, sagte Stephen.

– Und keinen einzigen Menschen haben, sagte Cranly, der mehr wäre als ein Freund, mehr sogar als der edelste und treueste Freund, den ein Mensch je hatte.

Seine Worte schienen eine tiefinnere Saite in ihm selber angerührt zu haben. Hatte er von sich gesprochen, von sich wie er war oder sein wollte? Stephen beobachtete sein Gesicht einige Augenblicke schweigend. Kalte Trauer lag darüber. Er hatte von sich gesprochen, von seiner eigenen Einsamkeit die er fürchtete.

– Von wem sprichst du? fragte Stephen endlich.

Cranly antwortete nicht.

Hades

MARTIN CUNNINGHAM schob, als erster, seinen zylinderbedeckten Kopf in den quietschenden Wagen, stieg zackig hinein und setzte sich. Mr. Powers lange Gestalt folgte ihm, achtsam gebückt.

– Los, Simon, nur immer herein!
– Nach Ihnen, sagte Mr. Bloom.

Mr. Dedalus bedeckte sich rasch, stieg ein und sagte dabei:

– Ja, ja.
– Sind wir denn alle da? fragte Martin Cunningham. Kommen Sie schon, Bloom.

Mr. Bloom stieg ein und setzte sich auf den freien Platz. Er zog die Türe hinter sich an und schlug sie fest zu, bis sie fest schloß. Er steckte einen Arm durch den Armgurt und blickte ernst aus dem offenen Wagenfenster hinaus auf die niedergelassenen Jalousien der Avenue. Eine war beiseite gezogen: spähend eine alte Frau. Nase plattgeweißt an der Scheibe. Ihren Sternen dankend, daß sie noch einmal verschont blieb. Außerordentlich, das Interesse, das die an einer Leiche nehmen. Sind heilfroh, uns gehen zu sehen, nachdem sie soviel Scherereien mit uns haben, wenn wir kommen. Sind scheints ganz zufrieden mit ihrem Geschäft. Munkeln in dunkeln Ecken, Schlurfen in Schlappschluffen herum, daß er bloß nicht wieder aufwacht. Dann richten sie her. Kleiden an, bahren auf. Molly und Mrs. Fleming, wie sie das Bett machen. Ziehn Sies mal etwas mehr zu sich rüber. Unser Leichentuch. Man weiß nie, wer einen noch anfaßt dann, tot. Waschen und abseifen. Ich glaube, die schneiden einem sogar noch die Nägel und das Haar. Heben ein bißchen davon auf, in einem Umschlag. Wächst aber sowieso noch weiter, hinterher. Dreckiges Geschäft.

Alles wartete. Kein Wort wurde gesprochen. Verstauen noch die Kränze wahrscheinlich. Also ich sitz da doch auf was Hartem. Ah ja, die Seife, in meiner Gesäßtasche. Besser doch woanders hin damit. Mal eine Gelegenheit abwarten.

Alles wartete. Dann hörte man Räder sich drehen vorn: dann näher: dann Pferdehufe. Ein Ruck. Ihr Wagen begann sich zu bewegen, quietschend und schwankend. Andere Hufe und quietschende Räder setzten sich hinter ihnen in Bewegung. Die Jalousien der Avenue glitten vorüber, auch die Nummer Neun mit ihrem umflorten Klopfer, der spaltoffenen Tür. Langsam, im Schritt.

Sie warteten still, mit ruckenden Knien, bis sie gewendet hatten und an den Trambahnschienen entlang zockelten. Tritonville Road. Schneller. Die Räder ratterten rollend über das Kopfsteinpflaster, und in den Türrahmen schütterten ratternd die gebrechlichen Scheiben.

– Wie fährt denn der uns eigentlich? fragte Mr. Power durch beide Fenster.

– Irishtown, sagte Martin Cunningham. Ringsend. Brunswick Street.

Mr. Dedalus sah hinaus und nickte.

– Das ist doch eine schöne alte Sitte, sagte er. Freut mich zu sehen, daß sie noch nicht ausgestorben ist.

Alle blickten eine Weile durch ihre Fenster auf die Kappen und Hüte, die von Passanten gelüftet wurden. Ehrfurcht. Als sie an der Watery Lane vorüber waren, schwenkte der Wagen von den Trambahngeleisen auf die glattere Straße. Mr. Bloom erblickte beim Hinausstarren einen geschmeidigen jungen Mann, in Trauerkleidern, mit großem Hut.

– Da ist grad ein Freund von Ihnen vorbeigegangen, Dedalus, sagte er.
– Wer denn?
– Ihr Sohn und Erbe.
– Was, wo? fragte Mr. Dedalus, sich schräg hinüber beugend.

Der Wagen fuhr an den offenen Kanalisationsgräben und Erdwällen der vor den Mietshäusern aufgerissenen Straße vorüber, wankte dann um die Ecke und rollte, wieder auf die Geleise schwenkend, mit ratternden Rädern geräuschvoll weiter. Mr. Dedalus ließ sich zurückfallen und sagte:

– War dieser Flegel, der Mulligan, mit bei ihm? Sein *fidus Achates*?
– Nein, sagte Mr. Bloom. Er war allein.
– Ist bei seiner Tante Sally gewesen, nehm ich an, sagte Mr. Dedalus. Feine Sippschaft, die Gouldings, der besoffene kleine Federfuchser aus der Advokatur und Crissie, Papas kleines Schnuggelpützchen, das Miststück, ein weises Kind, das seinen eigenen Vater kennt.

Mr. Bloom lächelte freudlos auf die Ringsend Road hinaus. Wallace Bros., die Flaschenfabrik. Dodder Bridge.

Richie Goulding und die Aktentasche. Goulding, Collis und Ward nennt er die Firma. Seine Witze wirken allmählich ein bißchen abgestanden. Früher war er ja ein toller Hecht. Hat in der Stamer Street mal mit Ignatius Gallaher Walzer getanzt, an einem Sonntagmorgen, die beiden Hüte der Wirtin festgesteckt auf dem Kopf. Die ganze Nacht gelumpt. Rächt sich jetzt langsam an ihm: die Rückenschmerzen, die er immer hat, fürchte ich. Seine Frau bügelt ihm das Kreuz. Glaubt, er kriegts mit Pillen weg. Dabei sind das doch bloß alles Brotkügelchen. Runde sechshundert Perzent Profit.

– Hat sich da auf eine lausige Gesellschaft eingelassen, der Junge, knurrte Mr. Dedalus. Dieser Mulligan ist doch ein ausgepichter Dreckskerl und ganz durchtriebener Schurke, nach allem, was man so hört. Sein Name stinkt durch ganz Dublin. Aber mit der Hilfe Gottes und Seiner gebenedeiten Mutter werde ich mich nächstertage hinsetzen und seiner alten Dame oder Tante oder was sie sonst ist ein Briefchen schreiben, das ihr die Augen öffnen wird, so weit wie ein Scheunentor. Dem werd ich das Oberstübchen fegen, das könnt ihr mir glauben.

Er schrie über das Rattern der Räder hinweg.

– Ich lasse nicht zu, daß ihr Bastard von Neffe mir meinen Sohn verdirbt! Dieser Sprößling eines Ladenschwengels! Hat Zwirnband verkauft im Laden meines Vetters, Peter Paul M'Swiney. Das wäre ja noch schöner.

Er brach ab. Mr. Bloom wandte den Blick von seinem wütenden Schnurrbart zu Mr. Powers mildem Gesicht und Martin Cunninghams Augen und Bart, der würdevoll schütterte. Geräuschvoller eigensinniger Mensch. Randvoll von seinem Sohn. Aber er hat ja recht. Etwas zum Weiterreichen. Wenn der kleine Rudy am Leben geblieben wäre. Würde ihn aufwachsen sehen. Seine Stimme hören im Haus. An Mollys Seite in Eton-Tracht. Mein Sohn. Ich in seinen Augen. Komisches Gefühl wäre das. Von mir. Bloß ein Zufall. Muß an dem Morgen in Raymond Terrace gewesen sein, wo sie am Fenster stand und den beiden Hunden zusah, die da amgange waren, an der Mauer des LaßtabvomBösen. Und der Wachtmeister unten, grinste herauf. Sie hatte den cremefarbenen Morgenrock an, mit dem Riß, den sie niemals nähte. Komm, Poldy, laß uns doch machen. Meingott, ich bin ganz wild drauf. Wie das Leben so beginnt.

Ist dann dick geworden. Mußte das Konzert in Greystones absagen. Mein Sohn in ihr. Ich hätte ihm weiterhelfen können im Leben. Hättes gekonnt. Ihn unabhängig machen. Auch Deutsch lernen lassen.

– Wir kommen doch nicht zu spät? fragte Mr. Power.

– Noch zehn Minuten, sagte Martin Cunningham mit einem Blick auf die Uhr.

Molly, Milly. Dasselbe, bloß etwas verwässert. Richtiger Wildfang, ihre Kraftausdrücke. O du mein japsender Jupiter! Bei allen Göttern und kleinen Fischen! Aber ein liebes Mädchen ist sie ja doch. Bald eine Frau. Mullingar. Liebstes Pappilein. Junger Student. Ja, ja: auch eine Frau. Leben. Leben.

Der Wagen legte sich auf die Seite und wieder zurück, ihre vier Leiber schwankten.

– Corny hätte uns wirklich ein etwas bequemeres Gespann geben können, sagte Mr. Power.

– Hätte er, sagte Mr. Dedalus, wenn er auf dem

betreffenden Auge nicht chronisch schielte. Sie können mir doch folgen?

Er kniff das linke Auge zu. Martin Cunningham fing an, unter seinen Schenkeln Brotkrumen fortzuwischen.

– Was im Namen Gottes, sagte er, ist denn das hier? Krümel?

– Da scheint jemand vor kurzem ein Picknick veranstaltet zu haben, sagte Mr. Power.

Alle hoben die Schenkel, beäugten ungnädig das moderfleckige knopflose Leder der Sitze. Mr. Dedalus rümpfte die Nase, schaute stirnrunzelnd unter sich und sagte:

– In der Tat, wenn mich nicht alles trügt. Was meinst du, Martin?

– Ich fand es auch überraschend, sagte Martin Cunningham.

Mr. Bloom ließ seinen Schenkel sinken. Ein Glück, daß ich gebadet habe. Fühl mich so wenigstens ganz sauber an den Füßen. Wenn Mrs. Fleming mir bloß die Socken besser gestopft hätte.

Mr. Dedalus seufzte resigniert.

– Letzten Endes, sagte er, ist es das Natürlichste von der Welt.

– Ist Tom Kernan eigentlich erschienen? fragte Martin Cunningham, sanft die Spitze seines Bartes zwirbelnd.

– Ja, antwortete Mr. Bloom. Er ist hinter uns bei Ned Lambert und Hynes.

– Und Corny Kelleher selbst? fragte Mr. Power.

– Auf dem Friedhof, sagte Martin Cunningham.

- Ich hab heute morgen noch M'Coy getroffen, sagte Mr. Bloom. Er wollte versuchen, auch noch hinzukommen.

Der Wagen hielt kurz an.
- Was ist nun denn los?
- Wir halten.
- Wo sind wir denn?
Mr. Bloom steckte den Kopf aus dem Fenster.
- Grand Canal, sagte er.

Das Gaswerk. Soll Keuchhusten heilen, angeblich. Ein Glück, daß Milly den nie gekriegt hat. Arme Kinder! Winden sich in Zuckungen, laufen schwarz und blau an dabei. Eine Schande wahrhaftig. An sich ja immer leicht davongekommen mit Krankheiten, vergleichsweise. Bloß die Masern. Flachssamentee. Scharlach, Grippe-Epidemien. Anzeigenwerbung für den Tod. Verpassen Sie ja diese Chance nicht. Da drüben das Tierheim, Hunde. Armer alter Athos! Sei gut zu Athos, Leopold, das ist mein letzter Wunsch. Dein Wille geschehe. Wir parieren ihnen noch bis ins Grab. Ein letztes Gekritzel, im Sterben. Er nahms sich zu Herzen, verging vor Gram. Stilles Tier. Sind Hunde von alten Männern meistens.

Ein Regentropfen platschte auf seinen Hut. Er zog den Kopf zurück und sah, wie ein Augenblicksschauer lauter Tüpfel über die grauen Pflastersteine sprühte. Einzeln. Komisch. Wie durch ein Sieb. Habs doch gleich gedacht, es hält nicht an. Meine Stiefel waren knarrig, fällt mir jetzt ein.

- Das Wetter schlägt um, sagte er ruhig.
- Ein Jammer, daß es nicht schön geblieben ist, sagte Martin Cunningham.

– Die Landwirtschaft brauchts, sagte Mr. Power. Da kommt ja die Sonne schon wieder raus.

Mr. Dedalus spähte durch seine Brille nach der verschleierten Sonne und stieß einen stummen Fluch gen Himmel.

– Darauf kann man sich so wenig verlassen wie auf einen Kinderhintern, sagte er.

– Es geht wieder weiter.

Der Wagen setzte seine steifen Räder wieder in Bewegung, und ihre Leiber schwankten sanft. Martin Cunningham zwirbelte rascher die Spitze seines Bartes.

– Tom Kernan war kolossal gestern abend, sagte er. Und Paddy Leonard hat ihn nachgemacht, ihm glatt ins Gesicht.

– Ach, wenn der erst ins Reden kommt, Martin, sagte Mr. Power eifrig. Da mußt du ihn mal hören, Simon, wenn Ben Dollard den *Croppy Boy* singt!

– Kolossal, sagte Martin Cunningham mit wichtiger Miene. *Also wie er diese schlichte Ballade gesungen hat, Martin, eine derart schneidige Interpretation ist mir im Lauf meiner ganzen Erfahrung noch nicht vorgekommen.*

– Schneidig, sagte Mr. Power lachend. Darauf ist er immer mordsmäßig scharf. Und auf das retrospektive Arrangement.

– Habt ihr Dan Dawsons Rede schon gelesen? fragte Martin Cunningham.

– Ich noch nicht, sagte Mr. Dedalus. Wo steht sie denn?

– In der Zeitung heute morgen.

Mr. Bloom nahm die Zeitung aus seiner Innentasche. Das Buch, muß ich ihr noch umtauschen.

– Nein, nein, sagte Mr. Dedalus hastig. Später, bitte.

Mr. Blooms Blick wanderte am Rand der Zeitung nieder, die Todesanzeigen durchmusternd. Callan, Coleman, Dignam, Fawcett, Lowry, Naumann, Peake, welcher Peake ist das? der Bursche, der bei Crosbie und Alleyne war? nein, Sexton, Urbright. Charaktere aus Druckerschwärze, sehr bald schon verblassend auf dem abgegriffenen brüchigen Papier. Dank der Little Flower. Verlust zu beklagen. Zum unaussprechlichen Schmerz seiner. Im Alter von 88 Jahren, nach langem, mit großer Geduld ertragenem. Monatsgedächtnismesse. Quinlan. Dessen Seele unser lieber Herr Jesus in Gnaden.

Ein Monat ists her, daß lieb Henry entfloh
Hinauf zu den himmlischen Höhn –
Die Familie beweint ihn, doch hofft sowieso,
Ihn dort droben einst wiederzusehn.

Ich hab doch den Umschlag zerrissen? Ja. Wo hatt ich denn eigentlich ihren Brief noch hingesteckt, als ich ihn im Bad gelesen? Er beklopfte leicht seine Westentasche. Ah ja, ist da. Lieb' Henry entfloh. Bevor meine Geduld erschöpft ist.

Volksschule. Meade's Holzhof. Der Droschkenstand. Bloß zweie noch da jetzt. Nickend. Randvoll den Wanst. Haben zuviel Knochen in ihren Dickköpfen. Der andere trottet durch die Gegend, mit einem Fahrgast. Vor einer Stunde grad bin ich da vorbeigegangen. Die Kutscher lüfteten die Hüte.

Eines Weichenstellers Rücken richtete sich plötzlich vor Mr. Blooms Fenster auf, an einem Trambahnmast.

Könnten sie da nicht irgendwas Automatisches erfinden, daß sich das Rad von selber? Wäre doch viel bequemer? Schon, aber dann verlöre der Bursche da sein Pöstchen? Schon, aber dafür bekäme ein andrer eins, der die Erfindung macht?

Antient Concert Rooms. Nichts auf dem Programm. Ein Mann in Lederjacke mit Trauerflor am Arm. Wirkt nicht gerade sehr betrübt. Vierteltrauer. Schwiegerverwandtschaft vielleicht.

Sie fuhren an der öden Kanzel von St. Markus vorüber, unter der Eisenbahnbrücke her, vorbei am Queen's Theatre: schweigend. Plakatwände. Eugene Stratton. Mrs. Bandman Palmer. Ob ich heute abend in die *Leah* gehen könnte? Fraglich. Ich hab gesagt, ich. Oder in die *Lilie von Killarney?* Elster Grimes Opera Company. Großmächtiger Programmwechsel. Nasse leuchtende Anschlagzettel für nächste Woche. *Spaß auf der Bristol.* Martin Cunningham könnte vielleicht ein Freibillett besorgen fürs Gaiety. Kostet mich aber einen Drink oder zwei. Also Jacke wie Hose.

Er kommt am Nachmittag vorbei. Ihre Lieder.

Plasto. Sir Philip Cramptons Gedächtnisbrunnenbüste. Wer war das eigentlich?

– 'n Tag, sagte Martin Cunningham, die Handfläche grüßend zur Stirn hebend.

– Er sieht uns gar nicht, sagte Mr. Power. Doch, jetzt guckt er her. 'n Tag.

– Wer denn? fragte Mr. Dedalus.

– Blazes Boylan, sagte Mr. Power. Da drüben lüftet er grad die Perücke.

Just in dem Moment, wo ich dran dachte.

Mr. Dedalus beugte sich hinüber, um zu grüßen.

Vom Eingang der Red Bank blitzte der weiße Diskus eines Strohhuts Erwiderung: vorbei.

Mr. Bloom besah kritisch die Nägel seiner linken Hand, dann die seiner rechten Hand. Die Nägel, ja. Ist eigentlich sonst noch was an ihm, was sie sehen sie sieht? Faszination. Als Mann der schlimmste in ganz Dublin. Hält ihn lebendig. Manchmal haben sie ja ein Gespür dafür, was einer ist, seine Persönlichkeit. Instinkt. Aber ein Typ wie der? Meine Nägel. Ich seh sie mir bloß so an: gut geschnitten. Und hinterher: denken, allein. Ihr Körper wird langsam ein bißchen weichlich. Hab ich durchaus gemerkt, im Vergleich zu früher, Erinnerung. Woran liegt das wohl, vermutlich daß sich die Haut nicht mehr schnell genug zusammenziehen kann, wenn das Fleisch schwindet. Aber die Figur ist da. Die Figur ist immer noch da. Schultern. Hüften. Ganz schön drall. Der Abend damals, wie sie sich zum Tanzen anzog. Ihr Unterhemd, klebte zwischen den Hinterbacken.

Er faltete die Hände zwischen den Knien, befriedigt, schickte seinen leeren Blick über ihre Gesichter.

Mr. Power fragte:

– Wie läßt sich denn die Konzert-Tournee so an, Bloom?

– Oh, sehr gut, sagte Mr. Bloom. Großartig, was ich so höre darüber. Es war ja eine gute Idee, sehn Sie ...

– Gehn Sie selber auch mit?

– Ach nein, sagte Mr. Bloom. Es ist nämlich so, ich muß runter ins County Clare, in einer Privatangelegenheit. Ja, sehn Sie, die Idee war doch, die ganzen Hauptstädte zu bereisen. Was man da bei der einen verliert, kommt bei der andern wieder rein.

– Genau so ist es, sagte Martin Cunningham. Mary Anderson ist jetzt da oben.

– Haben Sie gute Künstler?

– Louis Werner zieht die Tournee auf, sagte Mr. Bloom. Ach ja, wir werden lauter Spitzenkräfte haben. J. C. Doyle und John MacCormack, hoff ich, und. Jedenfalls, das Beste vom Besten.

– Und *Madame*, sagte Mr. Power, lächelnd. *Last but not least.*

Mr. Bloom entfaltete seine Hände zu einer Geste sanfter Höflichkeit und faltete sie dann wieder. Smith O'Brien. Irgendwer hat einen Strauß Blumen da niedergelegt. Eine Frau. Muß sein Todestag sein. Auf noch häufige glückliche Wiederkehr. Der Wagen räderte an Farrells Statue vorüber und vereinigte lautlos ihre nicht widerstrebenden Knie.

Schnü: ein trostlos gekleideter alter Mann am Bordstein bot seine Waren an, mit spitz sich öffnendem Mund: Schnü.

– Vier Schnürsenkel einen Penny!

Das möcht ich wohl wissen, warum man dem die Zulassung gestrichen hat. Sein Büro war in der Hume Street. Im selben Haus wie Mollys Namensvetter. Tweedy, Kronanwalt für Waterford. Trägt immer noch den Zylinder von damals. Was bleibt von alter Ehrsamkeit. Ebenfalls in Trauer. Schrecklicher Niedergang, der arme Schelm! Rumgeschubst wie ein Knochen beim Leichenschmaus. O'Callaghan auf dem letzten Loch.

Und *Madame*. Zwanzig nach elf. Auf jetzt. Mrs. Fleming ist drinnen, um sauberzumachen. Sitzt vorm Frisiertisch, summend: *voglio e non vorrei*. Nein:

vorrei e non. Sieht sich die Haarspitzen an, ob gespalten. *Mi trema un poco il.* Herrlich ihre Stimme auf dem *tre:* wie Tränen der Ton. Eine Tross eine Drossel. Es gibt doch ein Wort da, Drossel, was das ausdrückt.

Seine Augen glitten leicht über Mr. Powers wohlgestaltetes Gesicht. Etwas grau schon über den Ohren. *Madame:* lächelnd. Und ich hab zurückgelächelt. Ein Lächeln geht einen langen Weg. Bloß Höflichkeit vielleicht. Netter Kerl. Ob das eigentlich wahr ist, daß er sich noch die Frau hält nebenher? Wer weiß. Nicht grade angenehm für die Gattin. Aber es heißt auch, wer wars doch gleich, der mir das erzählt hat, es wäre nichts Geschlechtliches dabei. Man sollte ja meinen, dann wäre das Spielchen ziemlich schnell wieder aus. Ja, es war Crofton, er traf ihn mal eines Abends, wie er ihr grad ein Pfund Rumpsteak brachte. Was war sie doch gleich? Bardame im Jury's. Oder im Moira?

Sie fuhren unter der riesigbemantelten Gestalt des Befreiers her.

Martin Cunningham stieß Mr. Power heimlich an.

– Vom Stamme Reuben, sagte er.

Eine lange schwarzbärtige Gestalt tappte, auf einen Stock gebückt, um die Ecke von Elvery's Elephant House, zeigte ihnen eine verkrümmt offene Hand auf dem Rückgrat.

– In seiner ganzen urtümlichen Schönheit, sagte Mr. Power.

Mr. Dedalus blickte der tappenden Gestalt nach und sagte mild:

– Der Teufel breche dir die Rückenhaspe!

Mr. Power, der sich krümmte vor Lachen, beschattete sein Gesicht gegen das Fenster, als der Wagen am Standbild Grays vorüberkam.

– Wir sind doch alle mal bei ihm gewesen, sagte Martin Cunningham offen.

Seine Augen begegneten den Augen Mr. Blooms. Er strich sich den Bart, während er hinzufügte:

– Nun, fast alle von uns.

Mr. Bloom begann mit plötzlichem Eifer den Gesichtern seiner Gefährten zuzusprechen.

– Das ist doch wieder mal zum Schießen, was jetzt die Runde macht über Reuben J. und den Sohn.

– Das mit dem Bootsmann? fragte Mr. Power.

– Ja. Ist das nicht zum Schießen?

– Um was dreht es sich denn da? fragte Mr. Dedalus. Ich habs noch nicht gehört.

– Es ging da um irgendein Mädchen, begann Mr. Bloom, und der Alte beschloß, seinen Sprößling auf die Insel Man in Sicherheit zu bringen, aber wie sie dann beide...

– Was? fragte Mr. Dedalus. Dieses Würstchen von einem Milchbart ist gemeint?

– Ja, sagte Mr. Bloom. Also sie waren beide schon auf dem Weg zum Schiff, da macht er den Versuch und ertränkt...

– Ertränkt den Barabbas! schrie Mr. Dedalus. Ich wollte zu Christo, er hättes geschafft!

Mr. Power stieß ein langes Lachen die mit der Hand bedeckten Nüstern hinab.

– Nein, sagte Mr. Bloom, der Sohn versuchte sich selbst...

Martin Cunningham vereitelte roh seine Rede.

– Reuben J. und der Sohn machen so am Kai lang,

direkt am Fluß, und wollen zum Boot nach der Insel Man, und urplötzlich kriegt der junge Schnösel einen Rappel, und zack! ist er über die Mauer in die Liffey rein.

– Um Gottes willen! rief Mr. Dedalus erschrocken. Ist er tot?

– Tot? schrie Martin Cunningham. Aber der doch nicht! Ein Bootsmann langt sich ne Stange her und fischt ihn raus damit, an der Lose von der Hose, und so landet er fein säuberlich wieder beim Herrn Papa auf dem Kai. Mehr tot als lebendig allerdings. Die halbe Stadt war da.

– Ja, sagte Mr. Bloom. Aber das eigentlich Komische kommt erst noch ...

– Und Reuben J., sagte Martin Cunningham, schenkte dem Bootsmann ein Zweischillingstück für die Lebensrettung seines Sohnes!

Ein unterdrücktes Seufzen kam unter Mr. Powers Hand hervor.

– Oh ja, das hat er tatsächlich über sich gebracht, bekräftigte Martin Cunningham. Wie ein Held. Ein silbernes Zweischillingstück.

– Ist das nicht zum Schießen? sagte Mr. Bloom eifrig.

– Ein Schilling Achtpence zuviel, sagte Mr. Dedalus trocken.

Mr. Powers ersticktes Lachen brach geräuschlos in den Wagen. Nelson-Säule.

– Acht Pflaumen einen Penny! Acht für einen Penny!

– Wir sollten lieber ein etwas ernsteres Gesicht machen, sagte Martin Cunningham.

Mr. Dedalus seufzte.

– Und dabei, sagte er, würde uns der arme kleine Paddy ein Lachen gar nicht einmal übelnehmen. Hat selber so manche gute Geschichte erzählt.

– Der Herr vergebs mir! sagte Mr. Power, sich die nassen Augen mit den Fingern wischend. Armer Paddy! Vor einer Woche noch, wie ich ihn zum letztenmal sah und er doch ganz so bei Gesundheit war wie sonst, also da hatt ich doch keine Ahnung, daß ich so bald schon derart hinter ihm herfahren würde. Jetzt ist er von uns gegangen.

– Ein anständiger kleiner Mann, wie nur je einer nen Hut auf dem Kopf gehabt hat, sagte Mr. Dedalus. Es kam wirklich sehr plötzlich.

– Zusammenbruch, sagte Martin Cunningham. Herz. Er klopfte sich traurig an die Brust.

Flammendes Gesicht: rotheiß. Zuviel Hans Gerstenkorn. Mittel gegen rote Nase. Saufen auf Teufel komm raus, bis sie blau wird wie Adelit. Hat ihn ne Menge Geld gekostet, sie zu färben.

Mr. Power blickte mit wehmütiger Beklommenheit auf die vorbeigleitenden Häuser hinaus.

– So plötzlich ist er gestorben, der arme Kerl, sagte er.

– Der beste Tod, sagte Mr. Bloom.

Ihre weit aufgerissenen Augen blickten ihn an.

– Kein Leiden, sagte er. Ein Moment bloß, und alles ist vorbei. Wie wenn man im Schlaf stirbt.

Keiner sprach.

Tote Seite der Straße, das hier. Flauer Betrieb über Tag, Gütermakler, Temperenzler-Gasthof, Falconer's Eisenbahnkursbuch, Civil Service College, Gill's, Katholischer Klub, die Blinden-Gewerbeanstalt. Warum? Aus irgendeinem Grund. Sonne oder Wind.

Bei Nacht ebenfalls. Kumpel und Dienstmädchen. Unter der Patronanz des seligen Pater Mathew. Grundstein für Parnell. Zusammenbruch. Herz.

Weiße Pferde mit weißen Federn am Stirngeschirr kamen bei der Rotunda um die Ecke, galoppierend. Ein winziger Sarg blitzte vorbei. Im Trab zum Grab. Eine Trauerkutsche. Unverheiratet. Schwarz für die Verheirateten. Scheckig für Junggesellen. Dunkelbraun für Klosterfrauen.

– Traurig, sagte Martin Cunningham. Ein Kind.

Ein Zwergengesicht, malvenfarben und runzlig, wie das des kleinen Rudy war. Ein Zwergenkörperchen, schwächlich wie Kitt, in einer weißgefütterten Spanschachtel. Begräbnis zahlt die Friendly Society. Einen Penny die Woche für einen Fleck Rasen. Unser. Kleines. Bettel. Kindchen. Hat nichts bedeutet. Fehler der Natur. Wenns kerngesund ist, kommts von der Mutter. Wenn nicht, vom Mann. Beim nächstenmal mehr Glück.

– Armes kleines Ding, sagte Mr. Dedalus. Hat sich schnell wieder aus der Affäre gezogen.

Der Wagen erklomm jetzt langsamer die Anhöhe des Rutland Square. Klappernd Gebein. Über Stock und über Stein. Ist bloß ein Armer. Keiner achtet sein.

– Mitten wir im Leben sind, sagte Martin Cunningham.

– Aber am schlimmsten, sagte Mr. Power, ist doch der Mensch, der sich selber das Leben nimmt.

Martin Cunningham zog hastig die Uhr, hustete und steckte sie wieder ein.

– Die größte Schande, die man in der Familie haben kann, fügte Mr. Power hinzu.

– Momentane Geistesverwirrung natürlich, sagte

Martin Cunningham entschieden. Wir müssen da nachsichtig sein bei der Beurteilung.

– Man sagt, wer sowas macht, ist ein Feigling, sagte Mr. Dedalus.

– Es ist nicht an uns, zu richten, sagte Martin Cunningham.

Mr. Bloom, der zum Sprechen angesetzt hatte, schloß seine Lippen wieder. Martin Cunninghams große Augen. Wegblickend jetzt. Mitfühlender Mensch ist das, menschlich. Intelligent. Gesicht wie Shakespeare. Hat immer ein gutes Wort zu sagen. Bei sowas wie dem hier kennen sie keine Gnade, oder bei Kindsmord. Verweigern christliches Begräbnis. Früher trieben sie so einem noch einen Holzpfahl durchs Herz, im Grab. Als ob das nicht ohnehin schon gebrochen wäre. Doch manchmal kommt die Reue zu spät. Gefunden im Flußbett, an Binsen geklammert. Er hat mich angesehen. Und diese gräßliche Säuferin von Frau, die er hat. Richtet ihr immer wieder neu das Haus ein, Mal um Mal, und sie trägt ihm dann das ganze Zeug fast jeden Samstag ins Leihhaus. Ist das Leben eines Verdammten, was er führt, durch sie. Zum Steinerweichen, das. Montag morgen gehts wieder frisch von vorne los. Rein in die Tretmühle. Meingott, muß das ein Anblick gewesen sein mit ihr, an dem Abend damals, wo Dedalus mir erzählte, daß er mit dort war. Besoffen im ganzen Haus rum, und lauter Luftsprünge mit Martins Regenschirm:

Und man nennt mich die Perle von Asien, ja,
Von Asien, ja,
Die Geisha.

Er hat weggeblickt von mir. Er weiß. Klappernd Gebein.

Die Leichenschau an dem Nachmittag damals. Auf dem Tisch die rot etikettierte Flasche. Das Zimmer im Hotel mit den Jagdbildern. Stickig wars. Sonnenlicht durch die Ritzen der venezianischen Jalousien. Des Coroners Ohren, groß und voll Haar. Zeugenaussage des Hausknechts. Dachte zuerst, er schliefe. Sah dann was wie gelbe Streifen auf seinem Gesicht. War runtergerutscht im Bett bis zum Fußende. Wahrspruch: Überdosis. Tod durch Unglücksfall. Der Brief noch. Für meinen Sohn Leopold.

Keine Schmerzen mehr. Nie mehr erwachen. Keiner achtet sein.

Der Wagen ratterte geschwind durch die Blessington Street dahin. Über Stock und über Stein.

– Wir haben ganz schön Tempo drauf, finde ich, sagte Martin Cunningham.

– Gebs Gott, daß der Kerl uns nicht mitten auf der Straße umschmeißt, sagte Mr. Power.

– Das fehlte noch, sagte Martin Cunningham. Wird ein großes Rennen werden morgen in Deutschland. Das Gordon-Bennett.

– Ja, beim Zeus, sagte Mr. Dedalus. Das lohnt sich anzusehen, auf Ehre.

Als sie in die Berkeley Street einbogen, schickte eine Drehorgel in der Nähe des Bassins einen trallernden ratternden Tingeltangel-Schlager herüber und ihnen nach. Hat je-emand hier Kelly gesehn? Ka eh doppel el ypsilon. Trauermarsch aus *Saul*. Der ist grad so schlecht wie der alte Antoooniooo. Hat sitzen mich lassen auf meinem Popooniooo. Pirouette! Das *Mater*

Misericordiae. Eccles Street. Mein Haus da unten. Großer Kasten das. Abteilung für Unheilbare dabei. Sehr ermutigend. Unserer Lieben Frau Hospiz für die Sterbenden. Leichenhalle gleich handlich unten drunter. Wo die alte Mrs. Riordan starb. Sehn ja schrecklich aus, die Frauen. Ihr Futternapf, und wie man ihr den Mund mit dem Löffel abstrich. Dann der Schirm um ihr Bett, zum Sterben endlich. Netter junger Student war das, der mir den Stich von der Biene behandelt hat. Ist jetzt drüben in der Entbindungsanstalt, haben sie mir gesagt. Von einem Extrem ins andere.

Der Wagen bog im Galopp um eine Ecke: hielt an.
– Was ist denn jetzt schon wieder los?

Eine geteilte Herde brandgezeichnetes Vieh zog an den Fenstern vorbei, brüllend, trottend auf flatschigen Hufen, mit den Schwänzen träge über die verklumpten knochigen Kruppen fegend. Um sie herum und zwischen ihnen durch liefen gerötelte Schafe, blökten ihre Angst hinaus.

– Emigranten, sagte Mr. Power.
– Hüüüh! schrie die Stimme des Treibers, und seine Peitsche klatschte auf ihren Flanken. Hüüüh! Los da, vorwärts!

Natürlich, Donnerstag. Morgen ist Schlachttag. Kalbinnen, kurz vorm Kalben. Cuffe hat sie für rund siebenzwanzig Pfündchen verkauft das Stück. Nach Liverpool vermutlich. Roastbeef für Alt Engeland. Die saftigen kaufen sie alle auf. Und dann ist das fünfte Viertel verloren: das ganze Rohmaterial. Haut und Haar und Hörner. Läppert sich ganz schön zusammen in einem Jahr. Handel mit totem Fleisch. Nebenprodukte der Schlachthöfe für Gerbereien, Seife, Margarine. Möchte wohl wissen, ob der Trick jetzt klappt, Freibankfleisch in Clonsilla direkt ab Zug zu kriegen.

Der Wagen bewegte sich weiter, durch die Herde hindurch.

— Ich verstehe einfach nicht, wieso die Stadtverwaltung keine Tram-Linie vom Parktor zu den Kais einrichtet, sagte Mr. Bloom. Die ganzen Tiere könnten dann in Viehwagen runter an die Schiffe gebracht werden.

— Statt daß sie den Verkehr blockieren, sagte Martin Cunningham. Ganz recht. Das sollte gemacht werden.

— Ja, sagte Mr. Bloom, und dann habe ich oft noch an was anderes gedacht, daß man nämlich städtische Beerdigungs-Trams einführen sollte, wies die in Mailand gibt, wissen Sie. Mit der Linie bis vor die Friedhofstore raus, und Spezialwagen für den Sarg, die Trauergäste und alles. Verstehn Sie, was ich meine?

— Also das gäbe ja eine ganz verfluchte Geschichte, sagte Mr. Dedalus. Pullman-Wagen mit Speisesalon, was?

— Für Corny eine ziemlich bittere Aussicht, fügte Mr. Power hinzu.

— Wieso? fragte Mr. Bloom, zu Mr. Dedalus gewandt. Wärs nicht immer noch anständiger, als so zweispännig durch die Gegend zu galoppieren?

— Nun ja, da ist was dran, räumte Mr. Dedalus ein.

— Und, sagte Martin Cunningham, es gäbe keine Szenen mehr wie damals, wo der Leichenwagen an der Ecke bei Dunphy's umschlug und den Sarg auf die Straße kippte.

— Das war entsetzlich, sagte Mr. Powers schockiertes

Gesicht, und die Leiche rollte aufs Pflaster. Schrecklich!

– Als erster durchs Ziel bei Dunphy's, sagte Mr. Dedalus, nickend. Gordon-Bennett-Pokal.

– Lob und Preis sei Gott! sagte Martin Cunningham fromm.

Bumms! Umgekippt. Ein Sarg polterte auf die Straße. Barst auf. Paddy Dignam schoß heraus und überschlug sich, steif im Staub, in braunem Anzug, der ihm zu groß. Sein rotes Gesicht: jetzt grau. Der Mund klappoffen. Wie fragend, was jetzt denn los wäre. Ganz richtig, daß man ihn schließt. Sieht gräßlich aus, offen. Innereien verwesen dann auch schnell. Besser, man macht die Öffnungen allesamt dicht. Jawohl, die auch. Mit Wachs. Der Schließmuskel wird schlapp. Alles versiegeln.

– Dunphy's, kündigte Mr. Power an, als der Wagen sich nach rechts wandte.

Dunphy's Ecke. Trauerkutschen, aufgefahren, ihren Kummer zu ersäufen. Kleine Rast am Wegesrand. Prima Lage für eine Pub. Denke, wir werden hier auch Station machen auf der Rückfahrt, um auf seine Gesundheit zu trinken. Die Trostpulle rumgehn lassen. Lebenselixier.

Aber angenommen mal, es passierte jetzt wirklich. Ob er wohl bluten würde, wenn sagen wir ein Nagel ihn ritzte beim Runterkippen? Ich weiß nicht, vielleicht und vielleicht auch nicht. Kommt drauf an, wo. Der Kreislauf steht ja still. Möglich aber, daß aus einer Arterie noch was raussickert. Es wäre besser, man beerdigte sie in Rot: Dunkelrot.

Schweigend fuhren sie die Phibsborough Road

dahin. Ein leerer Leichenwagen trabte vorbei, vom Friedhof kommend: sieht richtig erleichtert aus.

Crossguns Bridge: der Royal Canal.

Wasser rauschte röhrend durch die Schleusen. Ein Mann stand zwischen Torfballen auf seiner langsam sinkenden Schute. Auf dem Treidelpfad neben der Schleusenkammer ein locker angeseiltes Pferd. An Bord der *Bugabu*.

Ihre Augen beobachteten ihn. Auf dem trägen verkrauteten Wasser war er dahingetrieben mit seinem Floß, küstwärts, quer durch ganz Irland, von einem Schleppseil gezogen, an Riedbeeten vorbei, über Schlamm und Schlick, verstopfte Flaschen, Hundskadaver, Aas. Athlone, Mullingar, Moyvalley, ich könnte eigentlich ja auch eine Wandertour machen, um Milly zu besuchen, am Kanal entlang. Oder mit dem Fahrrad hinfahren. Mir irgend so ein altes Klappergestell mieten, Sicherheitsrad. Wren hatte doch neulich eins auf der Auktion, aber ein Damen. Ausbau von Wasserstraßen. James M'Canns Steckenpferd, Fährmann, hol über. Viel billigerer Transport. In leichten Etappen. Hausboote. Im Freien kampieren. Auch Leichenwagen. Gen Himmel zu Wasser. Vielleicht schreib ich vorher gar nicht erst. Überraschungsbesuch, Leixlip, Clonsilla. Immer weiter runter, Schleuse um Schleuse, bis Dublin. Mit Torf aus den Midland-Mooren. Gruß. Er lüftete seinen braunen Strohhut, grüßte Paddy Dignam.

Sie fuhren am Brian Boroimhe House vorbei. Bald da jetzt.

– Möchte mal wissen, was unser Freund Fogarty so macht, sagte Mr. Power.

– Da fragst du am besten Tom Kernan, sagte Mr. Dedalus.

– Was, wieso? fragte Martin Cunningham. Ist ganz in Tränen aufgelöst, denk ich doch.

– Zwar aus den Augen, sagte Mr. Dedalus, doch nicht aus dem Sinn.

Der Wagen lenkte nach links, zur Finglas Road.

Zur Rechten der Steinschneiderhof. Letzte Runde. Dicht gedrängt auf dem Fitzchen Land erschienen schweigende Gestalten, weiß, kummervoll, stille Hände breitend, kniend in Schmerz, fingerzeigend. Fragmentarische Figuren, gehauen aus Stein. In weißem Schweigen: flehend. Das Beste, was Sie bekommen können. Thos. H. Dennany, Skulpturen und Grabsteine.

Vorüber.

Am Bordstein vorm Haus des Küsters Jimmy Geary saß ein alter Landstreicher, murrend, Schmutz und Steine schüttelnd aus seinem riesigen staubbraunen klaffenden Schuh. Nach des Lebens Reise.

Düstere Gärten glitten dann vorbei, einer nach dem andern: düstere Häuser.

Mr. Power wies hinaus.

– Da drüben ist Childs ermordet worden, sagte er. Das letzte Haus.

– So ist es, sagte Mr. Dedalus. Ein grausiger Fall. Seymour Bushe hat ihn freigekriegt. Mord an seinem eigenen Bruder. So jedenfalls hieß es.

– Die Krone hatte keinen Beweis, sagte Mr. Power.

– Bloß Indizien, sagte Martin Cunningham. Das ist die Maxime des Gesetzes. Lieber solln neunundneunzig

Schuldige ungestraft davonkommen, als daß ein Unschuldiger zu Unrecht verurteilt wird.

Sie starrten. Mordgelände. Dunkel zogs vorbei. Die Läden geschlossen, unbewohnt, ein wüster Garten. Der ganze Platz ist zum Teufel. Zu Unrecht verurteilt. Des Mörders Bild im Auge seines Opfers. Sowas lesen sie liebend gerne. Menschenkopf in einem Garten gefunden. Sie war bekleidet mit. Wie sie den Tod fand. Das jüngste Verbrechen. Die Tatwaffe. Der Mörder noch auf freiem Fuß. Hinweise. Ein Schnürsenkel. Die Leiche soll exhumiert werden. Es ist nichts so fein gesponnen.

Eine Enge ist das hier in dem Wagen. Vielleicht hat sies ja gar nicht gerne, wenn ich einfach so reingeschneit komme, ohne sies wissen zu lassen vorher. Man muß da vorsichtig sein bei Frauen. Überrasch sie bloß einmal, wenn sie die Hosen runter haben. Verzeihn sie einem nie mehr später. Fünfzehn.

Die hohen Gitter des Prospect-Friedhofs rippelten an ihrem Blick vorbei. Dunkle Pappeln, gelegentliche weiße Formen. Formen dann häufiger, weiße Gestalten gedrängt inmitten der Bäume, weiße Formen und Fragmente stumm vorüberströmend, mit leer erstarrten Gesten in der Luft.

Die Felge schrammte am Bordstein: sie hielten. Martin Cunningham streckte den Arm hinaus, riß den Griff zurück und stieß die Tür auf mit dem Knie. Er stieg aus. Mr. Power und Mr. Dedalus folgten.

Jetzt mit der Seife woanders hin. Mr. Blooms Hand knöpfte rasch seine Gesäßtasche auf und überführte die am Papier klebende Seife in seine innere Taschentuchtasche. Er stieg aus dem Wagen, die Zeitung wieder einsteckend, die seine andere Hand noch immer hielt.

Lumpiges Begräbnis: bloß der Wagen und drei Kutschen. Ist aber ja sowieso egal. Bahrtuchhalter, Goldzügel, feierliches Requiem, Abfeuern einer Salve. Todespomp. Hinter dem letzten Wagen stand ein Höker neben seinem Karren mit Gebäck und Obst. Simnelstücke sind das, aneinanderklebend: Backwerk für die Toten. Hundekuchen. Wer hat die gegessen? Leidtragende, vom Friedhof kommend.

Er folgte seinen Gefährten. Mr. Kernan und Ned Lambert kamen nach, hinter ihnen ging Hynes. Corny Kelleher stand neben dem geöffneten Leichenwagen und nahm die beiden Kränze heraus. Einen reichte er dem Jungen.

Wohin ist denn die Kindsbeerdigung verschwunden?

Ein Gespann Pferde kam vorüber, von Finglas, in müde trottendem Schritt, zog ein knarrendes Fuhrwerk, auf dem ein Granitblock lag, durch die Begräbnisstille. Der Fuhrmann, der zu Häupten neben ihnen schritt, entbot seinen Gruß.

Jetzt der Sarg. War uns um Nasenlänge voraus, so tot wie er ist. Wie das Pferd sich umsieht nach ihm, mit dem Federbusch schief. Blöder Blick: das Halfter zu eng um den Hals, drückt auf ein Blutgefäß oder sonstwas. Ob die wohl wissen, was sie hier rauskarren jeden Tag? Müssen ja so zwanzig bis dreißig Beerdigungen sein jeden Tag. Und dann noch der Mount Jerome für die Protestanten. Begräbnisse überall auf der ganzen Welt, in jeder Minute. Fuderweise unter die Erde geschaufelt, im Eiltempo. Tausende jede Stunde. Zu viele auf der Welt.

Leidtragende kamen durchs Tor heraus: Frau und ein Mädchen. Dürre Kinnlade, eine Harpyie das, in Geschäftsdingen sicher hart wie ein Stein, ihre Haube schief. Das Mädchen, Gesicht verfleckt von Dreck und Tränen, hält den Arm der Frau und blickt zu ihr auf, als warte es nur auf ein Zeichen zum Losheulen. Fischgesicht, blutlos und leichenfahl.

Die Träger schulterten den Sarg und trugen ihn durchs Tor hinein. Soviel Totgewicht noch. Hab mich schwerer gefühlt, wie ich aus dem Bad kam vorhin. Zuerst die Leiche: dann die Freunde der Leiche. Corny Kelleher und der Junge folgten mit ihren Kränzen. Wer ist denn das da neben ihnen? Ah, der Schwager.

Alle gingen hinterher.

Martin Cunningham flüsterte:

– Ich war ja in Todesängsten, wie Sie in Blooms Gegenwart auf einmal von Selbstmord anfingen!

– Was denn? flüsterte Mr. Power zurück. Wieso?

– Sein Vater hat sich doch vergiftet, flüsterte Martin Cunningham. Hatte das Queen's Hotel in Ennis. Sie hörten doch, wie er sagte, er wollte nach Clare. Jahrestag.

– Ach du guter Gott! flüsterte Mr. Power. Das hör ich zum erstenmal. Sich vergiftet!

Er warf einen raschen Blick hinter sich, wo ein Gesicht mit dunklen denkenden Augen folgte, dem Kardinals-Mausoleum zu. Sprechend.

– War er eigentlich versichert? fragte Mr. Bloom.

– Ich glaube schon, antwortete Mr. Kernan, aber die Police war hoch verpfändet. Martin versucht, den Jungen in die Artane reinzubringen.

– Wieviel Kinder hat er denn hinterlassen?

- Fünf. Ned Lambert sagt, er will sehn, daß er eins von den Mädels bei Todd's unterbringt.
- Ein trauriger Fall, sagte Mr. Bloom sanft. Fünf junge Kinder.
- Ein schwerer Schlag für die arme Frau, fügte Mr. Kernan hinzu.
- Wahrhaftig, ja, stimmte Mr. Bloom bei.

Hat aber gut lachen jetzt, im Vergleich zu ihm.

Er blickte auf seine Schuhe nieder, die er gekremt und gewichst hatte. Sie hatte ihn überlebt, ihren Mann verloren. Toter für sie als für mich. Einer muß den andern überleben. Ein weises Wort. Gibt mehr Frauen als Männer auf der Welt. Meine herzliche Teilnahme. Ein schrecklicher Verlust, der Sie betroffen hat. Ich hoffe, Sie werden ihm bald folgen. Nee, das nur für Hindu-Witwen. Sie würde bald einen andern heiraten. Ihn? Nein. Aber was weiß man? Witwenschaft ist keine Sache mehr, seit die alte Queen tot ist. Auf einer Lafette gezogen. Victoria und Albert. Trauerfeier in Frogmore, zum Gedächtnis. Aber zuletzt hat sie sich ein paar Veilchen an den Hut gesteckt. Eitel in ihres Herzens Herzen. Alles für einen Schatten. Prinzgemahl bloß, nichtmal König. Ihr Sohn war das Wesentliche. Etwas Neues, worauf man Hoffnung setzen konnte, anders als die Vergangenheit, die sie zurückwünschte, wartend. Die kommt nie wieder. Eins muß immer zuerst gehen: allein, unter die Erde: darf nie mehr liegen in ihrem warmen Bett.

- Wie gehts denn so, Simon? sagte Ned Lambert leise, mit einem Händedruck. Hab dich ja eine Ewigkeit nicht mehr gesehen.

– Blendend wie nie. Und wie gehts sonst so allen in Corks hochgebauter Stadt?

– Ich war Ostermontag unten, zu den Corker Park-Rennen, sagte Ned Lambert. Alles im alten Trott, wie eh und je. Bin bei Dick Tivy abgestiegen.

– Und wie geht's Dick, dem wackeren Mann?

– Er hat nichts mehr zwischen sich und dem Himmel, antwortete Ned Lambert.

– Beim heiligen Paulus! sagte Mr. Dedalus mit unterdrückter Verblüffung. Dick Tivy kahl?

– Martin will eine Sammlung für die Sprößlinge veranstalten, sagte Ned Lambert, nach vorn zeigend. Ein paar Schilling pro Schädel. Bloß um sie über Wasser zu halten, bis die Sache mit der Versicherung geklärt ist.

– Hm, ja, sagte Mr. Dedalus unschlüssig. Ist das der Älteste da vorn?

– Ja, sagte Ned Lambert, mit dem Bruder der Frau. Dahinter John Henry Menton. Er hat ein Pfund gezeichnet.

– Also das glaub ich gern, sagte Mr. Dedalus. Ich hab dem armen Paddy oft gesagt, den Posten, den soll er bloß nicht sausen lassen. John Henry ist nicht der Schlechteste auf der Welt.

– Wieso hat er ihn denn eigentlich verloren? fragte Ned Lambert. Schnaps, was?

– Dafür hat mancher gute Mann eine Schwäche, sagte Mr. Dedalus mit einem Seufzer.

Sie blieben vor der Tür der Friedhofskapelle stehen. Mr. Bloom stand hinter dem Jungen mit dem Kranz, niederblickend auf sein glatt gekämmtes Haar und den mageren runzligen Hals im nagelneuen Kragen.

Armer Junge! War er dabei, als der Vater? Beide ohne Bewußtsein dafür. Erst im letzten Moment kommt die Erleuchtung, Erkennen zum letztenmal. Was man noch alles hätte machen können. Ich schulde O'Grady noch drei Schilling. Ob er Verständnis hätte? Die Träger schafften den Sarg in die Kapelle. An welchem Ende ist eigentlich sein Kopf?

Nach einem Augenblick folgte er den andern hinein, blinzelnd im abgeblendeten Licht. Der Sarg lag auf dem Katafalk vor der Kanzel, vier hohe gelbe Kerzen an den Ecken. Uns immer voraus. Corny Kelleher legte die beiden Kränze an den vorderen Ecken nieder und gab dem Jungen ein Zeichen, sich hinzuknien. Die Leidtragenden knieten hier und da in Betbänken. Mr. Bloom stand weiter hinten neben dem Weihwasserbecken, und als alle niedergekniet waren, ließ er sorgsam seine auseinandergefaltete Zeitung aus der Tasche zu Boden gleiten und kniete sich mit dem rechten Knie darauf. Er setzte seinen schwarzen Hut sacht auf sein linkes Knie und beugte sich, die Krempe haltend, fromm nach vorn.

Ein Ministrant trat aus einer Tür, in der Hand einen Messingeimer mit irgend etwas darin. Der weißbehemdete Priester kam ihm nach, mit der einen Hand seine Stola ordnend, mit der andern ein kleines Buch balancierend vor seinem Krötenbauch. Wer liest uns den Schmeh? Ich, sprach die Kräh.

Sie machten am Katafalk halt, und der Priester begann aus seinem Buch zu lesen, fließend krächzend, sonor.

Pater Coffey. Ich wußte doch, sein Name klang nach Koffer irgendwie. *Domine-namine.* Bullig ums Maul sieht er aus. Schmeißt die ganze Chose. Muskulöser Christ. Wehe, wer den mal schief anguckt: so einen Hochwürden. Du bist Petrus. Platzt noch mal allseits aus den Nähten wie ein Schaf im Klee, sagt Dedalus. Tatsächlich, bei so einem Bauch, wie ein vergifteter Köter. Ganz amüsante Ausdrücke, die der Mann findet. Pfff: allseits aus den Nähten platzen.

– *Non intres in iudicium cum servo tuo, Domine.*

Kommen sich gleich werweißwie viel wichtiger vor, wenn Latein über ihnen gebetet wird. Requiem. Trauerschleier. Schwarzumrandetes Briefpapier. Der Name auf der Altarliste. Ziemlich fröstelig hier. Da muß es einen ja nach gutem Futter gelüsten, wenn man hier so den ganzen Morgen im Dunkeln hockt, Däumchen dreht und wartet, daß der nächste bitte. Auch die Augen wie bei einer Kröte. Was bläht den Mann bloß derart auf? Molly kriegt Blähungen immer nach Kohl. Vielleicht die Luft hier. Sieht aus wie prallvoll von Faulgasen. Muß hier ja auch infernalisch viel davon vorhanden sein auf dem Gelände, Faulgas. Fleischer zum Beispiel: die werden wie rohe Beefsteaks. Wer hat mir das doch erzählt? Mervyn Brown. Unten in den Gruftgewölben von St. Werburgh, herrliche alte Orgel, hundertundfünfzig, müssen sie manchmal ein Loch in die Särge bohren, um das Faulgas abzulassen und zu verbrennen. Zischt bloß so heraus: blau. Einen kleinen Paff davon, und man ist geliefert.

Die Kniescheibe tut mir weh. Aua. So ists besser.

Der Priester nahm einen Stock mit einem Knauf am Ende aus dem Eimer des Jungen und schüttelte ihn über dem Sarg. Dann trat er ans andere Ende und schüttelte ihn wieder. Dann kam er zurück und steckte ihn zurück in den Eimer. Wie du warst, bevor du zur Ruhe gingst. Ist alles schriftlich festgelegt: er muß es machen.

– *Et ne nos inducas in tentationem.*

Der Ministrant respondierte in piepsigem Diskant. Ich hab ja schon oft gedacht, man sollte sich im Haus am besten auch Jungens nehmen, Dienstjungens. So bis fünfzehn ungefähr. Anschließend natürlich...

Weihwasser war das, nehm ich an. Schüttelt Schlaf daraus. Also eigentlich muß ihm das doch bis zum Hals stehen hier, andauernd dieses Dings da über all den Leichen zu schütteln, mit denen die Leute hier angetrabt kommen. Wenn der mal sehen könnte, was er da so alles beschüttelt. An jedem Tag, den Gott werden läßt, ein neuer Schub: mittelalte Männer, alte Frauen, Kinder, Frauen im Kindsbett gestorben, Männer mit Bärten, kahlköpfige Geschäftsleute, schwindsüchtige Mädchen mit kleinen Spatzenbrüsten. Das ganze Jahr lang hat er dasselbe Zeug über ihnen allen gebetet und sie mit Wasser beschüttelt: Schlaf. Jetzt Dignam hier.

– *In paradisum.*

Hat gesagt, er ginge ins Paradies ein oder wäre schon drin im Paradies. Sagt das von jedermann. Ein ödes Geschäft das. Aber irgendwas muß er ja sagen.

Der Priester schloß sein Buch und ging davon, gefolgt vom Ministranten. Corny Kelleher öffnete die Seitentüren, und die Totengräber kamen herein, hoben den Sarg wieder auf, trugen ihn hinaus und schoben ihn auf ihren Karren. Corny Kelleher gab den einen Kranz dem Jungen, den anderen dem Schwager. Alle folgten ihnen durch die Seitentüren hinaus in die milde graue Luft. Mr. Bloom kam zuletzt, die Zeitung wieder in seine Tasche faltend. Er blickte ernst zu Boden, bis der Sargkarren nach links davonräderte. Die metallenen Räder mahlten den Kies mit scharfem knirschenden Schrei, und das Rudel plumper Schuhe folgte dem Karren durch eine Gasse von Grabmälern.

Ri – ra – rutsch, wir fahren in der Kutsch. Ach du lieber Gott, ich darf hier doch nicht zu trällern anfangen.

– Der O'Connell Circle, sagte Mr. Dedalus vor sich hin.

Mr. Powers sanfte Augen wanderten hinauf zur Spitze des ragenden Kegels.

– Er hat Ruhe gefunden, sagte er, inmitten seines Volkes, der alte Dan O'. Aber sein Herz ist in Rom begraben. Wie viele gebrochene Herzen sind hier beerdigt, Simon!

– Sie liegt da drüben, Jack, sagte Mr. Dedalus. Bald wird man mich neben sie betten. Mag Er mich zu sich nehmen, wann es Ihm gefällt.

Die Stimme versagte ihm, er begann still vor sich hin zu weinen, stolpernd ein wenig in seinem Gang. Mr. Power nahm seinen Arm.

– Ihr ist wohler jetzt da, wo sie ist, sagte er freundlich.

– Ich möchts glauben, sagte Mr. Dedalus mit einem schwachen Keuchen. Ich denke, sie ist im Himmel, wenns einen Himmel gibt.

Corny Kelleher trat aus der Reihe zur Seite und ließ die Leidtragenden vorübertrotten.

– Traurige Anlässe, begann Mr. Kernan höflich.

Mr. Bloom schloß die Augen und neigte zweimal traurig den Kopf.

– Die andern setzen die Hüte wieder auf, sagte Mr.

Kernan. Ich denke, wir können das auch tun. Wir sind die letzten. Dieser Friedhof ist ein heimtückischer Ort.

Sie bedeckten ihre Köpfe.

– Der hochwürdige Herr hat das Ritual viel zu schnell gelesen, finden Sie nicht auch? sagte Mr. Kernan tadelnd.

Mr. Bloom nickte ernst, in die flinken blutunterlaufenen Augen blickend. Augen voll Heimlichkeit, geheimniserforschende Augen. Freimaurer, könnt ich mir denken: aber nicht sicher. Wieder an seiner Seite. Wir sind die letzten. Alle im selben Boot. Hoffentlich sagt er noch was.

Mr. Kernan fügte hinzu:

– Das Ritual der irischen Kirche, wie es am Mount Jerome üblich ist, wirkt viel einfacher, eindrucksvoller, muß ich sagen.

Mr. Bloom stimmte vorsichtig zu. Die Sprache, das war natürlich ganz was anderes.

Mr. Kernan sagte mit Feierlichkeit:

– *Ich bin die Auferstehung und das Leben.* Das packt einen doch im innersten Herzen.

– Ja, das packt, sagte Mr. Bloom.

Dein Herz vielleicht, aber was solls dem Burschen in dem sechs Fuß mal zwo da, der die Radieschen von unten besieht? Bei dem gibts nichts mehr zu packen. Sitz der Gemütsbewegungen. Gebrochenes Herz. Eine Pumpe doch letzten Endes, die tausende von Gallonen Blut täglich umwälzt. Eines schönen Tages verstopft sie sich, und man ist erledigt. Haufenweise liegen sie hier herum: Lungen, Herzen, Lebern. Alte rostige Pumpen: einen Schmarren was andres. Die Auferstehung und das Leben. Wenn man erst mal tot ist, ist man tot. Dieser Einfall mit dem jüngsten Tag. Die ganze Bagage aus ihren Gräbern trommeln. Lazarus, komm herfür! Und er kam herfünf, und Pustekuchen. Alles aufstehn! Jüngster Tag! Jeder grapscht wie wild nach seiner Leber, seinen Glotzern und den restlichen Siebensachen. Dabei findet er doch nischt mehr wieder an dem Morgen. Ein Pennyweight Staub bloß noch im Schädel. Zwölf Gramm ein Pennyweight. Troy-Maß.

Corny Kelleher tauchte an ihrer Seite auf und hielt Schritt mit ihnen.

– Hat ja alles erstklassig geklappt, sagte er. Was?

Er schielte sie aus seinem plierenden Auge an. Polizistenschultern. Mit deinem tandara tandara dei.

– Ganz wie es sein sollte, sagte Mr. Kernan.

– Äh, was? sagte Corny Kelleher.

Mr. Kernan gab ihm Sicherheit.

– Wer ist denn das da bei Tom Kernan? fragte John Henry Menton. Ich kenn doch sein Gesicht!

Ned Lambert warf einen Blick zurück.

– Bloom, sagte er, Madame Marion Tweedy war, ist, meine ich, die Sopranistin. Die ist seine Frau.

– Ach ja, natürlich, sagte John Henry Menton. Ich hab sie eine ganze Zeit nicht mehr gesehen. Sah gut aus, die Frau. Ich hab mal mit ihr getanzt vor, warte mal, fünfzehn bis siebzehn goldenen Jahren jetzt, bei Mat Dillon, in Roundtown. Und da war sie ganz schön was im Arm, damals.

Er blickte sich um, zwischen den andern durch.

– Was ist er eigentlich? fragte er. Was macht er? War er nicht in der Schreibwaren-Branche? Ich bin mal mit ihm zusammengestoßen an einem Abend, fällt mir ein, beim Bowling.

Ned Lambert lächelte.

– Ja, er war, sagte er, bei Wisdom Hely. Reisender in Löschpapier.

– Um Gottes willen, sagte John Henry Menton, warum hat die denn bloß einen derartigen Trottel geheiratet! War doch ganz schön oho damals.

– Das ist sie immer noch, sagte Ned Lambert. Er macht jetzt als Annoncen-Akquisiteur.

John Henry Mentons große Augen starrten nach vorn.

Der Sargwagen bog in einen Seitenpfad ein. Ein beleibter Mann, im Hinterhalt der Büsche, hob in Ehrerbietung den Hut. Die Totengräber tippten an ihre Kappen.

– John O'Connell, sagte Mr. Power beifällig. Der vergißt nie einen Freund.

Mr. O'Connell schüttelte allen schweigend die Hand. Mr. Dedalus sagte:

– Ich komme mal wieder zu Besuch, mein Freund.

– Mein lieber Simon, antwortete der Friedhofsaufseher mit leiser Stimme. Als Kunden will ich Sie ja auch wahrhaftig nicht.

Ned Lambert grüßend und John Henry Menton, ging er weiter an Martin Cunninghams Seite, dabei mit zwei Schlüsseln puzzelnd auf dem Rücken.

– Habt ihr den schon gehört, fragte er sie, den von Mulcahy aus der Coombe?

– Ich nicht, sagte Martin Cunningham.

Sie senkten im Einvernehmen die Zylinder, und Hynes neigte sein Ohr. Der Friedhofsaufseher hängte die Daumen in die Schlaufen seiner goldenen Uhrkette und sprach in diskretem Ton zu ihrem leeren Lächeln.

– Also die Geschichte ist die, sagte er, daß an einem nebligen frühen Abend mal zwei Besoffene hier rauskamen, um nach dem Grab von einem ihrer Freunde zu sehen. Sie fragten nach Mulcahy aus der Coombe und bekamen Auskunft, wo er begraben lag. Nachdem sie eine Weile im Nebel herumgetappt waren, fanden sie denn auch richtig das Grab. Der eine Besoffene buchstabierte den Namen: Terence Mulcahy. Der andere blinzelte derweil zum Standbild unseres Erlösers empor, das die Witwe da hatte aufstellen lassen.

Der Friedhofsaufseher blinzelte zu einem der Grabmäler empor, an denen sie vorüberkamen. Er fuhr fort:
– Ja, und wie er nun ausgiebig zu der heiligen Gestalt emporgeblinzelt hat, sagt er, *Also nicht das kleinste bißchen Ähnlichkeit. Nee, das ist Mulcahy nicht*, sagt er, *egal, wers gemacht hat*.

Von Lächeln belohnt blieb er zurück und sprach mit Corny Kelleher, nahm die Aufstellungen, die dieser ihm gab, in Empfang und blätterte sie prüfend durch, während er weiterging.

– Das macht er alles mit Absicht, erklärte Martin Cunningham dem neben ihm gehenden Hynes.
– Weiß ich, sagte Hynes, das weiß ich wohl.
– Um einen aufzuheitern, sagte Martin Cunningham. Die reinste Gutherzigkeit: nichts anderes sonst.

Mr. Bloom bewunderte des Friedhofsaufsehers blühende Fülle. Alle wollen auf gutem Fuß mit ihm stehen. Anständiger Kerl, der John O'Connell, einer von der wirklich guten Sorte. Schlüssel: wie auf Keyes' Annonce: keine Angst, daß ihm jemand entwischt, Urlaub und Ausgang gibts nicht. *Habeat corpus*. Muß

mich kümmern um die Anzeige nach der Beerdigung.
Hab ich etwa Ballsbridge auf den Umschlag geschrieben, den ich drüberschob, als sie mich beim Schreiben
an Martha störte? Hoffentlich nicht bei den unzustellbaren Postsachen gelandet. Könnte sich auch mal
rasieren, der. Grau sprießender Bart. Das ist das erste
Anzeichen, wenn die Haare grau rauskommen und
die Laune gnätsch wird. Silberfäden unter grauen.
Also dem seine Frau zu sein, das muß man sich mal
vorstellen. Möchte wissen, wo er den Mumm hergenommen hat, einem Mädchen nen Antrag zu machen.
Komm mit und leb bei mir auf dem Friedhof. Ihr
sowas überhaupt anzubieten. Zuerst kribbelts sie ja
vielleicht. Den Tod freien ... Schatten der Nacht gehn
hier um bei den Toten, die überall liegen. Die Schatten
der Grüfte, wenn Friedhöfe gähnen, und Daniel
O'Connell muß ein Abkömmling sein von ihnen, wer
war das doch, der immer sagte, er wäre ganz merkwürdig fruchtbar, der Mann, ein großer Katholik
trotzdem, wie ein Riese im Dunkeln. Irrlichter. Gräbergas. Man muß ihr die Gedanken ablenken, wenn
sie überhaupt schwanger werden soll. Frauen sind da
ja so empfindlich. Ihr eine Gespenstergeschichte erzählen im Bett, damit sie einschläft. Hast du schon mal
einen Geist gesehen? Siehst du, aber ich. Es war pechschwarze Nacht. Die Uhr schlug gerade zwölf. Aber
küssen würden sie ganz ordentlich, wenn erstmal richtig in Stimmung gebracht. Huren auf türkischen Friedhöfen. Lernen praktisch alles, wenn man sie jung dazu
rankriegt. Könnte hier eine junge Witwe anhauen.
Männer mögen das. Liebe zwischen den Grabsteinen.
Romeo. Ist die Würze der Lust. Mitten wir im Tode

sind von dem Leben umfangen. Da treffen sich beide Enden. Müssen ja Tantalusqualen sein für die armen Toten. Wie der Duft röscher Beefsteaks für die Verhungernden, frißt ihnen am Leben. Das Verlangen, die Leute auf achtzig zu bringen. Molly wolltes am Fenster machen. Acht Kinder hat er jedenfalls.

Ganz schönes Quantum, was er so zu seiner Zeit unter die Erde hat gehn sehen, rund um ihn jetzt, Feld hinter Feld. Heilige Felder. Mehr Platz, wenn man sie stehend begrübe. Sitzend oder kniend, nee, das ginge nicht. Und stehend? Dann könnte der Kopf rauskommen eines Tages, wenns mal nen Erdrutsch gäbe, mit mahnend erhobener Hand. Der Boden müßte vollständig in Waben eingeteilt werden: längliche Zellen. Und sauber hält ers ja auch sehr, der Rasen gepflegt, die Einfassungen. Seinen Garten nennt Major Gamble den Mount Jerome. Sehr schön, so ist es. Die Blumen sollten Schlafblumen sein eigentlich. Chinesische Friedhöfe mit Riesenmohn liefern das beste Opium, hat mir Mastiansky doch erzählt. Der Botanische Garten ist gleich da drüben. Es ist das Blut, das in die Erde sickert, das gibt neues Leben. Dieselbe Idee bei den Juden, die den Christenknaben geschächtet haben sollen. Jeder Mensch seinen Preis. Guterhaltene fette Gentleman-Leiche, Feinschmecker, unschätzbar für Obstgarten. Glänzendes Geschäft. Für Leichnam William Wilkinson, Rechnungs- und Bücherrevisor, erst kürzlich verstorben, erlauben wir uns drei Pfund dreizehn-sechs. Dankend erhalten zu haben bescheinigt.

Also ich möchte ja sagen, der Boden wird unbedingt fett bei Leichendüngung: Knochen, Fleisch, Nägel, Beinhäuser. Grauenhaft. Werden grün und rosa beim

Verwesen. In feuchter Erde verfaulen sie schnell. Die mageren alten sind zäher. Dann eine Art Vertalgung, Art Verkäsung. Dann werden sie langsam schwarz, Sirup sickert aus ihnen raus. Dann trocknen sie ein. Totenkopfschwärmer. Natürlich leben die Zellen weiter, oder was sie sonst sind. Verwandeln sich bloß. Praktisch das ewige Leben. Keine Nahrung mehr, nähren sich von sich selbst.

Aber Maden müssen die ja ausbrüten, Teufel noch eins, massenhaft. Der Boden muß förmlich wimmeln davon. Da kann einen glatt ja der Schwündel packen. Die Mädchen, ja, die hübschen kleinen Mädchen vom Strand. Macht ein ziemlich munteres Gesicht dabei. Gibt ihm ein Gefühl der Macht, die andern alle zuerst runtergehn zu sehen. Möchte wohl wissen, was der für eine Einstellung zum Leben hat. Reißt ja auch seine Witze: wird ihm wärmer ums Herz davon. Den mit dem Bulletin. Hochwürden Spurgeon 4 Uhr heute früh gen Himmel gefahren. Bei Ladenschluß (11 Uhr abends) noch nicht eingetroffen. Petrus. Die Toten selber, die Männer jedenfalls, würden bestimmt ganz gern mal ein Witzchen hören, oder die Frauen wissen, was grad Mode ist. Eine saftige Birne oder nen Damenpunsch, heiß stark und süß. Die klamme Kälte zu vertreiben. Lachen muß man ja doch manchmal, also besser gleich so. Die Totengräber im *Hamlet*. Zeigt die tiefe Kenntnis des menschlichen Herzens. Mindestens zwei Jahre lang nicht über die Toten spotten. *De mortuis nil nisi prius*. Erst muß die Trauerzeit um sein. Eigentlich kaum vorstellbar, daß der da auch mal beerdigt wird. Kommt einem fast wie ein Witz vor. Wenn man seine eigene Todesanzeige liest, heißt es, lebt man länger. Läßt einen nochmal zu Atem kommen. Neues Leben in die Lungen.

– Wieviel haben Sie denn für morgen? fragte der Friedhofsaufseher.

– Zwei, sagte Corny Kelleher. Halb elf und elf.

Der Friedhofsaufseher steckte die Papiere in die Tasche. Der Sargkarren hatte zu rollen aufgehört. Die Leidtragenden teilten sich und nahmen zu beiden Seiten des Loches Aufstellung, mit Sorgfalt die Grabstellen umschreitend. Die Totengräber trugen den Sarg heran, schlangen die Seile darum und setzten ihn mit dem Kopfende auf den Rand.

Seine Beerdigung. Begraben wolln wir Caesarn. Seine Iden des März oder Juni. Er weiß nicht, wer hier jetzt steht, ist ihm auch egal.

Also wer ist denn bloß dieser lange Lulatsch in dem Macintosh da drüben? Ich gäb was drum, wenn ich nur wüßt. Das heißt, es schert mich imgrunde ja einen Dreck. Immer taucht doch plötzlich jemand auf, an den man nicht im Traum gedacht hätte. Eigentlich könnte man ohne weiteres auch sein ganzes Leben alleine leben. Jawohl, könnte man durchaus. Müßte dann bloß jemand auftreiben, der einen unter den Rasen bringt, wenn man gestorben ist, obwohl man sich natürlich auch vorher ein eigenes Grab buddeln könnte. Tun wir sowieso alle. Bloß der Mensch begräbt. Nee, Ameisen ebenfalls. Das erste, was jedem einfällt. Die Toten begraben. Robinson Crusoe etwa, gilt doch als lebensechte Figur. Tja, und dann hat ihn ja auch Freitag begraben. Jeder Freitag begräbt einen Donnerstag, wenn mans recht überlegt.

Ach du armer Robinson Crusoe,
Wie kamst du da bloß zu so?

Armer Dignam! Sein letztes Lager auf Erden in einer Kiste. Wenn man denkt, daß das allen so geht, kommts einem doch glatt wie Holzverschwendung vor. Wird ja alles zernagt. Könnten stattdessen ne hübsche Bahre mit gleitendem Boden erfinden, eine Art Falltür mit Rutschbahn, und auf die Art dann einfach durch und runter damit. Jaja, aber dann würde gleich wieder jeder seine eigene Rutsche haben wollen. Da sind sie nun mal pingelig. Laßt mich in Heimaterde ruhn. Ein Kleckschen Lehm aus dem Heiligen Land. Nur Mutter und totgeborenes Kind werden zusammen in einem Sarg beerdigt. Seh den Sinn schon ein. Ganz klar. Schutz für den Kleinen so lange wie möglich, selbst in der Erde noch. Des Irländers Haus ist sein Sarg. Einbalsamieren in Katakomben, Mumien, derselbe Gedanke.

Mr. Bloom stand weit hinten, den Hut in der Hand, und zählte die baren Häupter. Zwölf. Ich bin die dreizehn. Nein. Der Kerl da im Macintosh ists. Todeszahl. Wo zum Teufel ist der plötzlich hergekommen? In der Kapelle war er noch nicht, das kann ich beschwören. Blödsinniger Aberglaube, das mit der dreizehn.

Aus schönem weichen Tweed, Ned Lamberts Anzug. Schattierung von Purpur. Ich hatte mal einen ähnlichen, wie wir noch in der Lombard Street West wohnten. Eleganter Bursche war er ja früher, immer wie aus dem Ei gepellt. Wechselte dreimal am Tag den Anzug. Ich muß mir den grauen doch mal wenden lassen bei Mesias. Hallo! Der ist ja gefärbt! Also da hätte ihm seine Frau, Moment, er ist ja doch gar nicht verheiratet, oder seine Wirtin, also die hätte ihm wahrhaftig die Fäden auszupfen können.

Der Sarg tauchte außer Sicht, niedergelassen von den Männern, die breitbeinig auf den Bohlen der Grabeinfassung standen. Sie kraxelten hoch und heraus: und alle zogen die Hüte. Zwanzig.

Pause.

Wenn wir nun alle plötzlich jemand anders wären!

Weit weg schrie ein Esel. Regen. Gar nicht so eselhaft eigentlich. Tot sieht man nie einen, heißt es. Schämen sich des Sterbens. Und verkriechen sich. Auch Papa, der Arme, hat sich so beiseite gemacht.

Sanfte süße Luft strich flüsternd um die entblößten Häupter. Flüsternd. Der Junge am Kopfende des Grabes hielt seinen Kranz mit beiden Händen, still starrend in das schwarze offene Loch. Mr. Bloom trat hinter den liebenswürdigen beleibten Friedhofsaufseher. Gut geschnittener Gehrock. Schätzt sie vielleicht gerade ab, wer als nächster dran ist. Tja, 's ist ein langer Schlaf. Man fühlt nichts mehr. Nur der entscheidende Moment, den fühlt man. Muß verdammt unangenehm sein. Läßt sich zuerst kaum glauben. Bestimmt ein Irrtum: jemand anders. Probiers mal im Haus gegenüber. Warte, ich wollte noch. Ich hab noch nicht. Dann das verdunkelte Sterbezimmer. Licht wollen sie. Flüstern rundum. Möchtest du gern, daß ein Priester kommt? Gedanken, schweifend, verschwimmend. Dann Delirieren, alles was man versteckt hat sein Leben lang. Der Todeskampf. Sein Schlaf ist nicht natürlich. Drücken auf sein unteres Lid. Nachsehn, ob seine Nase schon spitz wird, die Kinnlade sackt, die

Fußsohlen gilben. Zieht ihm doch das Kissen weg und gebt ihm den Rest, auf dem Boden, ist ja doch nichts mehr zu machen. Jenes Bild vom Tod des Sünders, da zeigt ihm der Teufel ein Weib. Wie wild drauf, sie sterbend zu umarmen in seinem Hemd. *Lucia*, letzter Akt. *Soll ich denn nimmer erblicken dich?* Bums! stirbt. Endlich hinüber. Die Leute reden noch etwas von dir: vergessen dich dann. Vergeßt nicht für ihn zu beten. Gedenkt seiner still im Gebet. Jaja, sogar Parnell. Efeutag stirbt aus. Dann kommen sie selber dran: fahrn in die Grube, einer nach dem andern.

Jetzt beten wir für die Ruhe seiner Seele. Tschüs, alter Geselle, komm nicht in die Hölle. Reizende Luftveränderung. Raus aus der Pfanne des Lebens ins Fegfeuer rein.

Ob der hier wohl je an das Loch denkt, das auf ihn wartet? Es heißt ja, man denkt dran, wenn man in der Sonne plötzlich zusammenschauert. Jemand geht über mein Grab. Wie beim Theater der Junge, der zum Auftritt ruft. He, Sie sind dran. Meins liegt da drüben, nach Finglas zu, die Grabstelle, die ich gekauft hab. Mama, die arme Mama, und der kleine Rudy.

Die Totengräber nahmen ihre Spaten auf und warfen schwere Plaggen Lehm auf den Sarg hinunter. Mr. Bloom wandte sein Gesicht. Und wenn er nun die ganze Zeit noch lebendig war? Hu! Donnerwetter, das wäre ja gräßlich! Nein, nein: er ist tot, natürlich. Natürlich ist er tot. Ist Montag gestorben. Es sollte eigentlich gesetzliche Vorschrift sein, das Herz zu durchbohren, um ganz sicher zu gehn, oder eine elektrische Klingel oder ein Telephon in den Sarg und eine Art Luftloch aus Segeltuch. Eine Notflagge. Drei Tage.

Für den Sommer ziemlich lange Frist. Man könnte sie sich ebenso gut auch gleich vom Hals schaffen, sobald man sicher ist, daß kein.

Der Lehm fiel leiser. Geht schon los mit dem Vergessen. Aus den Augen, aus dem Sinn.

Der Friedhofsaufseher trat ein paar Schritte zurück und setzte seinen Hut auf. Hat genug davon. Die Leidtragenden faßten sich ein Herz, einer nach dem andern, und bedeckten sich ohne Aufhebens. Mr. Bloom setzte ebenfalls seinen Hut auf und blickte der beleibten Gestalt nach, wie sie zackig ihren Weg durch den Irrgarten der Gräber nahm. Gelassen, seines Gebietes sicher, durchmaß er die trübseligen Gefilde.

Hynes kritzelte da was in sein Notizbuch. Ah ja, die Namen. Kennt sie aber wohl alle. Nein: kommt zu mir.

– Ich notiere nur grad die Namen, sagte Hynes mit verhaltener Stimme. Wie war doch gleich Ihr Taufname? Ich weiß es nicht mehr genau.

– L., sagte Mr. Bloom. Leopold. Und Sie könnten auch gleich M'Coy mit aufschreiben. Er bat mich drum.

– Charley, sagte Hynes schreibend. Ich weiß. Er war mal beim *Freeman* früher.

Das war er, bevor er den Posten im Leichenschauhaus kriegte, unter Louis Byrne. Guter Einfall, so eine Leichenöffnung, für Ärzte. Finden dabei raus, was sie sich einbilden, daß sies wüßten. Der Mann starb an einem Dienstag. War reingelegt worden. Durchgebrannt mit dem Geld für ein paar Annoncen. Charley, du bist mein Darling. Deswegen bat er mich ja. Soll sein, tut keinem weh. Ist erledigt, M'Coy. Danke, alter

Junge: sehr verbunden. Laß ihn, soll sich ruhig ein bißchen verpflichtet fühlen: kostet nichts.

– Und sagen Sie doch, sagte Hynes, kennen Sie den Burschen in dem, stand da drüben eben, in dem...

Er blickte sich um.

– Macintosh. Ja, ich hab ihn gesehen, sagte Mr. Bloom. Wo steckt er denn jetzt?

– M'Intosh, sagte Hynes kritzelnd. Weiß gar nicht, wer das ist. Hm, heißt er so?

Er entfernte sich wieder, um sich blickend.

– Nein, begann Mr. Bloom, sich wendend und innehaltend. Hören Sie, Hynes!

Hats nicht mehr gehört. Was? Wo ist er denn plötzlich hin verschwunden? Keine Spur. Also das ist doch. Hat je-emand hier? Ka eh doppel el. Unsichtbar schnell. Guter Gott, was ist aus ihm geworden?

Ein siebter Totengräber trat neben Mr. Bloom, um einen unbeschäftigten Spaten aufzunehmen.

– Ah, verzeihen Sie!

Er trat behend zur Seite.

Lehm, braun und feucht, begann in der Grube sichtbar zu werden. Stieg an. Jetzt fast schon vorbei. Ein Hügel aus feuchten Schollen stieg weiter an, stieg auf, und die Totengräber ließen die Spaten ruhen. Alle entblößten erneut für ein paar Augenblicke die Köpfe. Der Junge lehnte seinen Kranz an eine Ecke: der Schwager seinen auf einen Haufen. Die Totengräber setzten die Kappen wieder auf und trugen ihre erdigen Spaten zum Karren. Dann schlugen sie das Blatt leicht auf dem Rasen ab: so, sauber. Einer bückte sich, um vom Stiel einen langen Grasbüschel zu entfernen. Ein anderer verließ seine Gefährten und ging langsam seiner Wege, die Waffe geschultert, ihr Blatt funkelblau. Schweigend legte ein dritter am Kopfende des Grabes das Seil zusammen. Seine Nabelschnur. Der Schwager wandte sich ab und drückte ihm etwas in die freie Hand. Schweigender Dank. Tut mir leid, Sir: daß Sie jetzt auch noch. Kopfschütteln. Ich weiß doch, wie das ist. Für Ihre Mühewaltung.

Die Leidtragenden bewegten sich langsam davon, ziellos, auf Nebenwegen, manchmal ein Weilchen stehen bleibend, um einen Namen auf einem Grabstein zu lesen.

– Gehn wir doch noch beim Grab des Chiefs vorbei, sagte Hynes. Wir haben ja Zeit.

– Ja, das wollen wir tun, sagte Mr. Power.

Sie wandten sich zur Rechten, ihren langsamen Gedanken folgend. Voll Scheu sprach Mr. Powers tonlose Stimme:

– Manche sagen, er läge überhaupt nicht dort in dem Grab. Der Sarg enthalte nur Steine. Und eines Tages werde er wiederkommen.

Hynes schüttelte den Kopf.

– Parnell wird niemals wiederkommen, sagte er. Dort liegt er, alles was sterblich war an ihm. Friede seiner Asche.

Mr. Bloom ging unbeachtet an seinem Hain entlang, vorbei an trüb trauernden Engeln, Kreuzen, zerbrochenen Säulen, Familiengrüften, steinernen Hoffnungen, die beteten mit aufwärts gerichteten Augen, Old Irlands Herzen und Hände. Vernünftiger, das Geld zu wohltätigen Zwecken auszugeben, für die Lebenden. Betet für die Ruhe der Seele von. Tut das denn wirklich mal einer? Lassen ihn ins Grab rutschen und sind mit ihm fertig. Wie eine Kohlenschütte runter. Schmeißen sie dann zusammen, um Zeit zu sparen. Allerseelentag. Am siebenundzwanzigsten bin ich an seinem Grab. Zehn Schilling für den Gärtner. Hälts von Unkraut frei. Selber ein alter Mann. Krummgebogen, kappt er mit der Schere. Nahe des Todes Pforte. Der da von uns ging. Der dies Leben verließ. Als wenn sies aus eigenem Antrieb täten. Haben halt den Schubs gekriegt, allesamt. Der da biß ins Gras. Viel interessanter, wenn draufstünde, was sie so gewesen sind im Leben. Dingsbums Soundso, Stellmacher. Ich war Reisender in Kork-Linoleum. Ich mußte 25 Perzent zahlen. Oder bei einer Frau ihre Bratpfanne mit drauf. Ich hab gut Irish Stew gekocht. Eulogie auf einem Landfriedhof, das solltes sein, dieses Gedicht, von wem wars doch gleich, Wordsworth oder Thomas Campbell. Zur ewigen Ruhe gegangen, sagen die Protestanten. Da, das vom alten Dr. Murren. Der Große Arzt rief ihn heim. Na schön, für sie ists Gottes Acker. Netter Landsitz eigentlich. Neu verputzt und gestrichen. Ideales Fleckchen, um in Ruhe seine Pfeife zu rauchen und die *Church Times* zu lesen. Heirats-Annoncen versuchen sie nie aufzuschönen. Rostige Kränze, auf Haken gehängt, Girlanden aus Bronzeblech. Da hat man mehr für sein Geld. Aber Blumen sind natürlich poetischer. Das andere wird ziemlich langweilig bald, wo es doch nie welkt. Drückt gar nichts aus. Immortellen.

Ein Vogel saß zahm hoch oben auf einem Pappelzweig. Wie ausgestopft. Wie das Hochzeitsgeschenk, das Stadtrat Hooper uns anbrachte. Hu! Kein Mucks, rührt und regt sich nicht. Weiß genau, hier wird nicht mit Schleudern geschossen. Ein totes Tier, sowas ist wohlmöglich noch trauriger. Die tolle Milly, wie sie das tote Vögelchen in der Küchenstreichholzschachtel begrub: das kleine Grab mit einer Kette aus Gänseblümchen darauf und Scherbenstücken.

Und das ist also das Heilige Herz Jesu: offen zur Schau gestellt. Ein offenherziger Herr, das. Sollte ja eigentlich seitlich sitzen und rot gemalt sein, wie ein richtiges Herz. Irland war ihm geweiht oder irgend sowas. Kiekt alles andere als zufrieden drein. Warum tut man ihm das an? Würden die Vögel sonst kommen und dran picken, wie bei dem Jungen mit dem Obstkorb, aber er sagte, nein, weil sie eigentlich Angst haben sollten vor dem Jungen. Apollo war das.

Was für Massen! All die hier sind mal in Dublin rumgelaufen. Selig entschlafen. Wie du jetzt bist, so warn einst wir.

Nebenbei, wie könnte man sich überhaupt an alle erinnern? Augen, Gang, Stimme. Nun ja, die Stimme: Grammophon, das geht. Ein Grammophon auf jedem Grab oder doch zu Hause. Und sonntags dann nach dem Essen. Leg uns doch mal den armen alten Urgroßvater auf. Kraahraark! Hallohallohallo chfreumich schrecklich kraak michschrecklich euchwiederzu hallohallo chfreumichschreck krackszschsss. Erinnert einen an die Stimme wie die Photographie ans Gesicht. Sonst fiele einem das nach sagen wir fünfzehn Jahren wohl kaum noch wieder ein. Zum Beispiel wer doch gleich? Zum Beispiel irgendwer, der starb, als ich noch bei Wisdom Hely war.

Rtststrrr! Ein Kieselrasseln. Warte. Halt.

Er spähte aufmerksam in eine Steinkrypta hinunter. Irgendein Tier. Warte. Ah, da läufts.

Eine feiste graue Ratte zockelte seitlich an der Krypta entlang, die Kiesel bewegend. Ein alter Praktikus: zum Urgroßvater: weiß, wo es langgeht. Das graue Wesen zwängte sich unter die Plinthe, ringelte sich drunter hinein. Gutes Versteck für nen Schatz.

Wer wohnt denn hier? Wurden die sterblichen Reste von Robert Emery zur letzten Ruhe gebettet. Robert Emmet ist doch bei Fackellicht beerdigt worden hier, oder? Macht ihre Runde.

Der Schwanz jetzt verschwunden.

So eins von diesen Biestern fackelt nicht lange mit einem. Nagen die Knochen sauber ab, egal wers war. Gewöhnliches Fleisch für sie. Ein Leichnam ist schlechtgewordenes Fleisch. Na schön, und was ist Käse? Leiche der Milch. Ich hab doch in den *Reisen durch China* gelesen, daß die Chinesen sagen, ein Weißer, der riecht nach Leiche. Verbrennung ist besser. Aber da sind die Priester auf den Tod dagegen. Zubringer für die andere Firma. Leichenbrenner en gros und Kachelöfenhandel. Zeit der Pest. Fiebergruben mit Ätzkalk, der sie wegfrißt. Todeskammer. Asche zu Asche, Staub zu Staub. Oder Bestattung auf See. Wo ist der Parsenturm des Schweigens? Von Vögeln gefressen. Erde, Feuer, Wasser. Ertrinken, sagt man, ist die angenehmste Art. Sein ganzes Leben sieht man wie einen Blitz vorüberhuschen. Aber dann wiederbelebt werden, nein. In der Luft bestatten kann man allerdings nicht. Aus einer Flugmaschine raus. Ob sich das wohl rumspräche, wenn wieder mal frisch jemand abgelassen wird? Untergrund, Gerücht pflanzt sich fort. Das haben wir von ihnen gelernt. Würde mich nicht überraschen. Ganz normales Futter für sie, nähren sich redlich. Fliegen kommen ja schon, bevor einer überhaupt richtig tot ist. Haben Wind gekriegt von Dignam. Der Gestank wär ihnen schnurzegal. Vergammelnder salzweißer Leichenbrei: riecht, schmeckt wie rohe weiße Rüben.

Vorn schimmerten die Tore: offen noch. Zurück in die Welt, dem Leben wiedergegeben. Für diesmal reichts einem wieder. Bringt einen jedesmal ein Stückchen näher. Zuletzt bin ich hier bei Mrs. Sinicos Beerdigung gewesen. Der arme Papa auch. Die Liebe, die tötet. Und dann kratzen sie sogar die Erde auf bei Nacht und Laternenlicht, wie in dem Fall, von dem ich gelesen habe, um an frisch begrabene Weiber ranzukommen oder sogar schon verweste, mit jauchenden Grabwunden. Da kann man doch die Gänsehaut kriegen. Ich werd dir erscheinen nach dem Tode. Du wirst meinen Geist sehen nach dem Tode. Mein Geist wird dich heimsuchen nach dem Tode. Es gibt eine andere Welt nach dem Tode, die Hölle heißt. Ich mag nichts von den andern Welten wissen, hat sie geschrieben. Ich gleichfalls nicht. Viel noch zu sehen, zu hören, zu fühlen. Lebendige warme Wesen nah sich fühlen. Laßt die hier doch schlafen in ihren madigen Betten. Mich kriegen sie nicht dazu ran, mich nicht. Ich bin für die warmen Betten: warmes blutvolles Leben.

Martin Cunningham tauchte aus einem Seitenweg auf, in ernstem Gespräch.

Rechtsanwalt, glaub ich. Kenn sein Gesicht. Menton. John Henry, Rechtsanwalt und Notar, Bevollmächtigter für Eide und Affidavits. Dignam war bei ihm im Büro. Bei Mat Dillon, ist lange her. Fideler Bruder,

der Mat, gesellige Abende. Kaltes Geflügel, Zigarren, die Tantalus-Gläser. Ein Herz wie Gold, wahrhaftig. Ach ja, Menton. Mit dem bin ich doch mal zusammengeraten, an dem Abend damals auf dem Bowling-Platz, wo ich ihm in die Quere kam. War glatter Dusel bei mir: der Schrägläufer. Bloß deswegen die Stinkwut, die er gegen mich kriegte. Haß auf den ersten Blick. Molly und Floey Dillon eingehakt unter dem Fliederbaum, lachten sich halb kaputt. Die Kerls reagieren doch immer gleich, zu Tode gekränkt, wenn Frauen dabei sind.

Hat seitlich ne Delle im Hut. Wahrscheinlich vom Wagen.

– Entschuldigen Sie, Sir, sagte Mr. Bloom neben ihnen.

Sie blieben stehen.

– Ihr Hut ist ein wenig zerbeult, sagte Mr. Bloom und zeigte hin.

John Henry Menton starrte ihn einen Augenblick bewegungslos an.

– Da, half Martin Cunningham, ebenfalls hinzeigend.

John Henry Menton nahm seinen Hut ab, beulte die Delle aus und glättete das Seidenhaar sorgsam an seinem Rockärmel. Dann klappte er sich den Hut wieder auf den Kopf.

– Jetzt stimmts wieder, sagte Martin Cunningham.

John Henry Menton ruckte zustimmend mit dem Kopf.

– Besten Dank, sagte er knapp.

Sie gingen weiter, den Toren zu. Mr. Bloom blieb leicht perplex ein paar Schritte zurück, um nicht mitzuhören. Martin redete ja ziemlich energisch. Also einen Schwachkopf wie den könnte Martin doch glatt um den kleinen Finger wickeln, ohne daß ers auch nur merkte.

Austernaugen. Na ja, egal. Tut ihm vielleicht ja leid noch später, wenns ihm dämmert. Dann bin ich im Vorteil gegen ihn.

Besten Dank. Gottogott, was sind wir heut morgen vornehm!

Gespräche mit James Joyce

Damals, während der Kriegsjahre, arbeitete Joyce in Zürich an seinem ›Ulysses‹. Oft saß man abends mit ihm im ›Pfauen‹, trank hellgoldenen ›Fendant‹, unterhielt sich über die Kriegsereignisse, Literatur, Musik, und über das im Entstehen begriffene Werk. Viele dieser Gespräche habe ich aufgezeichnet. Einige mögen hier stehen.

Zürich, 1. August 1917

James Joyce meint: Das schönste, alles umfassende Thema ist die Odyssee. Es ist größer, menschlicher als Hamlet, Don Quichotte, Faust. Das Jungwerden des alten Faust berührt mich unangenehm. Dante ermüdet rasch, es ist, wie wenn man in die Sonne blicken würde. Die schönsten, menschlichsten Züge enthält die Odyssee. Ich war zwölf Jahre alt, als wir in der Schule den Trojanischen Krieg behandelten, nur die Odyssee blieb mir haften. Ich will aufrichtig sein, mit zwölf Jahren gefiel mir am Ulysses das Mystische. Als ich ›Dubliners‹ schrieb, wollte ich zuerst den Titel ›Ulysses in Dublin‹ wählen, kam aber davon ab. In Rom, als ich ungefähr die Hälfte des ›Portrait‹ vollendet hatte, sah ich ein, daß die Odyssee die Fortsetzung sein mußte, und ich begann ›Ulysses‹ zu schreiben.

Warum kam ich immer wieder auf dieses Thema? Gegenwärtig ›al mezzo del' cammin‹, ist für mich der Stoff des Odysseus der menschlichste der Weltliteratur: Odysseus wollte nicht nach Troja ziehen, er wußte, daß der offizielle Kriegsgrund, Ausbreitung der Kultur Hellas', nur Vorwand war für die griechischen Kaufleute, die neue Absatzgebiete suchten. Als die Aushebungsoffiziere kamen, war er gerade beim Pflügen. Er stellte sich irrsinnig. Sein zweijähriges Söhnchen legte man ihm darauf in die Furche. Vor dem Kinde hält er mit dem Pfluge. Beachten Sie die Schönheit der Motive: der einzige Mann auf Hellas, der gegen den Krieg ist, und der Vater. Vor Troja verbluten die Helden umsonst. Man will abziehen. Odysseus ist dagegen. Die List des hölzernen Pferdes. Nach Troja spricht man nicht mehr von Achilleus, Menelaos, Agamemnon. Nur einer ist nicht erschöpft, seine Heldenbahn hat kaum begonnen: Odysseus. Dann das Motiv der Irrfahrt. Scylla und Charybdis, welch herrliches Gleichnis! Odysseus ist auch ein großer Musiker, er will und muß hören, er läßt sich an den Mastbaum binden. Motiv des Künstlers, der lieber sein Leben opfern will, als zu verzichten. Dann der köstliche Humor des Polyphemos. ›Olus‹ ist mein Name. Auf Naxos der Fünfzigjährige, womöglich kahlköpfig, mit Ariadne, der kaum siebzehnjährigen Jungfrau. Welches feine Motiv. Und die Rückkehr, wie tief menschlich. Vergessen Sie nicht den Zug der Großmut bei der Begegnung mit Ajax in der Unterwelt und noch viele andere Schönheiten. Ich fürchte mich fast, ein solches Thema zu behandeln, es ist zu gewaltig.

Zürich, 15. November 1917

James Joyce erklärt: Es gibt wohl kaum mehr als zwölf Urthemata in der Weltliteratur. Daneben eine Unmenge Kombinationen derselben. ›Tristan und Isolde‹ ist ein solches Urthema. Wagner hat es immer abgewandelt, oft unbewußt, im ›Lohengrin‹, im ›Tannhäuser‹, und als er vermeinte, etwas ganz Neues zu behandeln, schrieb er den ›Parsifal‹.

In den letzten zweihundert Jahren haben wir keinen großen Denker gehabt. Mein Ausspruch ist gewagt, denn Kant ist inbegriffen. Alle großen Denker der letzten Jahrhunderte von Kant bis Benedetto Croce haben nur den Garten umgearbeitet. Der größte Denker aller Zeiten ist meines Erachtens Aristoteles. Alles ist bei ihm wunderbar klar und einfach definiert. Später hat man Bände geschrieben, um das Gleiche zu definieren.

Zürich, 21. Oktober 1918

James Joyce bemerkt: Als Künstler gebe ich nichts auf staatliche Einigkeit. Sehen Sie, das Italien der Renaissance gab uns die größten Künstler. Im Talmud heißt es an einer Stelle: »...wir Juden sind wie die Olive, wir geben unser Bestes, wenn wir zermalmt werden, wenn wir unter der Last unserer Fronden zusammenbrechen.« Der materielle Sieg ist der Tod der geistigen Vorherrschaft. Heute sehen wir in den Griechen der Antike das größte Kulturvolk. Wäre der griechische Staat nicht untergegangen, was wäre aus den Griechen geworden? Kolonisatoren und Kaufleute. Als Künstler bin ich gegen jeden Staat. Selbstverständlich muß ich ihn anerkennen, da ich ja bei allen meinen Handlungen mit seinen Institutionen in Berührung komme.

Der Staat ist konzentrisch, der Mensch exzentrisch. Dadurch entsteht ein ewiger Kampf. Der Mönch, der Junggeselle und der Anarchist stehen auf einer gleichen Stufe. Ich kann natürlich die Tat des Revolutionärs nicht gutheißen, der eine Bombe in einem Theater schleudert, um den König und seine Kinder zu vernichten. Anderseits: haben die Staaten besser gehandelt, welche die Welt in einem Blutbad ertränkten?

In meinen Werken ist viel von Religion die Rede. Viele Leute meinen, ich sei ein mißratener Geistlicher. Ich anerkenne überhaupt keine Religion. Von beiden Religionen, Protestantismus und Katholizismus, ziehe ich letztere vor. Beide sind falsch. Die erstere kalt und farblos. Die zweitgenannte ist immerhin mit der Kunst verbunden, es ist eine ›schöne Lüge‹, wenigstens etwas.

Zürich, 18. Juni 1919

In den See-Anlagen auf- und abgehend, sagt James Joyce: Das Kapitel der Sirenen habe ich dieser Tage beendet. Ein großes Stück Arbeit. Ich habe dieses Kapitel mit den technischen Mitteln der Musik geschrieben. Es ist eine Fuge mit allen musikalischen Zeichen, piano, forte, rallentando usw. Ein Quintett kommt darin auch vor, wie in den ›Meistersingern‹, die Oper Wagners, die ich bevorzuge. Die Bar-Maids haben Frauen-Oberkörper und Fisch-Unterleiber. Von vorne sehen Sie Brust und Kopf. Stehen Sie aber hinter dem Schanktisch, sehen Sie Schmutz, die leeren Flaschen am Boden, die wüsten Schuhe der Frauen usw., nur Häßliches. Seitdem ich die Hilfsmittel und Kunstgriffe der Musik erforscht und in diesem Kapitel angewandt habe, liebe ich die Musik nicht mehr. Ich, der große Musikfreund, kann keine Musik mehr hören. Ich kenne alle Kniffe und kann nicht mehr genießen.

Gegen diese Auffassung protestiere ich und, auf den herrlichen, tiefblauen Sommer-Himmel, der sich über die Stadt wölbt, hinweisend, erwähne, daß nur die Musik mir diesen Himmel wiedergeben könnte. James Joyce spricht darauf leise Verlaines unsterbliche Verse:

> *Le ciel est, par-dessus le toit,*
>   *Si bleu, si calme!*
> *Un arbre, par dessus le toit,*
>   *Berce sa palme.*

Ich hingegen denke an nächtliche Wanderungen am Zürichsee und an jene Stanzen James Joyces von klassischer Schönheit:

> *The moon's greygolden meshes make*
> *All night a veil,*
> *The shorelamps in the sleeping lake*
> *Laburnum tendrils trail.*

The sly reeds whisper to the night
A name – her name –
And all my soul is a delight,
A swoon of shame.

Georges Borach

Nachwort

Beim Namen Joyce denkt man eigentlich nicht in erster Linie an genußvolles oder gar unterhaltsames Lesen, an die elementare Freude am Umgang mit erfundenen Geschichten. Dieser anfänglichen Feststellung liegt eine umstrittene heimtückische Autorität zugrunde, genannt »man«, die nur schwer identifizierbar, aber darum nicht weniger wirksam ist und etwa die Auswahl all unserer Lektüre entscheidend mitbestimmt. Im Fall von Joyce hat sie ihr Urteil sachte verbreitet: ihn umgibt eine Aura des Elitären, und das ist, je nach Mode, wünschenswert oder verwerflich. Natürlich hat sich das Joyce selbst zuzuschreiben. Er *ist* ein schwieriger, unbescheidener, eigenwilliger, extravaganter (d. h. einer, der ausgiebig in der Gegend herumwandert), noch nicht eingeholter Schriftsteller von unerhörtem Anspruch. Und je länger er an immer weniger Seiten arbeitete, desto weniger wollte er sich mit den landläufigen Verfälschungen der fiktiven Darstellung zufriedengeben. Aber nicht nur. Er ist auch – und das hat sich weniger herumgesprochen – ein in der Absicht demokratischer Dichter, der dem Leser viel mehr zutraute als dieser (mittlerweile allerdings etwas trägheits- und umweltgeschädigte) Leser sich selbst. Sogar die abwegige Komödie *Finnegans Wake,* in ihrer rhythmischen Unlesbarkeit, ist nicht nur das Buch über, sondern in der Anlage auch *für* jedermann, *Ulysses* handelt von einfachen Leuten des unteren Mittelstandes, und die Personen der *Dubliner* sind durchweg einfacher als die, die sich gescheit darüber auslassen. Nun sieht natürlich ein rühriger akademischer Betrieb, der Joyce vorwiegend als seine eigene Domäne hütet, nur wenig Anlaß, gerade das Zugängliche an Joyce herauszustreichen, und verlegt sich auftragsgemäß mehr auf Zusammenhänge und Theorien und weitausholende Interpretationen. Die Joyce-Forschung hat, neben viel lächerlich Pedantischem, Erhebliches geleistet und manches noch zurückgestellt; ihr bloßes Vorhandensein aber macht es notwendig, von Zeit zu Zeit das Selbstverständliche zu wiederholen – daß Joyce auch immer ein großer Erzähler war und blieb. Einer, der spannende Geschichten schreiben konnte; ein so kunstfertiger Praktikant seines Gewerbes, daß er das Erzählen immer mehr variieren und nebenbei noch ganz andere Ziele verfolgen konnte. Und dabei stellte er das Verfahren in Frage oder entlarvte es als eine vielfältige Auswahl an Möglichkeiten künstlerischer Konventionen. Er nahm dem Erzählen die Unschuld und den Erzählern die Einbildung, daß es in der Branche je hätte unschuldig hergehen können.

So ist Joyce auch einer von zahlreichen begabten irischen Erzählern. Es ist kein Wunder, daß ihm viele seiner Landsleute großes Talent zubilligen, dann aber nicht ganz verstehen können, was nun gerade an ihm so Besonderes sein soll. Mit der Sprache umgehen können viele Iren: nur tat es eben keiner so bewußt wie er. Niemand feierte so sehr die Triumphe der menschlichen Sprache und ihre metaphysischen Unzulänglichkeiten. Nach Joyce fällt es noch schwerer, weiterhin der naiven Vorstellung nachzuhängen, die Sprache sei so etwas wie ein im Grunde nebensächliches Vehikel, um Gedanken oder Tatbestände herumzureichen, eine Art Verpackungsmaterial – und in der Dichtung halt ein wenig dekorativer als sonst. Die Linguisten sagen all dies viel zutreffender, aber lange nicht so ansprechend, wie es Joyce mit zunehmender Kühnheit angewandt hat. Er war auch ein Philologe im eigentlichsten Sinn: ein Liebhaber des Worts, das immer noch Wunder vollbringen kann.

Im Gedicht hat die Sprache noch am meisten von ihrer Magie bewahrt. Auch Joyce begann, wie viele vor ihm, mit metrischen, gereimten Versen, einem Kranz von Liebesgedichten, zart und musikalisch, für die sich sogar ein Verleger fand. Doch Joyce war schon bald aufgegangen, daß seine Stärke hier nicht lag, sondern in der Prosa, die unter nicht weniger großer Anstrengung zustandekam. Aus einem Zwischenbericht an seinen Bruder Stanislaus können wir die Wende ablesen: »Ich bin mein ganzes Gedichtbuch im Geiste durchgegangen, und fast alles kam mir armselig und nichtssagend vor: einige Wendungen und Zeilen gefielen mir, nicht mehr. An einer Seite von *Eine kleine Wolke* habe ich mehr Freude als an allen meinen Versen.« Die Freude – und um sie ging es damals und geht es letztlich – war nicht einfach die Eingebung einer wohlgelaunten Muse: es brauchte oft mehrere Anläufe, Entwürfe, Neufassungen, Zusätze. Und so entstanden die Kurzgeschichten der *Dubliner*, die nicht einmal in der Verwendung als Schullektüre etwas von ihrer Frische verlieren. Manchem Schriftsteller hätte der weitere regelmäßige Ausstoß derartiger Erzählungen zu Ansehen und Karriere gereicht. Aber Joyce, den auch eine Unfähigkeit, sich je zu wiederholen, auszeichnet, hatte sich schon lange dem Roman zugewandt und brachte im zweiten Anlauf auch den schon bald aus den Fugen.

Die Kurzgeschichte blieb nur ein Durchgangsstadium, wenn auch ein wichtiges; wichtig für Joyce und erst recht für die Kurzgeschichte. Etwas überspitzt läßt sich sagen, daß Joyce die englische *short story* erfunden hat: vor ihm hatte es sie in dieser Form ohne notwendigen anekdotischen Zuschnitt nicht gegeben – als wie beinahe zufällig herausgegriffene Skizze, als nachhaltige Belanglosigkeit oder Vorbereitung auf eine bittere Erkenntnis. Es gab sie anderswo in ähnlicher Art: Čechov gilt oft als Vorläufer, und einige Kritiker haben einen Einfluß vermutet (Joyce allerdings beteuerte, er habe Čechov damals noch nicht gekannt). Ein Zusammenhang besteht zum mindesten subjektiv, wie ihn am schönsten vielleicht Edna O'Brien herausgestellt hat: »Es gibt Zeiten, wo ich mir wünsche, eine Russin zu sein, damit ich Čechov lesen könnte; aber ich bin um so froher, daß ich eine Irin bin, denn so kann ich Joyce lesen und verstehen.«

Durch die reiche Entfaltung der *short story*, vor allem in der angelsächsischen Welt, und ihre vertrauten Techniken ist uns das Gefühl für das einst Neuartige an der so kunstlos wirkenden, so kunstvoll gefertigten Erzählung verlorengegangen. Rekonstruierbar bleibt es noch aus der Reaktion jener Zeitgenossen, die berufeshalber ein Gespür dafür aufbringen müssen, was literarisch und kaufmännisch zumutbar ist – die Verleger. Die Verleger, denen Joyce seine Geschichten zusandte, reagierten zuverlässig mit Bedenken, die uns heute eher grotesk anmuten, aber sicherlich im Zeitgeschmack verankert waren. So entstand in den Jahren 1905–6 ein gereizter Briefwechsel zwischen Triest, wo sich Joyce als Sprachlehrer kläglich und klagend durchschlug, und London, wo der Verleger Grant Richards seine Drucker zitierte, die sich weigerten, gewisse Wörter und Sätze überhaupt anzurühren. Ihre Furcht hatte gute Gründe, denn nach damaligem Recht mußte zunächst der Drucker für die Anstößigkeiten eines Buchs herhalten. Anstoß nahmen Drucker und Verleger an immer mehr Stellen, die bald als zu ordinär, dann wieder zu blasphemisch und gelegentlich auch als majestätsbeleidigend beanstandet wurden: das Unbehagen des Verlegers nahm bei jeder neuen Lektüre spürbar zu. Joyce argumentierte und kämpfte am Anfang für jedes einzelne Wort, bis er sich, um die Veröffentlichung nicht ganz zu gefährden, widerwillig zu spärlichen Änderungen bereit erklärte. Aber da war es dann schon zu spät; der Verleger wollte sich seine Finger in keiner Weise verbrennen und trat zurück. Nicht besser erging es Joyce, als er Jahre später in Dublin einen Verlag fand, der das Buch setzen ließ, dann aber das riskante Unterfangen plötzlich abbrach und sogar die schon gedruckten Bogen vernichten ließ. Das veranlaßte Joyce zu einem wütenden Schmähgedicht und einigen öffentlichen Protesten. Die Verleger waren nicht bloß prüde gewesen und ängstlich angesichts möglicher gesetzlicher Folgen: sie hatten wohl etwas Beunruhigendes und Gefährliches geahnt, und ihre Einwände bleiben immerhin seismographische Aufzeichnungen eines gesellschaftlichen und literarischen Empfindens.

So aber verpaßten die Kurzgeschichten ihre Zeit und wurden dann, als sie 1914, nach langer Verspätung, doch noch erschienen, kaum mehr beachtet, auch weil unterdessen ein Krieg ausgebrochen war. Entdeckt und gewürdigt wurden die *Dubliner* dann erst wieder als das Frühwerk des Verfassers des *Ulysses*.

Für uns hat die lästige Auseinandersetzung mit zaghaften Verlegern auch ihren Vorteil gehabt: Joyce, der sonst nie öffentlich über sein Werk etwas aussagte, sah sich zur Rechenschaft genötigt und ließ uns dadurch, im nachhinein, in seine Werkstatt gucken. Wörter sind nicht einfach ersetzbar, und Joyce betont von Mal zu Mal, wie es ihm eben gerade auf ein bestimmtes Wort ankommt, weil nur es die beabsichtigte Wirkung hat. Wenn es um Grundsätzliches ging, konnte sich Joyce auch aufs hohe Roß schwingen. »Es war meine Absicht«, schrieb er im oft zitierten Brief vom 5. Mai 1906, »ein Kapitel der Sittengeschichte meines Landes zu schreiben, und ich wählte Dublin als Schauplatz, weil mir diese Stadt das Zentrum der Paralyse zu sein schien...« Diese Aussage hat Kritiker veranlaßt, Joyce etwas feierlich *nur* als Ritter im Feldzug gegen ungeistige Werte und für eine bessere (aber halt doch irgendwie vergangene Welt) zu zelebrieren. Was immer Joyces sittliche Absichten waren, er wehrte sich gegen jegliche Änderung von außen, die gegen sein künstlerisches (weniger geschwollen: handwerkliches) Gewissen verstieß. Sein Hauptanliegen scheint dem zu gelten: »...ich habe versucht, die Geschichten der indifferenten Leserschaft unter vier Aspekten darzustellen: Kindheit, Jugend, Reife und öffentliches Leben. Die Erzählungen sind in dieser Reihenfolge angeordnet. Ich habe sie zum größten Teil in einem Stil skrupulöser Niedertracht geschrieben und in der Überzeugung, daß derjenige sehr verwegen sein müßte, der das, was immer er gesehen und gehört hat, in der Darstellung zu ändern oder womöglich zu entstellen wagte. Mehr als das kann ich nicht tun. Ich kann nicht ändern, was ich geschrieben habe. All die Einwände, deren Sprachrohr der Drucker jetzt ist, sind mir durch den Kopf gegangen, als ich das Buch schrieb, sowohl was die Themen der Geschichten anbelangt als auch die Art, wie sie ausgeführt sind. Hätte ich sie gelten lassen, dann würde ich das Buch nicht geschrieben haben. Ich bin zu dem Schluß gekommen, daß ich nicht schreiben kann, ohne die Leute zu verletzen.«

Der letzte Satz war ein prophetischer Stoßseufzer des 24jährigen Joyce. Er konnte in der Tat von nun an nichts mehr schreiben, ohne Zeitgenossen vor den Kopf zu stoßen.

Die paar Einblicke in die Ziele und Verfahren eines jungen und, wohlgemerkt, noch angehenden Schriftstellers sind eher ungewollte Nebenprodukte zu Händen einer neugierigen Nachwelt und weniger wichtig als die Veränderung, die dem Buch, das noch keines werden durfte, zustieß. In der erzwungenen Wartezeit wuchsen zwei weitere Erzählungen, die nicht mehr in den Rahmen des ursprünglichen Plans paßten. Eine ist die 1906 begonnene Geschichte, oder schon Novelle, »Die Toten«. Sie ist breiter angelegt, differenzierter, auch versöhnlicher in der Tonart, reicher orchestriert – eine der schönsten Erzählungen der englischen Sprache. Nach eigenen Angaben wollte Joyce auch die Vorzüge seiner Stadt Dublin, ihre Wärme und Gastfreundschaft, die bisher kaum erwähnt worden waren, zur Geltung kommen lassen. So erhielt der Erzählband durch diese Zugabe in Moll ein ganz anderes Format, als ursprünglich geplant war – und Ähnliches trifft für alle Prosawerke zu, die ohne Ausnahme in langer Gestationszeit ihre Gestalt allmählich änderten.

Die andere Geschichte (neben ein paar weiteren nur geplanten), von deren Ursprung wir auch 1906 wie beiläufig erstmals etwas vernehmen, wurde offenbar beiseite gelegt und erst Jahre später hervorgeholt und über alle Maßen erweitert. Aus der Verarbeitung eines Erlebnisses mit einem gewissen Mr. Hunter, der Joyce einmal aus der Gosse geholfen hatte, entstand in einem der aufwendigsten Umwandlungsprozesse der Roman *Ulysses,* für den selbst die Kategorie »Roman« längst nicht mehr ausreicht.

So hatte Joyce die Kurzgeschichte geändert und in wenigen Jahren hinter sich gelassen, als wäre er ihr einfach entwachsen in einem Prozeß wie dem, den er auch zum Gegenstand seines ersten Romans machte. *A Portrait of the Artist as a Young Man – Ein Porträt des Künstlers als junger Mann:* der umständliche, dreiteilige Titel enthüllt gleichzeitig Statik und Dynamik. Auch dieses Werk war ursprünglich anders angelegt gewesen, als teilweise recht amorphe Bearbeitung der eigenen Erfahrung. Das Fragment der ersten Fassung ist unter dem Titel *Stephen der Held* erst nach dem Tod, und wohl auch gegen den Willen von Joyce herausgegeben worden. Die endgültige Version hat Joyce rigoros gestrafft und zu einer Szenenfolge verschiedener Entwicklungsstufen mit Rückblenden umgestaltet, die das bereits Erlebte anders deuten. Ein in vielen Einzelheiten und im allgemeinen Werdegang dem Verfasser ziemlich ähnlicher Stephen Dedalus wird in seinem Wachstum vorgeführt, in stets leichter Veränderung, von den frühen Kindheitseindrücken bis zum ambitiösen angehenden Künstler. In dieser konsequentesten Verfeinerung des Bildungsromans haben sich zahllose Jugendliche – selbst wenn nicht männlich, nicht irisch und nicht einmal katholisch erzogen – wiedererkannt und sich erstaunt gefragt, wie in aller Welt Joyce sie so genau hat darstellen können.

Und auch da kamen anfänglich manche Leser nicht damit zurecht, daß Joyce redlicherweise keine Erfahrung ausgespart hatte, und zudem erschien das, was sich später als stilistische Übereinstimmung herausstellte, den frühen Kritikern als formlos: die Sprache des Romans ist psychologisch orientiert und versucht so nahe wie möglich an die Denkweise von Stephen Dedalus heranzukommen. Der ängstliche, von rohen Klassenkameraden geschubste Neuling an einer Jesuitenschule denkt und fühlt und spricht anders als der von romantischer Abenteuerliteratur angehauchte Verliebte oder der pubertäre Jüngling oder der arrogante Student. Es gibt bei Joyce keine Literatursprache, in deren ätherischen Bereich jegliche Art der Erfahrung hinaufdestilliert werden sollte, wie das eine nie ganz absterbende Tradition einmal zu verlangen schien: es gibt nur Sprach- und Stilmittel, die bestimmte Aspekte jeweils am anschaulichsten ausdrücken. So behandelt Joyce auch die Sprache als etwas Lebendiges, Wandlungsfähiges und nicht als eine von Akademie oder Schulmeisterei oder Zeitgeschmack gefestigte Norm.

Auch hier war es nötig, daß Werke wie das *Porträt* erst allmählich ihr eigenes Verständnis schaffen mußten. Ein verdienstvoller Verlagslektor und Entdecker vieler Talente, Edward Garnett, fand das Manuskript »begabt geschrieben«, aber »zu weitschweifig, formlos, undiszipliniert...., ein wenig unappetitlich«; er empfahl eine durchgehende Überarbeitung und die Streichung von »viel Überflüssigem«. Es war »zu unkonventionell«. Über dieses Gutachten ärgerte sich Ezra Pound wortgewandt und derb, und wenn nicht er sich vehement für Joyce eingesetzt hätte, hätte das Manuskript des Romans leicht in einer Schublade Staub ansetzen können.

Natürlich fällt es heute – *nachträglich* – schwer, in Ezra Pounds Urteil mehr als seinen selbstverständlichen literarischen Scharfblick zu sehen. Aber Edward Garnett hatte schon richtig beobachtet: Der Roman ist unkonventionell, er schweift, in assoziativer Willkür, zuweilen weitab und ist nur gerade dort appetitlich, wo es das Thema zuläßt (d. h. meistens), und voller Widerborstigkeiten. Doch etwas hatte der Gutachter genau verkehrt gesehen: der Roman ist nicht undiszipliniert, sondern im Gegenteil bis ins letzte ausgefeilt. So bewußt hatte vor Joyce kein Prosaschriftsteller, nicht einmal Meister Flaubert, alle Mittel eingesetzt. Und ganz wie er vorausgesagt hatte, verletzte und beleidigte er auf Schritt und Tritt die Empfindsamkeit von Lesern und Rezensenten, die Normen – ästhetische, moralische oder gesellschaftliche – einer vorhergehenden Generation mit gott- oder naturgegebenen Gesetzen verwechseln. Diesen Leuten stand aber der eigentliche Schock erst noch bevor, eben mit dem *Ulysses*. Joyce hatte die Arbeit daran, als er das Porträt abgeschlossen und sich an seinem einzigen Schauspiel versucht hatte, ernsthaft wieder aufgenommen und in Triest, Zürich und Paris notiert und entworfen, vielfach überarbeitet, Frühfassungen der einzelnen Kapitel abdrucken lassen und ungefähr ein Drittel des Ganzen erst in den Korrekturfahnen hinzugefügt. Das Buch erschien schließlich, exakt auf den 40. Geburtstag, am 2. Februar 1922. Es erregte Aufsehen, auch wenn sich nur wenige eines der teuren 1000 Exemplare der Erstausgabe leisten konnten. Es gab eifrige und laute Proklamationen für das Buch und dagegen. In Großbritannien und den Vereinigten Staaten wurde der Roman gleich verboten und an den Grenzen beschlagnahmt – nur nicht, eigenartigerweise, im neuen Freistaat Irland, wo allerdings anderweitige Pressionen, nicht zuletzt kirchliche, ein polizeiliches Verbot gar nicht erst nötig machten. Als man den Bann aufhob (in Amerika, nach einem berühmten Prozeß, 1933, gleichzeitig mit dem Ende der Prohibition; in England in aller Stille drei Jahre später), war das Buch aus dem Untergrund zum (immer noch umstrittenen) Klassiker aufgerückt und Joyce längst mit dem Etikett des schwerverständlichen, exzentrischen und möglicherweise leicht verrückten Avantgardisten versehen worden, der in der Zwischenzeit seine Talente auf das noch abstrusere Werk verschwendete, das einmal *Finnegans Wake* heißen würde.

Der *Ulysses* als obligatorischer, aber schwer aufliegender Bestandteil der Kultur wird noch immer als Herausforderung angegangen, mit verhaltenem Atem. Wer sich den vornimmt – oder gar bewältigt –, hat, so kommt uns vor, eine Anerkennung zugute. Sinnvollerweise liegt (oder lag) der niederländischen Übersetzung des Buchs ein Aufkleber bei, der, etwas voreilig, verkündet: »Ik heb Ulysses helemaal gelezen«, wobei »helemaal« nicht, wie man vom Deutschen her vermuten möchte, »heil« oder »ungeschoren« bedeutet, sondern bloß »ganz, vollständig« – als wäre das schon ein diplomwürdiges Verdienst.

Von solcherlei Alpträumen würde aber allein schon die unvoreingenommene Lektüre befreien, wenn man sich seiner Voreingenommenheit je entledigen könnte. Das Zweitbeste wäre dann das wache, aufmerksame, hellhörige, neugierige Lesen. Dazu regt die vorliegende Auswahl an. Sie enthält vier Erzählungen aus dem Band *Dubliners*, zwei Sektionen aus dem ersten und dem letzten Kapitel des Romans *Ein Porträt des Künstlers als junger Mann* und ein vollständiges frühes Kapitel aus dem *Ulysses*, das sogenannte – von Joyce einst so genannte, aber im Roman selbst nicht mehr betitelte – »Hades«-Kapitel. Es eignet sich gut, den ersten, noch realistisch verankerten Teil des Romans vorzustellen, und es nimmt zudem eine Gestalt aus dem *Porträt*, Simon Dedalus, und mehrere aus der Erzählung »Gnade« in sich auf und gibt so etwas von den Beziehungen wieder, die den Mini-Kosmos von Joyces Dublin charakterisieren.

Heutzutage füllen die Äußerungen über Joyce eine kleinere Bibliothek, ein Vielfaches dessen, was Joyce selbst je geschrieben hat; und die Auffassungen widersprechen sich, mit gutem Recht, erheblich. Etwas Wesentliches hat in seiner direkten Art wiederum Ezra

Pound schon 1914 vorweggenommen, als er die *Dubliner* besprach:

»Mr. Joyce schrieb klare, harte Prosa. Sie handelt von subjektiven Dingen, aber er zeichnet sie so klar umrissen, daß er es ebensogut mit Lokomotiven oder detaillierten Bauplänen zu tun haben könnte. Aus diesem Grunde kann man Mr. Joyce lesen, ohne dabei das Gefühl zu haben, man erweise ihm einen Gefallen ... Es ist ein Verdienst von Mr. Joyce – ich will nicht sagen, sein Hauptverdienst, aber doch das, das am meisten für ihn einnimmt –, daß er es sorgfältig vermeidet, einem lauter Zeug zu erzählen, von dem man nichts wissen will.«

Was Pound nicht wissen konnte, ist, daß es Joyce tatsächlich mit detaillierten Bauplänen zu tun hatte – sie sind im fertigen Werk nicht mehr sichtbar. Doch Pound bemerkte die Knappheit, die Dichte, die Ökonomie. Sie charakterisiert auch noch die epische Fülle des *Ulysses* und, erst recht, den Superlativ des Verfahrens; in *Finnegans Wake* sind Bedeutungen überlagert und verquickt, sind Gegensätze und Zweifel unmittelbar in die Darstellung eingebaut und wird eine harmonische Welt auch nicht mehr verbal vorgetäuscht.

Joyce war der Meister im Auslassen. Er merkte, spätestens bei der Durchsicht seines wuchernden Entwurfs *Stephen der Held*, daß bloßes Antippen mehr erreicht als Übersättigung, daß der Leser der Natur der Sprache gemäß immer mitgestaltet. Es ist schwer, sich einen knapperen Anfang vorzustellen als den von »Gnade«:

»Zwei Herren, die gerade in der Toilette waren, versuchten ihn aufzurichten; doch er war völlig hilflos.«

Der Leser erfährt nur ungefähr das, was auch die Anwesenden wissen könnten. Ein Mißgeschick ist geschehen, offenbar ein Unfall. Den Namen des Opfers kennt niemand, also auch der Leser nicht. Zwei »Herren« bemühen sich, und es sind Herren, weil es der Sprachgebrauch in Dublin so will, aber wohl auch, weil der Ort, worin sie sich gerade aufhalten, zweifellos diese Bezeichnung aufweist. Die 16 Wörter, keines mehr, als nötig ist, erwecken vielerlei Erwartungen; daß sie gleichzeitig schon das Thema der ganzen Geschichte vorwegnehmen, kann uns allerdings erst am Schluß aufgehen. Wenn wir die Geschichte ein weiteres Mal lesen, bekommen »aufrichten« und »hilflos« noch einen übertragenen Sinn.

Joyce versucht weniger, über die Dinge zu reden, als sie unmittelbar vor uns hinzustellen. Selbst da, wo anscheinend von außen erzählt wird, machen sich leichte Störungen bemerkbar. Der Anfang der »Toten« ist verdächtig: »Lily, die Tochter des Verwalters, mußte sich buchstäblich die Beine ablaufen.« Das ist wiederum knapp, aber trifft nicht zu. Das arme Mädchen bleibt gewiß unversehrt, sie läuft sich die Beine nicht ab, und vor allem nicht »buchstäblich«: das Wort bedeutet hier sogar sein genaues Gegenteil, nämlich »*nicht* buchstäblich«, bloß im Sinn einer geläufigen Redewendung. (Es ist aufschlußreich, daß viele, vor allem ältere Übersetzungen denn auch die Schludrigkeit nicht übernahmen aus dem Original, sondern den

Satz ins Lot stellten.) So hat Joyce entweder nicht aufgepaßt – oder aber hingehört, daß dieses »buchstäblich« in der Redensart der Alltagssprache eben vorkommt, und zu verstehen gegeben, daß Lily selbst es vermutlich genau so ausdrücken würde. Nur verzichtet Joyce auf herkömmliche Umständlichkeiten (»Ich muß mir heute abend doch buchstäblich die Beine ablaufen«, dachte Lily, die Tochter des Verwalters ...) und baut die subjektive Sprachweise kurzerhand in den Satz, ohne typographische Signale zu geben, und verhilft so zum Eindruck, daß wir die Szene so erleben wie Lily selbst. Solcherlei perspektivische Darstellung ist schon lange selbstverständlich geworden. Joyce beschränkt sich nicht auf den rhythmisch befriedigenden Ablauf, sondern durchbricht eine scheinbare Einheit: an »buchstäblich« kann man sich stoßen, und soll: es ist, nebenbei, für Joyce ein programmatisches Wort, als sollte angedeutet werden, daß der Text sowohl buchstäblich zu lesen sei als auch wiederum nicht. Und dann besteht die Literatur letztlich und wesentlich auch aus Buchstaben, die in einer bestimmten Weise angeordnet sind. (Der Mann in »Entsprechungen« beispielsweise hat gelegentlich Mühe, sie in die richtige Reihenfolge zu bringen.)

Den Vorrang hat nun nicht mehr die störungsfreie Lesbarkeit im Sinn einer glatten Eleganz. Vor Joyce hätten nur wenig Prosaschriftsteller im Auftakt ein betontes Wort brutal wiederholt: »Die Klingel rasselte wütend, und als Miss Parker zum Sprachrohr ging, rief eine wütende Stimme: ...« Da wäre wohl ein Synonym gebraucht worden (und gerade das tun wiederum einige Übersetzungen mit sicherem Griff für

Verniedlichung); doch gerade die Wut soll ungemildert durchschlagen, die Wut, die sich gegen Ende der Geschichte zur Züchtigung des hilflosen Sohns steigert.

Joyce, der eine Zeitlang auch Sänger werden wollte, hatte ein feines Ohr. Er stellte auf die Sprache ab, die tatsächlich gesprochen wird, oder besser, auf die vielen Spielarten der Umgangssprache, wie sie von bestimmten Leuten aus bestimmten Schichten in bestimmten Rollen bei bestimmten Gelegenheiten jeweils eingesetzt werden – spontan, einfach, vorgeformt, verstellt, clichéhaft – je nachdem. Den witzigen, beschlagenen Redner haben die Iren immer bewundert (und in der Tat haben sie unverhältnismäßig viele große Redner im Parlament, vor dem Gericht oder auf der Bühne aufzuweisen, und dazu noch Epigrammatiker wie Oscar Wilde); auch ihn, den unterhaltsamen, wortgewandten Iren, stellt Joyce auf seine Bühne. Als eins der Vorbilder diente sein eigener Vater, John Stanislaus Joyce, von dem er schrieb: »Hunderte von Seiten und Dutzende von Personen in meinen Büchern verdanke ich ihm. Über seinen trockenen (oder eher feuchten) Witz und den Ausdruck seines Gesichts habe ich mich oft gebogen vor Lachen.« Davon bleibt etwas vernehmbar in der Gestalt von Simon Dedalus. Das Weihnachtsmahl aus dem *Porträt* ist, wie so vieles in Irland, eine Redeschlacht.

Aber lange nicht alle Dubliner sind, bloß weil sie in einem redseligen Land von großer oraler Tradition aufgewachsen sind, darum schon Meister der Beredsamkeit. »Eine kleine Wolke« beruht unter anderm auf dem Gegensatz zwischen einem erfolgreichen, etwas ordinären, aber wortgewandten Mann der Welt, der sich passenderweise als Journalist seinen Namen gemacht hat, weil er für jede Lage eine treffende, wenn auch noch so billige Phrase bereit hat und sie im selbstsicheren Ton vortragen kann – und dem schüchternen, introvertierten Chandler, dessen Unbeholfenheit gerade im Gespräch offenbar wird. Dafür malt sich Chandler aus, wie er seine zarten Stimmungen in keltisch-romantische Poesie umsetzen würde, wenn er es nur könnte, und dabei schweben ihm schon die Clichés von Rezensenten als dominierende Leitbilder vor. Joyce weiß und ist einer der ersten, der es konsequent darstellte, daß Gesprochenes nicht nur aus spontanen Äußerungen des schlichten oder geistreichen Volksmunds besteht, sondern zunehmend aus Versatzstücken, die bei Bedarf abgerufen werden und immer mehr die Wahrnehmung der Wirklichkeit ersetzen. Die Erzählung hebt an mit ein paar Aussagen über den Freund Ignatius Gallaher, die wie objektive Tatsachen hingestellt werden, doch auch wiederum die Meinung von Chandler wiedergeben, aber nicht einmal nur die seine, sondern von ihm offenbar übernommene kurrente Redewendungen, die schon längst an die Stelle einer Charakterisierung getreten sind.

Auch in der Geschichte »Gnade« wird hauptsächlich geredet. Sie beginnt mit einer lädierten Zunge und endet mit einer Predigt von der Kanzel. Im mittleren Teil wird ein längeres Gespräch geflissentlich inszeniert, um den genesenden Mr. Kernan aufnahmebereit zu machen für die ihm zugedachte Bekehrung. Im Verlauf der Konversation zeichnet sich neben der gesellschaftlichen auch eine rhetorische Rangordnung ab.

Gabriel Conroy in den »Toten« ist nicht nur der vornehmste Gast, sondern auch der geschickteste Redner, der gelegentlich der Illusion erliegt, Lebensklugheit sei eine Sache der Wortwahl. Seine Festansprache ist die Quintessenz aller angemessenen, witzigen, pompösen, phrasenhaften, sentimentalen, wohltönenden, standardisierten Reden – wir alle haben sie schon oft gehört und, mit Verlaub, schon selbst gehalten.

Daß Joyce in die Mitte seiner so gesprächigen Dubliner Gemeinde im *Ulysses* (mit Erinnerungen an den wortgewandten Odysseus) dann ausgerechnet den in seinen Gedanken aufgeweckt geschmeidigen, aber in seinen Äußerungen eher hausbackenen Leopold Bloom stellt, ist eine von vielen Ironien. Die höchste örtliche Tugend – unterhaltsam zu sein – geht ihm ab, und so wird er noch mehr zum Außenseiter. In der Friedhofsepisode versucht er, gegen seine Gewohnheit und um von seiner momentanen Verlegenheit abzulenken, eine lustige Anekdote zum besten zu geben, und verfährt dabei so ungeschickt, daß seine Erzählung schon nach wenigen Ansätzen von ihm genommen und in revidierter Fassung neu herausgegeben wird.

Dublin lebt vom gesprochenen Wort. Joyce war Städter und verlegte sich nie auf den irischen Bauern oder die Edelkelten des neuen nationalen Theaters. Dublin, in all seiner provinziellen Eigentümlichkeit, reichte zeitlebens aus als realistischer Hintergrund und noch in *Finnegans Wake* als Szenerie, die spielend das ganze Welttheater, Geschichte und Mythologie absorbieren konnte. Die fast fühlbare Präsenz der Stadt Dublin kommt nicht durch langwierige Schilderungen zustande, sondern fast wie von selbst, so, wie längst vertraute Details von den Einwohnern gelegentlich wieder wahrgenommen werden, wenn man sich schnell orientieren will oder kurz wieder mal um sich blickt. Joyce hat darin nichts verändert oder verstellt oder erdacht. Brücken und Kneipen und Hausecken sind genau lokalisiert und erkennbar. Die Stadt hat es sich mittlerweile erlaubt, durch natürlichen Verfall oder städteplanerische Verödung vom literarischen Ebenbild mehr und mehr abzuweichen, doch es bleiben noch genügend Möglichkeiten der Nachprüfung. (Eine der Gaststätten, Davy Byrne's, zieht gegenwärtig einigen Gewinn – buchstäblich – aus dem wohlpublizierten Umstand, daß sie in »Entsprechungen« und auch im *Ulysses* namentlich erwähnt und beschrieben wird: derart handgreiflich können sich literarische Fiktionen, rückgekoppelt mit der Wirklichkeit, kommerziell auszahlen.)

Wir wissen genauestens, durch welche Straßen, an welchen Gebäuden vorbei die Trauernden zum Friedhof Glasnevin fahren. Wenn uns danach zumute ist, können wir der Fährte, Seite um Seite, folgen und alles photographisch festhalten – wir wären dabei nicht die ersten. (Der Bewohner des Hauses, in dem der Tote Patrick Dignam, der nie gelebt hat, gelebt hat, glaubte sogar oder gab an zu glauben, daß in seinem Haus James Joyce, der wohl gelebt hat, aber nie dort gelebt hat, dort gelebt hat.) Der einheimische Dubliner hätte erst noch genau ermessen können, was für Leute aus welcher Gesellschaftsschicht sich gerade in die renommierte Jesuitenkirche an der Upper Gardiner Street begeben oder wer in welcher Kneipe verkehrt. Joyce arbeitet hier mit dokumentarischer

Akribie. Biographischer Spürsinn hat auch viele der fiktiven Gestalten auf Personen aus dem Bekannten- oder Familienkreis von Joyce zurückverfolgen können. Das belegt allerdings nur, was Joyce schon immer zugegeben hatte, daß er nicht einfach drauflosfabulieren konnte, sondern auf Kenntnis angewiesen war – es erklärt noch nicht, was seine Gestalten lebendig macht und warum wir an ihren Schicksalen Anteil nehmen.

Joyces Dubliner führen ihren alltäglichen, unsensationellen Lebenskampf und suchen sich irgendwie durchzubringen; es gelingt ihnen meist, gerade noch. Wir sehen die kümmerlichen Überlebenstaktiken, die illusionären Tröstungen und Ablenkungen – Reden, Musik, Trunk, Religion oder die Aussicht auf Flucht und vielleicht ein neues Leben anderswo. Interpreten haben immer wieder nachgewiesen, wie Joyce hier seinen Zeitgenossen einen Spiegel vorgehalten hat, und das Ganze als stets andern Aufguß zum Thema Paralyse erklärt. Joyce hatte ja das Stichwort selbst gegeben. Und die Deuter haben eingestimmt in die Verurteilung der schäbigen Strategien und aussichtslosen Fluchtmechanismen, in die Brandmarkung einer moralischen wie geistigen Verwahrlosung des Einzelnen und einer Gesellschaft mit ihren etablierten Institutionen: das läßt sich an vielen Details und symbolischen Ausweitungen belegen. Joyces Dublin ließe sich aber auch sehen als unpathetisches Verstehen menschlicher Unzulänglichkeit, als Eingeständnis der Notwendigkeit des Scheiterns – aber nicht Aufgebens. Darauf scheint immerhin ein Brief hinzuweisen, worin Joyce seinem deutschen Übersetzer Georg Goyert beistand, der Schwierigkeiten hatte mit dem Titel *Dubliners (Dubli-*

ner zu sagen, meinte Goyert, wäre nicht möglich): »Der Titel *So sind sie in Dublin* gefällt mir gar nicht. Er entspricht nicht meinem Standpunkt, der, wenn überhaupt irgendwie, *So Sind Wir in Dublin* lauten würde.«

So sind *wir* ... Und so sind wir in der Tat – nicht nur, wie das fortdauernde Echo zeigt, in Dublin. Und vielleicht leitet sich die unerklärbare Faszination des *Ulysses* auch schlicht daraus ab, aus der Gemeinsamkeit aller Erfahrung, die Joyce – auf Grund seiner Beobachtung, seiner Sympathie, seines Ekels, seines Humors, seiner Sprachfertigkeit..? – zu veranschaulichen vermochte. Das erst ermöglicht dann den allumfassenden Anspruch, den Einbezug aller Kultur von Homer und der Genesis bis in die Gegenwart, und aller Subkulturen in Zeitungsanzeigen, Gassenhauern oder Graffiti. Die Universalität, die am Ende der »Toten« noch als »das All« angesprochen wird, verfängt sich immer mehr in der Sprache, den Anspielungen und den Strukturen.

Joyce, vielleicht der ehrgeizigste aller Schriftsteller, der prometheischste wohl, der sich mit Homer, Dante und Shakespeare maß und daraus kein Hehl machte, beschränkte sich paradoxerweise auf das Winzige, das Alltägliche, das Unscheinbare, das Detail, das stellvertretend weit über sich hinausweist als eine Partikel in vielen denkbaren Beziehungssystemen. Das wichtigste Detail ist dabei das Wort selbst (gelegentlich sogar der Buchstabe). Mit ganz anderer Zielsetzung hatte sich auch Sigmund Freud allerlei sonst nicht beachteter Geringfügigkeiten des Alltagslebens angenommen und daraus verallgemeinernde Schlüsse gezogen.

Das Monumentale lag Joyce nicht. Er beschrieb keine Machtkämpfe, keine historischen Aufmärsche, keinen Mord – nicht einmal die übliche Frau von berückender Attraktivität. Man braucht sich nur einmal vorzustellen, mit welchem Geschütz ein Romancier aus dem 19. Jahrhundert wohl aufgefahren wäre, um den Leser mit der irischen Geschichte vertraut zu machen und ihn auf die Konflikte, Hoffnungen und Enttäuschungen der neunziger Jahre vorzubereiten. Da wäre wohl früh am Anfang ein Abriß der Folge von Eroberungen des Landes nötig geworden, von der Auflösung des irischen Parlaments um 1800, den fruchtlosen politischen Bemühungen und den ebenso heroischen wie unwirksamen Aufständen. Die große Hungersnot der fünfziger Jahre hätte geschildert werden müssen und das allmähliche Aufkommen von Charles Stewart Parnell: wie er im Unterhaus die kleine irische Partei geschickt so einsetzte, daß die Liberalen unter Gladstone ihre Mehrheit nur durch das Versprechen von Home Rule wahren konnten, wie diese Form von Unabhängigkeit beinahe, aber eben doch nicht verwirklicht wurde, wie Parnell von den britischen Zeitungen verleumdet und vor eine parlamentarische Untersuchungskommission gestellt wurde und als triumphaler Sieger daraus hervorging – wie er aber dann, in einem Scheidungsprozeß als Ehebrecher entlarvt, die Unterstützung der englischen Liberalen und der katholischen Geistlichen in Irland verlor, zum Sündenbock wurde und als gebrochener Mann starb, ein Verräter oder Verratener, Sünder oder messianischer Held einer irischen Tragödie, die nur Hoffnungslosigkeit zurückließ ... Von all dem muß der

Leser etwas wissen, um die Gemütsbewegungen der Charaktere überhaupt nachvollziehen zu können. Joyce aber reduziert dieses (für viele Iren wie für ihn) gewaltigste Drama des 19. Jahrhunderts auf die kleinste Zelle, die Familie. Im »Weihnachtsmahl« des *Porträt* versammelt er ein paar Familienmitglieder um die festlich gedeckte Tafel und den jungen, ahnungslosen Stephen Dedalus. Die Erwachsenen, die routinegemäß zusammenkommen, um die Geburt des ungekrönten Königs, des Erlösers der Menschheit und des Verheißers des Friedens, zu feiern, brechen über den Tod des ungekrönten Königs von Irland in streitende Faktionen auseinander: ganz so, wie sich auch das geplagte Land in zwei unerbittliche Parteien aufspaltete. In der häuslichen Enge, und fast nur mit Worten ausgetragen, wirkt die Spannung viel nachhaltiger, als es das breitest angelegte Gemälde vermocht hätte, und keines der notwendigen Elemente fehlt, und keines verdankt seine Wirkung einer erzählerischen Intervention.

Es ist nicht so, daß der Miniatur, oder der Mikrostruktur, eine besondere Tugend zukommt, sondern eher so, daß wir im 20. Jahrhundert dem Monumentalen, den großen Gestalten und großen Gebärden nicht mehr ganz trauen und für die Untertreibung zugänglicher geworden sind als für die Hyperbole, die schon längst abgenützt worden ist – nicht zuletzt durch die Werbung. Und in dieser Werbung tätig ist Leopold Bloom. Er verdient sich seinen Lebensunterhalt schlecht und recht durch die Vermittlung von graphischen oder verbalen Verheißungen oder Illusionen. Selbst auf dem Friedhof denkt er sich noch Annoncen aus. Dabei behält er einen wachen Sinn für alles Hochtönende.

»Ich bin die Auferstehung und das Leben«, deklamiert sein Bekannter Mr. Kernan (dessen Zunge sich offenbar längst erholt hat) und fügt hinzu: »Das packt einen doch im innersten Herzen.« »Ja, das packt«, pflichtet Mr. Bloom bei, aus Höflichkeit, nicht Überzeugung, denn er weiß und behält den Gedanken für sich, daß der erhabene Spruch dem Toten unter der Erde nicht mehr viel einbringt. Und Bloom setzt dem überstrapazierten metaphorischen Herzen das leibliche Organ als nützliche Pumpe entgegen und malt sich die absurde Wirklichkeit eines Jüngsten Tags aus, wo jeder Kadaver seine Gliedmaßen und Innereien zusammenzupacken sucht. Daran ist etwas unverbrauchbar Frisches. Ob nun aber der christliche Mythos der Auferstehung durch derartige komische Vignetten widerlegt oder andersherum bestätigt wird, bleibt eine Frage der Weltanschauung und Perspektive des Lesers – nicht eine Aufdringlichkeit des Autors.

Ähnlich ist es uns überlassen, ob wir vordergründig der Bestattung von Patrick Dignam auf dem Friedhof im Nordwesten von Dublin beiwohnen oder zugleich einer Neuauflage von Odysseus' Abstieg zu den Schatten (Der Hades war nach Ansicht von Forschern auch irgendwo im Nordwesten gelegen). Es bleibt dem Leser unbenommen, im Lokalen zu verharren und sich weder um Homers Unterwelt noch um Dantes Inferno zu kümmern und nicht an die Totengräberszene im *Hamlet* zu denken. Wichtig ist, daß die Verbindungen hergestellt werden *können*. Dem menschlichen Geist (und »Geist« ist auch wieder schon zu hochgestochen, ein Wort, das Bloom kaum verwenden würde) ist es möglich, zu vergleichen, Ähnlichkeiten und Unterschiede zu beobachten oder zu konstruieren, Analogien fortzuführen, oder festzustellen, daß sich Verhaltensformen und Grundsituationen gleichen. Wer einmal darauf eingestimmt ist, kann sich ergötzen oder ärgern an einem Zusammenhang zwischen, zum Beispiel, dem den Hades bewachenden Zerberus und dem Priester in Glasnevin, der aussieht »wie ein vergifteter Köter«. Fast wie von selbst bewahrt die Sprache mythologische Überreste: man spricht von Tantalusqualen und Tantalus-Gläsern. Joyce macht sich all das zunutze. Für den, der's glaubt und für den die Welt dadurch viel beziehungsreicher wirkt, weckt Joyce mit *seiner* Auferstehung erstarrte Metaphern zu neuem Leben. In jedem Fall wandelt er innerhalb von vierzig Seiten fast alle denkbaren Varianten zum Thema Tod ab und zeigt die Verhaltensweisen und sprachlichen Formeln auf, die eine Gesellschaft angesichts des Todes für zulässig erklärt hat. Joyce lenkt die Aufmerksamkeit so gut auf symbolartige Ausfächerungen wie, konkret, auf die Unbequemlichkeit eines Stücks Zitronenseife in der Gesäßtasche, wenn man als letzter in eine enge Kutsche eingestiegen ist.

Die Teilnahme am Spiel ist faszinierend, bleibt aber freiwillig. Die Welt, die Joyce vor uns hinstellt und doch auf Dublin beschränkt, setzt sich zusammen aus Grabmälern und Kneipen, aus Witzen, Zeitungsmeldungen, Tragödien und Seifen, aus Formeln und dem Gedanken an Auferstehung, aus Mythen und Zoten – es ist eine der nachdenklichsten, die wir haben. Und eine der lustigsten.

Sprachliche Gebilde von realistischer Genauigkeit, von wechselnden Nuancen, von Unter- und Obertönen und Zitaten, worin es *auch* auf Wörtlichkeit und Buchstäblichkeit ankommt, transformieren sich nicht ohne weiteres in eine andere Sprache mit ganz verschiedenen kulturellen Gegebenheiten. Die Übersetzung, auch unter den günstigsten Umständen eine problematische Angelegenheit, wird bei Joyce zum Grenzfall des vielleicht gerade noch Möglichen. Erstaunlicherweise wurden die Werke von Joyce schon in den zwanziger Jahren in kurzer Zeit deutsch herausgebracht, zuerst *Ulysses* (1927) als Privatdruck, ein Jahr später die Novellen *(Dublin)* und das *Jugendbildnis (Porträt)*, alle übertragen von Georg Goyert, dessen Leistung wir heute kaum noch schätzen können, zumal es ihm an Hilfsmitteln und Kommentaren fehlte. Andererseits konnte er den Autor noch um Rat fragen, wovon er seltsamerweise nicht allzuviel Gebrauch machte.

Ein halbes Jahrhundert später waren Neuübersetzungen unumgänglich, nicht nur weil sich Übersetzungen recht bald verbrauchen. Unterdessen ist der *Ulysses* zum meistkommentierten Roman geworden; wir wissen einiges – längst nicht alles – über seine Entstehung, seine Hintergründe, die Anspielungen, die Verflechtungen, Motive, Techniken, Stile. All das kann einer Neuübertragung zugute kommen – es erschwert sie auch ungemein. Ende der sechziger Jahre wurde das große Projekt begonnen, in der »Frankfurter Ausgabe« einen zeitgemäßen Joyce vorzulegen. Die drei Übersetzer, Dieter E. Zimmer, Klaus Reichert und Hans Wollschläger, brachten erhebliche Kenntnisse, viel Sprachgefühl und Fleiß, Mut und Risikobereitschaft und eine gehörige Dosis Masochismus mit. Jeder Übersetzer ist anders verfahren, gemäß der Eigenart des Werks und seiner eigenen persönlichen Veranlagung und gemäß den immer persönlich gesteuerten Prioritäten, die unweigerlich in Konflikt geraten. So entstanden Übertragungen, die nicht vollkommen oder gleichwertig oder (buchstäblich) adäquat sein können, weil das Übersetzungen nie sind, die sich aber in der Abwägung von Frische, Vielfalt, Ton, von Beziehungen, Resonanzen oder Strukturen den Originalen vertretbar nähern, in manchem sogar optimal.

Darüberhinaus haben alle drei auch die Möglichkeiten und Techniken des Handwerks selbst bereichert und haben – dazu war es auch höchste Zeit – die Wichtigkeit dieses so notwendigen, so frustrierenden, immer unterschätzten und kläglich unterbezahlten Umsetzungsvorgangs aufgezeigt.

Fritz Senn

*Nachträgliche Vorbemerkungen
zum »Hades«-Kapitel*

Der Leser des Romans *Ulysses* geht das sechste Kapitel mit ein paar Vorkenntnissen an. Er weiß oder kann ahnen, daß Leopold Bloom, der Sohn des verstorbenen Rudolph Bloom, der an der Beisetzung eines Bekannten Patrick Dignam an diesem Donnerstag um elf Uhr teilnimmt, jüdischer Abstammung ist und an der Eccles Street No. 7, in der nördlichen Hälfte von Dublin, wohnt.

Seine Frau, Marion (genannt Molly), geb. Tweedy, ist zuhause. Sie tritt gelegentlich in Konzerten als Sängerin auf, so in der nächsten Woche in Belfast. Die Morgenpost hat ihr von ihrem Tournee-Manager, dem Unternehmer Hugh Boylan (genannt »Blazes«), einen Brief gebracht, der seinen Besuch auf heute nachmittag um vier ankündigt. Geprobt werden sollen das Lied »Love's Old Sweet Song« und das Duett »*La ci darem la mano*« aus *Don Giovanni* (Mollys Part beginnt: »*Vorrei e non vorrei*«).

Auch Leopold Bloom hat einen Brief erhalten, von seiner Tochter Milly, zur Zeit bei einem Photographen in Mullingar in der Lehre. Sie hat sich für die Geschenke zu ihrem 15. Geburtstag von gestern (dem 15. Juni) bedankt. Sie erwähnt Blazes Boylan in Zusammenhang mit einem Schlager von den »Mädchen, ja den hübschen kleinen Mädchen am Strand«, mit dem Refrain: »Da kann einen glatt ja der Schwündel treffen«.

Bloom hat einen andern Brief in der Tasche, den er eben von einem entlegenen Postamt abgeholt hat. Er ist von einer Martha Clifford, der er unter dem Pseudonym Henry Flower ein paar mal geschrieben hat. Er hat sie noch nie gesehen und zeigt wenig Lust, auf ihren Wunsch nach einer Zusammenkunft einzugehen. Ihr Brief hebt an mit »Lieber Henry« und besagt unter anderm, daß sie »von den andern Welten nichts wissen mag« und »... bevor meine Geduld erschöpft ist«.

Vor dem Gang zum Trauerhaus an der Newbridge Avenue, Sandymount, hat sich Bloom eine Zeitung, *Freeman's Journal*, und in der Drogerie ein Stück Zitronenseife erstanden und in einem öffentlichen Türkischen Bad gebadet. Ein Bekannter auf der Straße, M'Coy, hat sich von der Teilnahme an der Beerdigung entschuldigt und Bloom um die Hinterlassung seines Namens gebeten.

In den ersten drei Kapiteln hat der Leser auch Stephen Dedalus (aus dem *Porträt des Künstlers als junger Mann*) neu kennengelernt, den Sohn von Simon Dedalus und der im Vorjahr verstorbenen Mary, geb. Goulding. Er wohnt nicht mehr bei seiner Familie, sondern zusammen mit dem lebenslustigen Malachi Mulligan in einem südlichen Vorort von Dublin. Im dritten Kapitel macht Stephen einen Spaziergang am Strand von Sandymount, unweit von Irishtown (wo er dann von Bloom gesehen wird). Stephen kommt in der Nähe des Hauses seines Onkels Richard Goulding und seiner Tante Sarah (Sally) vorbei, macht dort aber keinen Besuch.

Klassiker
im Diogenes Verlag

● **Angelus Silesius**
Der cherubinische Wandersmann
Auswahl und Einleitung von Erich Brock.
detebe 20644

● **Aristophanes**
Lysistrate
Mit den Illustrationen von Aubrey Beardsley. kunst-detebe 26028

● **Honoré de Balzac**
Die großen Romane
in 10 Bänden. Deutsch von Emil A. Rheinhardt, Otto Flake, Franz Hessel, Paul Zech u.a. detebe 20901–20910

● **Charles Baudelaire**
Die Tänzerin Fanfarlo und Der Spleen von Paris
Sämtliche Prosadichtungen. Deutsch von Walther Küchler. detebe 20387

● **James Boswell**
Dr. Samuel Johnson
Eine Biographie. Deutsch von Fritz Güttinger. detebe 20786

● **Ulrich Bräker**
Leben und Schriften
in 2 Bänden. Herausgegeben von Samuel Voellmy und Heinz Weder.
detebe 20581–20582

● **Wilhelm Busch**
Studienausgabe
in 7 Bänden. Herausgegeben von Friedrich Bohne. detebe 20107–20113

● **Anton Čechov**
Das erzählende Werk
In der Neuedition von Peter Urban.
detebe 20261–20270

Das dramatische Werk
In der Neuedition und -übersetzung von Peter Urban. detebe.

Briefe – Chronik
Übersetzt und herausgegeben von Peter Urban

● **Das Diogenes Lesebuch klassischer deutscher Erzähler**
Band I:
Geschichten von Wieland bis Kleist.

Band II:
Geschichten von Eichendorff bis zu den Brüdern Grimm.

Band III:
Geschichten von Mörike bis Busch.

Alle drei Bände herausgegeben von Christian Strich und Fritz Eicken. detebe 20727, 20728, 20669

● **Meister Eckehart**
Deutsche Predigten und Traktate
Herausgegeben von Josef Quint.
detebe 20642

● **Gustave Flaubert**
Werke – Briefe – Materialien
in 8 Bänden. Jeder Band mit einem Anhang zeitgenössischer Rezensionen.
detebe.

Jugendwerke
Erste Erzählungen. Herausgegeben und übersetzt von Traugott König

● **Franz von Assisi**
Die Werke
Edition und Übersetzung von Wolfram von den Steinen. detebe 20641

● **Iwan Gontscharow**
Ein Monat Mai in Petersburg
Ausgewählte Erzählungen. Deutsch von Johannes von Guenther und Erich Müller-Kamp. detebe 20625

● **Jeremias Gotthelf**
Ausgewählte Werke
in 12 Bänden. Herausgegeben von Walter Muschg. detebe 20561–20572

● **Heinrich Heine**
Gedichte
Ausgewählt, eingeleitet und kommentiert von Ludwig Marcuse. detebe 20383

● **Homer**
Ilias und *Odyssee*
Übersetzung von Heinrich Voss. Edition von Peter Von der Mühll.
detebe 20778–20779

● **Joris-Karl Huysmanns**
Gegen den Strich
Roman. Deutsch von Hans Jacob. Einführung von Robert Baldick. Essay von Paul Valéry. detebe 20921

● **Gottfried Keller**
Zürcher Ausgabe
in 8 Bänden. Edition von Gustav Steiner.
detebe 20521–20528

● **Herman Melville**
Moby-Dick
Roman. Deutsch von Thesi Mutzenbecher und Ernst Schnabel. detebe 20385

Billy Budd
Erzählung. Deutsch von Richard Moering.
detebe 20787

● **Molière**
Komödien
Neuübersetzung von Hans Weigel.
detebe.

● **Thomas Morus**
Utopia
Deutsch von Alfred Hartmann.
detebe 20420

● **Edgar Allan Poe**
Der Untergang des Hauses Usher
Ausgewählte Erzählungen und sämtliche Detektivgeschichten. Deutsch von Gisela Etzel.
detebe 20233

● **Arthur Schopenhauer**
Zürcher Ausgabe
in 10 Bänden nach der historisch-kritischen Ausgabe von Arthur Hübscher. Editorische Materialien von Angelika Hübscher.
detebe 20421–20430

● **William Shakespeare**
Dramatische Werke
in 10 Bänden. Übersetzung von Schlegel/Tieck. Edition von Hans Matter. Illustrationen von Heinrich Füßli.
detebe 20631–20640

● **Stendhal**
Werke
in 10 Bänden. Deutsch von Franz Hessel, Franz Blei, Arthur Schurig u.a.
detebe 20966–20975

● **R. L. Stevenson**
Werke
in 12 Bänden. Edition und Übersetzung von Curt und Marguerite Thesing.
detebe 20701–20712

● **Teresa von Avila**
Die innere Burg
Edition und Übersetzung von Fritz Vogelgsang. detebe 20643

● **Das Neue Testament**
in 4 Sprachen: Lateinisch, Griechisch, Deutsch und Englisch. detebe 20925

● **Henri David Thoreau**
Walden
oder Leben in den Wäldern
Deutsch von Emma Emmerich und Tatjana Fischer. detebe 20019

Über die Pflicht zum
Ungehorsam gegen den Staat
Ausgewählte Essays. Deutsch von Walter E. Richartz. detebe 20063

● **Mark Twain**
Die Million-Pfund-Note
Skizzen und Erzählungen. Deutsch von N. O. Scarpi u.a. detebe 20918

Menschenfresserei in der
Eisenbahn
Skizzen und Erzählungen. Deutsch von Marie-Louise Bischof und Ruth Binde.
detebe 20919

● **Jules Verne**
Die Hauptwerke
ungekürzt, originalgetreu, mit allen Stichen der französischen Erstausgabe. Bisher liegen 20 Bände vor. detebe.

● **Oscar Wilde**
Der Sozialismus und die Seele des Menschen
Ein Essay. Deutsch von Gustav Landauer und Hedwig Lachmann. detebe 20003

Die Sphinx ohne Geheimnis
Sämtliche Erzählungen. Zeichnungen von Aubrey Beardsley. Herausgegeben und mit einem Nachwort von Gerd Haffmans.
detebe 20922

Lesebücher
im Diogenes Verlag

Das Diogenes Lesebuch klassischer deutscher Erzähler
in drei Bänden: I. von Wieland bis Kleist, II. von Grimm bis Hauff, III. von Mörike bis Busch. Herausgegeben von Christian Strich und Fritz Eicken. detebe 20727, 20728, 20669

Das Diogenes Lesebuch moderner deutscher Erzähler
in zwei Bänden: I. von Schnitzler bis Kästner, II. von Andersch bis Urs Widmer. Herausgegeben von Christian Strich und Fritz Eicken. detebe 20782 und 20776

Das Diogenes Lesebuch amerikanischer Erzähler
Geschichten von Washington Irving bis Harold Brodkey. Bio-Bibliographie der Autoren und Literaturhinweise. Herausgegeben von Gerd Haffmans. detebe 20271

Das Diogenes Lesebuch englischer Erzähler
Geschichten von Wilkie Collins bis Alan Sillitoe. Bio-Bibliographie der Autoren und Literaturhinweise. Herausgegeben von Gerd Haffmans. detebe 20272

Das Diogenes Lesebuch irischer Erzähler
Geschichten von Joseph Sheridan Le Fanu bis Edna O'Brien. Bio-Bibliographie der Autoren und Literaturhinweise. Herausgegeben von Gerd Haffmans. detebe 20273

Das Diogenes Lesebuch deutscher Balladen
von Bürger bis Brecht. Herausgegeben von Christian Strich. detebe 20923

Das Diogenes Lesebuch französischer Erzähler
von Stendhal bis Simenon. Herausgegeben von Anne Schmucke und Gerda Lheureux. detebe 20304

Das Alfred Andersch Lesebuch
Herausgegeben von Gerd Haffmans. detebe 20695

Das Erich Kästner Lesebuch
Herausgegeben von Christian Strich. detebe 20515

Das Karl Kraus Lesebuch
Herausgegeben und mit einem Nachwort von Hans Wollschläger. detebe 20781

Das George Orwell Lesebuch
Essays, Reportagen, Betrachtungen. Herausgegeben und mit einem Nachwort von Fritz Senn. Deutsch von Tina Richter. detebe 20788

Das Georges Simenon Lesebuch
Herausgegeben von Daniel Keel. detebe 20500

Das Urs Widmer Lesebuch
Herausgegeben von Thomas Bodmer. Vorwort von H. C. Artmann. Nachwort von Hanns Grössel. detebe 20783